Culture Mentoring

Groupe Eyrolles
61, bd Saint-Germain
75240 Paris Cedex 05

www.editions-eyrolles.com

ISBN : 978-2-212-56036-7

Martine Liautaud

Avec la collaboration d'Élisabeth Richard

Préface de Valérie Bernis, Directeur Général Adjoint de GDF SUEZ

Culture Mentoring

Accompagner les femmes pour réussir

Deuxième tirage 2015

EYROLLES

Sommaire

Préface

Quand Martine Liautaud m'a soumis l'idée d'éditer un livre sur le mentoring, j'ai tout de suite accepté que GDF SUEZ contribue à un tel travail de mise en perspective et de recueil de témoignages. C'est un ouvrage important qui je l'espère fera référence en la matière. Car tout ce que vous allez lire comporte beaucoup de résonance avec la transformation de nos sociétés et de notre écosystème.

Je crois à l'entreprise, quelle que soit sa taille. Parce que je suis issue d'une famille d'entrepreneurs, j'ai compris très tôt quel trésor d'initiative, de volonté, d'effort, de patience, de détermination se cachait derrière ce vocable. L'entreprise figure parmi les plus belles aventures humaines, et les richesses qu'elle produit ne sont pas toutes financières. Le développement d'une société, d'une PME, c'est également celui de chacun de ses membres. Chez GDF SUEZ, nous souhaitons que cet esprit entrepreneurial soit partagé par tous les salariés. Et pour rendre plus concret cet engagement, nous aidons les PME à innover et à se développer en France et à l'étranger.

Je crois aussi que la mixité est la clé de demain, dans tous les aspects de nos vies et surtout dans les entreprises. Depuis 2008, en tant que Directeur Général Adjoint, j'ai impulsé et participé à l'engagement de GDF SUEZ en faveur de la place des femmes dans l'entreprise. Programmes après programmes, nous avons expérimenté, mené des pilotes et construit des bonnes pratiques, pour aboutir à des objectifs chiffrés ambitieux et des outils pérennes. Parmi eux, le mentoring s'est imposé avec au moins trois vertus : permettre aux mentorées d'atteindre leurs objectifs, y compris des postes de direction mais pas seulement ; ancrer les mentors dans leur responsabilité ; faire la preuve que non seulement l'humain mais la relation humaine a toute sa place au cœur de l'entreprise. Qu'elle est même un critère de performance. Le mentoring, c'est une affaire à trois, mentor – mentorée – entreprise. Une affaire win-win-win. Ce programme mentoring des femmes permet de travailler sur les mentalités, car cela a un effet boule de neige au-delà des acteurs concernés.

La période nous met au défi : nous ne traversons pas une crise ni même des crises. Nous sommes en mutation. Nous avons le choix de camper sur nos positions, nos chasses-gardées, nos acquis. Ou aller de l'avant, embrasser l'inconnu. Subir le changement ou y participer. Nous devons redoubler d'audace, de courage et de ténacité. Nous devons renoncer à renoncer. Nous devons oser « oser ».

En 2014, aucune technologie, aucun algorithme ne fait mieux pour cela que le regard de l'autre, en vigilance et bienveillance, dans un cadre entendu, et en connaissance de cause. Au fond, c'est cela un mentor, en tout cas ceux et celles que j'ai connu et que j'espère être. Les interrogations des mentorées renvoient souvent les mentors à leur passé, mais les font réfléchir à leur avenir.

Nous sommes, avouons-le, au cœur des bouleversements technologiques et économiques à venir. Remettre du lien, du liant dans nos décisions et nos choix est l'un des seuls moyens de grandir, à titre personnel mais aussi collectivement.

Valérie Bernis,

Directeur Général Adjoint de GDF SUEZ

Avant-propos

Dépasser les limites

J'ai eu la chance d'avoir un père brillant, chercheur atypique qui n'a jamais conçu de différences intellectuelles entre ses enfants, filles ou garçons, mais aussi un père protecteur qui ne souhaitait vraiment pas que ses filles puissent faire carrière et pouvait encore moins imaginer que l'une serait entrepreneur. Tout cela pour de très bonnes raisons sûrement, car il nous aimait et plus encore nous écoutait et nous considérait.

Dans ce contexte, l'univers était sans limites, à portée d'efforts, et les obstacles à faire tomber, tout comme le désir de tracer sa route, étaient bien présents. Je ne me suis donc posé aucune barrière ni en tant que salariée dans un grand groupe, ni en tant qu'entrepreneur, qui est mon vrai métier.

Cependant je mesure déjà depuis plusieurs années que j'ai ressenti cette ambition grâce aux personnes qui, tout au long de mon parcours, m'ont soutenue, inspirée et m'ont ouvert des portes. Je n'aurais jamais pu réussir sans eux, qui ont été des mentors spontanés et je leur en suis infiniment reconnaissante. De même que rien n'aurait été possible sans l'expérience de mon passage à Stanford et mes rencontres avec des professeurs et des camarades sur ce campus unique.

C'est cette réflexion partagée avec des amis de Stanford qui a été à l'origine de mon action pour l'entrepreneuriat, mais aussi, en choisissant d'aider le créneau moins visible de l'entrepreneuriat féminin qui est le mien, de m'intéresser à la réussite des femmes dans la vie économique.

L'association WBMI, Women Business Mentoring Initiative, créée en 2009, est l'instrument de cette action. Elle a pour but d'accompagner bénévolement pendant un an des femmes entrepreneurs après trois ans de vie de leur société pour les aider à passer une étape de leur développement.

Nous mesurons tous les jours l'impact de notre action sur plus de soixante chefs d'entreprise à ce jour et nous avons, grâce à nos partenaires, dont GDF SUEZ, démultiplié ces résultats par des clubs à Paris et en Province, des émissions à la télévision (« Ambitions d'Entrepreneures », sur BFM Business) et des livres.

Les développements continuent, mais, sans être hors sujet, comment ne pas considérer qu'au sens large, la promotion féminine est au cœur de notre motivation ? C'est ma conviction qu'aujourd'hui plus qu'hier, le monde économique est un tout et que faire émerger des talents féminins salariés ou entrepreneurs est un bien pour la France et le monde.

Les opportunités – nous le verrons dans notre première partie – viennent des nouvelles formes d'économie, plus nombreuses que jamais. Pourtant, la violence et la rapidité du changement obligent encore plus à soutenir et à aider ces femmes.

L'une des réponses à ce challenge est le mentoring. J'y crois, car j'en ai bénéficié en tant que salariée et en tant qu'entrepreneur. Nous verrons dans notre seconde partie des témoignages qui le prouvent, à la fois dans les entreprises et pour les femmes entrepreneurs. En premier lieu, des experts et des grands patrons nous expliqueront pourquoi ils y croient.

Le proverbe africain « il faut un village pour élever un enfant » s'applique aussi à la réussite d'une femme. Ce sont les hommes et femmes de bonne volonté, ensemble, qui obtiendront plus d'équilibre dans la vie économique et qui voient déjà combien est gratifiante leur action.

PARTIE 1

De la nouvelle économie à l'accompagnement : des chances pour les femmes

CHAPITRE 1

Des opportunités pour tous, une chance pour les femmes

La nouvelle économie qui s'invente chaque jour sous nos yeux conduit à un bouleversement radical de tous les modèles et rebat les cartes avec une rapidité et une intensité remarquables.

Dans cet environnement à la fois instable et créatif, la répartition traditionnelle des rôles économiques et sociaux entre hommes et femmes vole en éclat et ouvre à ces dernières un champ d'opportunité aussi immense qu'inattendu.

Le propos de ce premier chapitre est d'ouvrir quelques pistes dans le maquis de la nouvelle économie afin d'en distinguer les caractéristiques les plus originales et d'en évaluer l'impact sur les différents acteurs, particulièrement les femmes. Il est également de montrer que le contexte n'a jamais été aussi favorable à ces dernières, qui ont tout à gagner à s'engager résolument dans l'aventure entrepreneuriale ou à postuler à des postes de responsabilité opérationnelle ou fonctionnelle dans les entreprises.

La variété et la complexité des situations, la rapidité des évolutions et des retournements, rendent par ailleurs nécessaire la mise en œuvre de méthodes pratiques et efficaces pour réagir vite et faire les choix les plus judicieux.

Parmi ces méthodes, c'est paradoxalement la plus ancienne qui se trouve aujourd'hui la mieux adaptée aux défis de la nouvelle économie. Il s'agit de l'accompagnement, qui se développe sous des formes diverses : mentoring, coaching, tutorat et qui jouit d'un grand succès auprès de nombreuses catégories de la population (élèves, étudiants, artisans, fonctionnaires, cadres d'entreprises et entrepreneur(e)s).

À l'évidence, si l'accompagnement n'est pas réservé aux femmes, il répond particulièrement bien à leurs besoins et les aide à surmonter certains obstacles qui leur sont propres et qui tiennent aussi bien à la persistance de certains stéréotypes qu'à des réalités psychologiques ou sociales.

Nouvelle économie ou nouvelles économies ?

Nous ne cherchons pas ici à analyser les mutations actuelles du capitalisme ou à imaginer ses évolutions possibles selon un mode d'« économie-fiction ». Il s'agit plutôt d'observer l'émergence d'une économie « nouvelle », même si la nouveauté résulte parfois d'un agencement de formes déjà empruntées dans le passé.

Parallèlement se sont développés des modèles d'organisation économique qui tranchent singulièrement avec les structures et les systèmes traditionnels sur lesquels s'appuyait l'appareil productif et d'échange depuis le début de la révolution industrielle.

On observe aujourd'hui un foisonnement d'expériences et d'expérimentations dans un cadre qui s'élargit de jour en jour. C'est ainsi que l'on voit apparaître plusieurs catégories dont les frontières ne sont pas fixées et que l'on parle volontiers d'économie (ou de l'entreprise) sociale, solidaire, durable, collaborative, associative, bénévole et même... circulaire.

Cette liste est loin d'être exhaustive. Elle a l'inconvénient de classer ces nouvelles modalités d'action ou d'organisation selon des critères de finalité, de nature, de fonctionnement, et d'ignorer les canaux par lesquels elles se constituent, se font connaître et proposent produits et services à des clientèles toujours plus diversifiées (*B to B*, *B to C*, *C to C*).

Or, si révolution il y a, c'est bien d'abord celle de l'économie numérique. L'extraordinaire développement de l'Internet se lit désormais dans les comptes de l'entreprise. En France, il se crée un site de vente en ligne toutes les trente minutes : en 2012, on comptait 117 500 sites marchands actifs, soit une croissance de 17 % par rapport à l'année précédente[1], et déjà 138 000 en 2013[2] ! De plus, le chiffre d'affaires réalisé sur le Net en France s'est élevé à 51,1 milliards d'euros en 2013, en progression de 13,5 % sur 2012 ; 4 % de ces sites marchands ont engrangé un chiffre d'affaires de plus de 10 mil-

1. Source : Observatoire du numérique, chiffres clés 2013.
2. Source : http://www.zdnet.fr/actualites/chiffres-cles-l-e-commerce-en-france-39381111.htm

lions d'euros en un an[1]. Si les voyages sont en tête (59 %) des achats en ligne[2], ils sont suivis par les services (52 %), les produits culturels (51 %) et les vêtements (48 %). La part de marché de l'e-commerce, restée longtemps peu significative, est désormais proche de 16 % (hors alimentation). En 2012, 57 % des Français ont passé au moins une commande au cours des douze derniers mois[3].

Transfert d'initiatives et économie circulaire

L'une des caractéristiques de notre époque, partout dans le monde, mais en France plus particulièrement, est le transfert de l'initiative publique à l'initiative privée individuelle ou collective, dans de nombreux domaines où l'État n'a plus suffisamment de moyens ou ne peut intervenir. Chaque année, soixante-dix mille associations sont créées en France dont le champ d'activité relève souvent des missions traditionnelles des collectivités publiques : emploi, éducation, santé, etc. « *On recense un million et demi d'associations de droit, à quoi il faut ajouter les très nombreuses associations de fait, réunissant des amis, des proches, des voisins, rassemblés par une passion, une préoccupation ou une vocation et qui agissent sans formaliser leur regroupement. En 2013, la France comptait vingt-cinq millions de donateurs et près de vingt et un millions de bénévoles, soit 14 % de plus qu'en 2010* ».[4]

L'explosion du bénévolat s'explique sans doute en partie par l'arrivée des *baby-boomers* à l'âge de la retraite, mais elle répond aussi aux besoins de partage et de solidarité des sociétés « postmodernes ». L'économie du bénévolat entre difficilement dans les statistiques et son poids dans la production des richesses[5] est mal apprécié, mais le bénévole est aussi un agent économique qui représente un coût pour les associations (formation, transport, bureautique, etc.).

Le phénomène de la gratuité est d'ailleurs un marqueur de notre époque. On le retrouve dans l'utilisation des services du Web, conséquence des principes communautaires et libertaires à l'origine de l'Internet. Les internautes y sont très attachés et plébiscitent

---

1. *Ibid.*
2. Source : Fevad (Fédération e-commerce et vente à distance). Les pourcentages se rapportent au nombre d'internautes ayant procédé à des achats en ligne.
3. Source : Observatoire du numérique, chiffres clés 2013.
4. Yves Reynié, directeur général de la Fondation pour l'innovation politique (Fondapol), in « L'État vacille, mais la société tient bon », *Le Point*, n° 2166 du 20 mars 2014.
5. Ici qualitatives autant que quantitatives.

moteurs de recherche et réseaux sociaux « gratuits » sans toujours savoir qu'ils alimentent avec leurs données personnelles un très lucratif commerce de « *data mining* ».

La gratuité n'en demeure pas moins un des éléments clés de la « nouvelle économie » et ce paradoxe oblige à une créativité permanente pour assurer la viabilité des modèles économiques qui lui sont liés.

L'Agence du Don en Nature (ADN)

Lancée en 2008 par des entrepreneurs sociaux, cette association se fixe pour mission de venir en aide aux 8,7 millions de personnes qui vivent aujourd'hui en France sous le seuil de pauvreté, alors que dans le même temps, plus de 600 millions d'euros de produits neufs non alimentaires sont détruits chaque année dans notre pays. ADN collecte et redonne les surplus non alimentaires correspondant aux besoins des plus démunis. Un site de commande en ligne permet aux quatre cent quatre-vingts associations partenaires de commander les produits. Pour couvrir ses frais ADN demande à ces associations une participation symbolique de l'ordre de 5% maximum de la valeur marchande des produits. Grâce à cent entreprises mécènes, ADN distribue chaque mois pour 1,5 million d'euros de produits non alimentaires de nécessité (shampooings, gels douche, vêtements, ustensiles de cuisine, etc.). En 2014, ADN redistribuera pour 2 millions d'euros de produits. L'association s'inscrit également dans l'économie circulaire en offrant aux entreprises un programme de revalorisation viable et solidaire de leurs invendus. Elle agit en outre pour la réduction de l'empreinte environnementale puisqu'elle a permis depuis sa création d'éviter 6000 tonnes de déchets. Au total, six cent mille personnes en situation d'exclusion ont été accompagnées par le réseau des associations partenaires d'ADN. « *Nous continuerons à mobiliser de nombreux acteurs de la société civile, afin de coconstruire un modèle d'entrepreneuriat social pérenne et solidaire à la recherche de solutions pratiques* », précise Jean-Étienne de T'Serclaes, président fondateur d'ADN[1].

Quant à l'économie circulaire, elle prend une importance croissante, marquée notamment par la création en 2013 de son propre institut (l'Institut de l'économie circulaire, IEC). Ancré profondément dans la philosophie du développement durable, ce concept répond à l'un des enjeux majeurs du XXIe siècle. Son *credo* : l'abandon du système linéaire industriel et économique qui a encore cours – extraire, fabriquer, consommer,

1. Source : ADN, Rapport d'activité responsable 2013.

jeter –, qui serait près de rendre son dernier souffle, pour un cercle vertueux. Il s'agit de transformer les déchets en matières premières pour concevoir de nouveaux produits et utilisations. Et donc de concevoir des produits pour les déconstruire. Comme le dit François-Michel Lambert, président de l'IEC, « *C'est le seul système d'avenir.* [...] *D'abord, les prix des matières premières (les déchets) sont connus à l'avance. Ensuite, les impacts environnementaux sont d'autant moins connus pour les entreprises qu'elles revendent leurs déchets devenus des ressources pour d'autres. Enfin, ce système est créateur d'emplois locaux non délocalisables* ».[1]

Selon une étude réalisée en 2012 par McKinsey pour la fondation Ellen MacArthur, l'économie circulaire permettrait d'économiser 700 milliards de dollars sur les matériaux, soit 1,1 % du PIB mondial annuel. Surtout, favorisant les circuits courts, elle devrait aider à lutter contre le chômage. En France, plusieurs territoires ont déjà mis en place des écosystèmes recourant à l'économie circulaire. Dans le Nord-Pas-de-Calais, pionnier en la matière, le Cd2e est un cluster environnemental dédié à l'écotransition, unique en Europe. Une autre structure nordiste, Team[2], est un pôle de compétitivité sur l'innovation pour l'économie circulaire. Les entreprises ne sont pas en reste : de la multinationale à la start-up, elles s'engagent, de plus en plus nombreuses. Voici quelques exemples d'activités : récupération de l'eau pour en faire un lave-glace écologique à 100 % biodégradable, location d'appareils électroménagers et électroniques, et même de jeans (!), valorisation des journaux invendus en ouate de cellulose pour assurer l'isolation thermique des bâtiments, etc.

Changement d'écosystème : le mariage du numérique, du social et de l'innovation

Ces modèles économiques fondés sur des situations inédites en termes de rentabilité sont rendus possibles par la faible, voire très faible, intensité capitalistique de la plupart des activités dites numériques. À titre d'exemple, la fourchette d'investissement pour la création d'un site Internet marchand (conception, programmation, optimisation, référencement, hébergement) se situe entre 5 000 et 10 000 euros, ce qui est à la portée de nombreuses bourses.

En outre, une activité de vente sur Internet, pourvu qu'elle soit bien gérée et sécurisée, génère peu de besoins en fonds de roulement. Enfin, dans la mesure où le site n'est pas un élément de la chaîne de valeur dans un ensemble intégré, sa gestion est relativement peu gourmande en coûts fixes.

1. http://www.developpement-durable.gouv.fr/Les-enjeux-de-l-economie.html

Le changement d'écosystème aboutit à une véritable révolution dans la conception de l'entreprise et dans l'acte entrepreneurial. Les « barrières à l'entrée » ont longtemps découragé les vocations d'entrepreneur(e)s. Elles ne sont plus aujourd'hui infranchissables, grâce à la démocratisation des technologies, qui ouvre à peu de frais au commerce et aux services de nouveaux territoires aux limites encore insoupçonnées. L'économie sociale et solidaire (ESS) en fait partie. Elle offre, *via* le numérique et l'innovation, des perspectives économiques et financières nouvelles. Les femmes, qui y sont déjà très présentes, seront les premières à en tirer profit.

L'économie sociale et solidaire (ESS)

L'économie dite « sociale » est à distinguer de l'économie bénévole. Elle n'est pas une nouveauté et trouve ses racines au XIXe siècle dans le mouvement coopératif. Il s'agit de la production de biens et de services exercée par des sociétés coopératives, associations, mutuelles, et autres fondations qui répondent à une éthique traduite par des principes bien définis et différents de ceux du secteur privé lucratif et du secteur public. Ces principes sont les suivants :

- finalité de service à la collectivité ou aux membres, plutôt que finalité de profit ;
- autonomie de gestion ;
- gestion démocratique et participative ;
- primauté des personnes et du travail sur le capital dans la répartition des revenus [1].

On parle volontiers aujourd'hui d'économie sociale et solidaire (ESS) pour introduire une dimension transversale, liée à la finalité de l'activité et indépendante du mode d'organisation qui définissait jusqu'ici l'économie sociale. En 2013, ce secteur représentait 10,3 % des emplois en France, soit 2,35 millions de salariés [2], pour près de deux cent vingt-trois mille établissements, et une rémunération brute globale de 57,9 milliards d'euros [3]. D'ici à 2020, l'ESS devrait apporter six cent mille recrutements [4]. Comme le précise le portail de l'emploi dans l'économie sociale et solidaire (http://www.emploi-ess.fr/), un poste sur cinq est créé par les entreprises de ce secteur, notamment dans l'éducation, la santé et l'action sociale. L'ESS remporte la palme des embauches dans le social, avec 63 % des emplois, et du sport et des loisirs, avec 56 %. Elle se place deuxième pour les activités financières, bancaires et d'assurance, culturelles et de l'enseignement.

---

1. Source : Wikipédia.
2. http://www.economie.gouv.fr/ess-economie-sociale-solidaire
3. Source : Observatoire National de l'ESS/CNCRES, octobre 2013.
4. http://www.economie.gouv.fr/ess/metiers-de-l-economie-sociale-et-solidaire

Où trouve-t-on ces emplois ? Principalement au sein des coopératives, qui connaissent un fort engouement, mais aussi des mutuelles, qui se réorganisent actuellement. Les perspectives y sont positives, car un salarié sur deux de ce secteur devrait prendre sa retraite d'ici à 2015... Autres grands employeurs de l'ESS, les associations, ainsi que les fondations, sont marquées par une réelle montée en puissance et un dynamisme à toute épreuve.

L'économie sociale et l'économie numérique forment un cercle vertueux où de nouveaux besoins apparaissent, suscitant de nouvelles offres, qui à leur tour créent de nouveaux besoins. Alors qu'*a priori* tout aurait pu les séparer, les initiatives du « numérique solidaire » se multiplient. Le succès du covoiturage, par exemple, est le produit d'un ensemble de facteurs qui trouvent leur origine dans l'économie sociale (le partage) et dans l'économie numérique (l'information et la mise en relation). Autre illustration notable, le *crowdfunding* (financement participatif), qui vise à assurer le financement d'un projet en recourant à la participation et à la générosité des internautes, constitue une belle opportunité de développement des projets de l'ESS. *Idem* pour le *crowdsourcing*, ou « approvisionnement par la masse ». Déjà, de grandes entreprises rejoignent le mouvement. Par exemple Microsoft avec Technology For Good, ou encore SFR. Cette dernière soutient, avec le concours de Huawei, « Connexions solidaires », un programme d'Emmaüs Connect qui vise à aider les exclus ayant un besoin temporaire de communiquer : recharges de téléphone et Internet mobiles à prix solidaires, offre d'équipement en téléphonie et informatique, conseils pour comprendre sa facture, résoudre des litiges, etc.

Le poids de l'innovation

D'autres cercles vertueux sont intimement liés à l'innovation technologique et ouvrent des champs immenses et encore largement insoupçonnés pour des applications dans tous les domaines de la vie privée, sociale ou économique. On citera pêle-mêle les extraordinaires potentialités offertes par les imprimantes 3D, et même 4D, les nanotechnologies, l'intelligence artificielle, les objets connectés, les organes artificiels, la réalité virtuelle, etc., sans compter le téléphone portable, devenu smartphone dans l'intervalle et support d'un nombre toujours plus grand d'applications mobiles, ainsi que les tablettes numériques.

L'innovation se trouve au carrefour de la technologie et du mode de vie. Là encore, le numérique, en modifiant profondément nos manières de penser, de sentir et d'agir, crée de nouveaux besoins que la technologie permet rapidement de satisfaire. Plus le niveau de technologie s'élève, plus l'innovation est facilitée. Plus les besoins s'affinent et se différencient, plus l'innovation technologique progresse.

L'économie numérique permet une segmentation fine des clientèles, un ciblage précis des offres, particulièrement dans le domaine des services. L'action commerciale s'en trouve considérablement démultipliée et renforcée. L'offre sur mesure devient une réalité. Elle crée des opportunités multiples pour quiconque saura saisir le besoin et agencer la prestation au plus près des attentes de la clientèle. Autre avantage, en quittant le mode standard, l'entrepreneur(e) retrouve la maîtrise des prix et se protège naturellement des effets d'une concurrence fondée sur les volumes et les coûts.

La notion d'écosystème est à la mode. Elle dépasse aujourd'hui les frontières des sciences naturelles et s'applique à tout système qui s'organise par interaction dans un équilibre dynamique. Elle répond ainsi à une réalité entrepreneuriale, particulièrement dans le monde numérique : « *Avec l'expansion des réseaux numériques, on trouve de plus en plus d'usages métaphoriques de l'écosystème pour désigner l'ensemble des entités qui interagissent dans un environnement technologique, comme lorsque l'on parle d'"écosystème du Web". Cette extension du concept a pour effet de brouiller un peu plus les frontières entre monde naturel et dispositif artificiel, vivants et inertes, systèmes biologiques et systèmes d'information, ce qui reste au cœur de nombreuses controverses, comme le montre la convergence technologique des NBIC*[1] ».[2]

Parmi les acteurs de cet écosystème numérique, citons de nouveau les plateformes de financement participatif (*crowdfunding*), ainsi que les programmes de start-up des grands groupes, les sociétés de conseil accompagnant les start-up, les incubateurs, les « *fablabs* » (pour « *fabrication laboratory* »), les accélérateurs et autres fonds d'investisseurs. Le 27 novembre 2013, Fleur Pellerin, alors ministre déléguée chargée des PME, de l'Innovation et de l'Économie numérique, a présenté l'initiative French Tech (à l'origine baptisée « Quartiers numériques »). Le principe ? « *Construire un grand mouvement de mobilisation collective pour la croissance et le rayonnement international des start-up numériques françaises. L'objectif, c'est de tout faire pour que les prochains Google naissent et se développent ici, en France et en Europe !* » Trois axes structurent cette initiative : mobilisation des écosystèmes sur le territoire, accélération et attractivité. Dotée de 215 millions d'euros, elle se place sous l'égide du Programme d'Investissements d'Avenir et s'appuie sur un label éponyme qui sera délivré aux métropoles hexagonales. À la clé pour les heureuses élues : mise en réseau et accès privilégié à un ensemble d'offres de services et de ressources pour soutenir la croissance des entreprises territoriales. Déjà plusieurs agglomérations se sont mises sur les rangs pour décrocher le précieux sésame, notamment Lille, Bordeaux, Nice Côte d'Azur, Montpellier ou encore Toulouse. Par ailleurs, le 24 mars 2014, une bourse spécifique a été lancée, visant à soutenir les jeunes pousses innovantes ayant

1. Nanothechnologies, biotechnologies, informatique et sciences cognitives.
2. Source : Wikipédia.

moins d'un an d'existence, *via* un partenariat entre la banque publique d'investissement (bpifrance) et l'INPI (Institut National de la Propriété Intellectuelle).

Des lieux dédiés au numérique et aux start-up

Qui dit écosystème numérique, dit lieu spécifique. Avant la livraison prévue en 2016 de la Halle Freyssinet, le plus grand incubateur au monde qui devrait accueillir mille start-up innovantes, Paris a vu l'ouverture en novembre 2013 de NUMA (contraction de « numérique » et « humain »), une pépinière dédiée à cette même cible. Derrière cette initiative, l'association Silicon Sentier. Situé dans le 2e arrondissement, NUMA compte six étages, dont cinq correspondent aux étapes de la vie de toute start-up : création, *coworking*, expérimentation (*via* des *fablabs*), accélération et communication. Doté de 1 500 m^2, ce lieu peut accueillir jusqu'à deux cents start-up. NUMA a ainsi permis à « La Cantine », un espace de rencontres et de débats, et à « Camping », un accélérateur de start-up, de se regrouper.

La place des femmes dans ce nouveau paysage

Quelle place occupent les femmes dans ce nouveau paysage ? Le changement de paradigme a-t-il un effet positif sur la situation des femmes dans l'entreprise ou l'entrepreneuriat féminin ? Peut-il permettre enfin aux femmes de faire jeu égal avec les hommes dans la création d'entreprise ?

Répondre à ces questions, c'est naturellement prendre le risque d'être démenti par les faits, mais également de tomber dans les stéréotypes qui accompagnent souvent la réflexion sur le genre de l'entrepreneuriat. Comme l'explique Brigitte Grésy, secrétaire générale du Conseil supérieur de l'égalité professionnelle entre les hommes et les femmes, dans *La vie en rose* – son dernier ouvrage, *Pour en découdre avec les stéréotypes* (Albin Michel, 2014), « *les stéréotypes constituent une fausse catégorisation du monde. Ce sont des menteurs, des usurpateurs qui offrent des représentations simplifiées et parfois déformées de la réalité, des images figées, grossières et préconçues dans lesquelles certaines caractéristiques qui appartiennent à quelques-uns sont admises comme étant communes à tous les membres du groupe. Ils fonctionnent par le biais de généralisations erronées. Des femmes blondes peuvent être intelligentes et des boxeurs très doux !* ». L'auteur souligne également l'état d'« agent à risque » des femmes sur le marché du travail. L'arrivée de cette nouvelle ère économique, avec son visage numérique d'une part, et social et solidaire d'autre part, pourrait-elle changer la donne ?

Quels emplois pour les femmes ?

Avant d'évoquer les aspects propres à l'entrepreneuriat féminin, il est utile de dresser d'abord le tableau de l'emploi des femmes en France.

Selon l'INSEE, le taux d'emploi des femmes s'élevait en France en 2011 à 67 % (hommes : 76 %), dans le haut de la fourchette européenne, qui s'établit entre 41 % et 72 %. L'écart entre les hommes et les femmes se resserre progressivement. Entre 2003 et 2011, le taux d'emploi des femmes en équivalent temps plein (ETP) a progressé d'un point quand celui des hommes diminuait de trois. Certes, les femmes, qu'elles le choisissent ou le subissent, sont beaucoup plus orientées sur le travail à temps partiel.

Il n'en reste pas moins que la France reste un pays où l'emploi des femmes est largement accepté par la société et favorisé par une politique sociale généreuse (notamment en matière de garde d'enfants). Cela rend d'autant plus visibles et inacceptables les écarts constatés en matière de salaire et de promotion, et, d'une manière générale dans tous les autres domaines.

Des écarts criants [1]

	Hommes	*Femmes*
Éducation : part des étudiants à l'université en France en 2012-2013	41,6 %	58,4 %
Santé : espérance de vie à la naissance en 2010	78,1 ans	84,8 ans
Chômage : taux de chômage en France en 2011	8,8 %	9,7 %
Salaires : tous temps de travail confondus, en France en 2006, les femmes gagnent		24,5 % de moins que les hommes
Emploi : taux de temps partiel subi en France en 2011	2,8 %	8 %
Pauvreté : taux de pauvreté en France en 2010 (au seuil de 50 % du revenu médian)	7,4 %	8,1 %
Conditions de vie : temps journalier consacré au travail domestique en France en 2010	2 h 24	3 h 52
Vie politique : Part des députés à l'Assemblée nationale en 2012	73,3 %	26,7 %
Part des députés au Parlement européen en 2009	65,1 %	34,9 %

1. Source : Observatoire des Inégalités (février 2013).

Femmes salariées

La prise de conscience de cette situation a tardé à se manifester. Elle est aujourd'hui une réalité, aussi bien pour les pouvoirs publics que pour le patronat.

Comme souvent, le mouvement est venu par le haut, avec la loi du 27 janvier 2011 qui prévoyait, à l'instar de ce qui avait été imposé dans la représentation politique des femmes (parité obligatoire des candidatures aux fonctions électives), l'instauration progressive de quotas afin d'obtenir une représentation équilibrée des femmes et des hommes au sein des conseils d'administrations et des conseils de surveillance. Des progrès sensibles ont déjà été réalisés.

Selon une étude du Cabinet Russel Reynolds Associates [1], 48 % des nouveaux mandats d'administrateurs ont été attribués en 2013 à des femmes au sein des entreprises du CAC 40, contre 39 % en 2012. La tendance est encore plus marquée au sein du SBF 120 hors CAC 40, avec 53 % de nouveaux mandats attribués à des femmes (contre 46 % en 2012).

En revanche, la place des femmes reste très modeste dans les comités exécutifs des entreprises du CAC 40 (8 %) et dans celles du SBF 120 (10 %), et seulement un quart de ces dernières occupe une fonction opérationnelle.

Le chemin à parcourir est donc encore long. Beaucoup préconisent la mise en place d'une discrimination positive, assortie de sanctions, jusqu'à ce qu'une parité effective, non seulement en termes de postes, mais également de salaires soit enfin devenue la règle dans notre pays. Une démarche qui a donné de bons résultats dans les pays du nord de l'Europe.

Une loi de 2010 impose aux entreprises de plus de cinquante salariés de produire un diagnostic de leurs inégalités et de s'engager concrètement à les réduire. En mai 2013, deux entreprises ont été condamnées à des amendes pour non-respect de leurs obligations en matière d'égalité des salaires.

Mais un mouvement s'est fait jour depuis que plusieurs grands groupes ont signé en 2004 la Charte de la diversité en entreprise pour exprimer leur volonté de « mieux refléter dans leurs effectifs la diversité de la population française ». Cette lutte contre la discrimination ne concerne pas seulement les inégalités hommes-femmes, mais s'étend

1. Gouvernance 2013 (9 octobre 2013).

aussi à la couleur de la peau, au patronyme, à l'âge, etc. Et elle vise également la discrimination indirecte[1].

Aujourd'hui, de nombreuses grandes entreprises ont lancé des programmes de rééquilibrage, avec des objectifs chiffrés, afin de mettre enfin terme au fameux « plafond de verre » contre lequel les femmes se sont longtemps heurtées. Plusieurs exemples en sont donnés au chapitre 2. Parmi les raisons d'espérer, cette statistique qui montre que la France, avec 39,2 % de femmes cadres de direction et dirigeants d'entreprise, est significativement mieux placée que ses partenaires européens (32,3 % en moyenne). Et puis, comme le note Viviane de Beaufort (voir page 47), les entreprises ont tout intérêt à promouvoir des femmes, car « *les qualités du leadership d'aujourd'hui sont féminines* [...], *mettre une femme aux commandes est une valeur ajoutée* ».

« Il faut plus de femmes dans la finance ! »

Fin 2013, Gonzague de Blignières a fondé Raise, une société d'investissement qu'il préside, fruit de ses échanges avec Clara Gaymard, présidente de General Electric (GE) France et vice-présidente de GE International. « ***Raise est née d'une idée simple : réconcilier la finance et l'entreprise*** via ***la philanthropie. Il s'agit en effet d'investir dans des PME et ETI de croissance pour faire croître leurs fonds propres. Les profits sont ensuite versés dans le fonds de dotation de Raise, présidé par Clara Gaymard, dans le but d'aider de jeunes start-up à grandir. Nous créons ainsi un écosystème vertueux*** », explique-t-il. Parmi les critères de sélection des PME et des ETI, Raise accorde une attention particulière aux qualités humaines et donc au management des équipes en place : « ***C'est au cœur de nos préoccupations. Pour mener une analyse efficace, savoir si l'on pourra faire confiance aux managers pour amener l'entreprise d'un point A à un point B, je crois beaucoup à la mixité : le regard des hommes et celui des femmes sont très complémentaires. Certes, les études de marché et les analyses financières sont essentielles, mais cela ne suffit pas. Il faut aussi évaluer l'alchimie humaine et managériale. Or on y arrive mieux avec une équipe mixte. Sans vouloir véhiculer des poncifs, les femmes doutent plus que les hommes. Elles ont donc davantage tendance à remettre en***

.../...

1. Par exemple, fixer entre 28 et 32 ans l'âge limite de repérage des cadres à haut potentiel peut être défavorable aux femmes. C'est généralement à cet âge-là qu'elles mettent momentanément leur carrière entre parenthèses pour élever leurs enfants (source http://www.charte-diversite.com/charte-diversite-la-charte.php).

question les affirmations des managers d'une PME ou d'une ETI. Mais une fois le doute levé, grande est la confiance ! Raise compte 50 % de femmes parmi ses effectifs. » Plus globalement, pour Gonzague de Blignières, le monde de la finance, dont notamment les fonds d'investissement, ne compte pas assez de femmes. « *Aucune entreprise du CAC 40 n'est dirigée par une femme !*, s'indigne-t-il. *Les hommes ont sans doute du mal à laisser la place aux femmes en général, et encore plus dans la finance. Pour changer la donne, plus qu'une volonté politique, il faudrait prendre conscience du "plus" qu'apporte la mixité. Moi qui travaille avec des femmes depuis longtemps, je peux témoigner de l'intérêt et de l'importance de leur présence dans mon secteur d'activité !* »

Femmes entrepreneures

La « nouvelle économie », nous l'avons vu, profite surtout à celles et à ceux qui savent anticiper ou percevoir les attentes du public (voire les susciter) et les transformer en besoins de services ou de produits. La créativité, l'innovation, l'intuition, la rapidité, l'adaptation, le service, la communication, le respect, le sens du concret, etc., y sont les valeurs et les facteurs clés de succès. Il n'y a pas, *a priori*, dans cette attitude de spécificités de genre et les hommes et les femmes y sont aussi bien placés les uns que les autres.

Comment les femmes exploitent-elles la vague de l'économie numérique ? Une enquête menée pendant un an par le Cigref (Réseau de grandes entreprise) et l'AFMD (Association française des managers de la diversité) au sein des entreprises adhérentes a conclu à la sous-représentation des femmes, avec 25 % seulement, dans un rapport présenté en novembre 2013, « Gérer la diversité du genre et de l'âge dans les équipes IT ». Ce texte révèle que seules 11,6 % de femmes ingénieurs ont été diplômées dans les NTIC en 2010 ; 10,1 % en BTS et 18,8 % en DUT Informatique. Pourtant, l'espoir est de mise, puisque selon une étude de 2013, la part des femmes entamant des études scientifiques et techniques a crû de 2,5 % entre 2008 et 2012[1].

Certes, les leaders de l'économie numérique sont donc encore largement des hommes. Même si de plus en plus de femmes dirigent des sociétés de ce secteur, la création, de Steve Jobs à Mark Zuckerberg, reste masculine. Toutefois, ni Apple ni Facebook, ni encore Microsoft, Yahoo! ou Twitter ne sont vraiment représentatifs des opportunités que nous avons rapidement passées en revue. Les chances de succès sont aujourd'hui possibles dans des domaines très diversifiés, qui n'exigent pas de ruptures sociotechnologiques, mais au contraire bénéficient de ces dernières. En témoigne la montée des

---

1. Étude « Mutationnelles 2013 », Global Contact cabinet d'études et de conseil.

entrepreneures dans le numérique. Le 7 mars 2014, la deuxième Journée de la femme digitale a mis en lumière des initiatives remarquables de créatrices d'entreprise ou de dirigeantes « qui font bouger les lignes de leurs organisations pour réussir le virage digital ». Et la commission Femmes du Numérique de Syntec Numérique, en partenariat avec une école d'ingénieurs, EPITA, a lancé fin 2013 Excellencia, Trophée des femmes high-tech, qui vise à promouvoir le secteur du numérique auprès des femmes et à féminiser le secteur. L'un des trois prix, remis en septembre 2014, récompense une créatrice d'entreprise numérique. Selon une étude de l'APEC (Association pour l'emploi des cadres) révélée début 2014, les embauches dans l'informatique devraient croître sensiblement en 2014, entre + 5 % et + 16 %[1].

Notons enfin que l'économie numérique et plus généralement la nouvelle économie sont beaucoup moins gourmandes en capitaux que l'ancienne. Une des différences reconnues entre les femmes et les hommes aujourd'hui, lorsqu'il s'agit de création d'entreprise, est la plus grande réticence des premières à engager des capitaux et particulièrement à s'endetter. Il y a donc ici un effet de rééquilibrage qui devrait s'opérer naturellement, et qui semble se confirmer si l'on en juge par la multiplication actuelle des sites Internet marchands ouverts et opérés par des femmes.

Dans l'ESS au contraire, l'emploi féminin est majoritaire, avec 61 % des postes occupés, et même 80 % pour le secteur social, voire 90 % pour l'aide à domicile[2]. Une fois n'est pas coutume, le taux d'encadrement féminin y dépasse celui des hommes, avec 52 %[3]. Ainsi, un emploi féminin sur trois concerne un poste d'employé dans une association sociale. L'attrait des femmes pour l'économie sociale et solidaire est une constante souvent évoquée. Même s'il ne faut pas y voir nécessairement l'effet de « valeurs féminines », il est certain que les femmes sont plus sensibles que les hommes à certaines formes de l'économie non monétaire, dans lesquelles d'ailleurs le travail féminin a été longtemps cantonné jusqu'à l'accès généralisé des femmes à l'emploi salarié. Au-delà de cet aspect, des secteurs d'activité tels que la petite enfance, l'enseignement, l'assistance aux personnes âgées, la santé en général sont largement investis par les femmes sans que l'explication d'une moindre qualification professionnelle, parfois avancée,

---

1. http://www.developpez.com/actu/67609/L-Apec-s-attend-a-une-legere-augmentation-de-recrutements-informatiques-en-2014-pres-d-une-embauche-sur-quatre-concernerait-le-secteur/
2. http://www.insee.fr/fr/themes/document.asp?reg_id=6&ref_id=10994
3. http://www.emploi-ess.fr/

puisse être retenue. Les femmes semblent être naturellement plus enclines à contribuer au fameux bonheur national brut du Bhoutan.

Or il se trouve que les secteurs du « bien-être » (*welfare*) s'inscrivent dans les tendances lourdes de la société d'aujourd'hui et de demain (très largement fondées sur l'individu et la satisfaction de ses besoins), et recèlent un fort potentiel, exploitable dans le cadre de la nouvelle économie. Lors du colloque « Entreprendre au Pluri'Elles – Femmes actrices de l'ESS », qui s'est tenu à Paris le 3 février 2014, Patricia Andriot, vice-présidente de la Région Champagne-Ardennes et vice-présidente du RTES (Réseau des territoires pour une économie solidaire), s'est interrogée sur les raisons de cette forte proportion de femmes dans l'ESS. Elle a envisagé deux réponses : soit par un mécanisme de relégation, ne trouvant pas de travail ailleurs et étant focalisées sur le secteur des services à la personne ; soit parce que l'ESS permet aux femmes de s'émanciper[1]. *Quid* de la création d'entreprise dans l'ESS ? Les données chiffrées ne sont pas faciles à établir. Comme l'explique Madeleine Hersent, présidente de l'ADEL (Agence pour le développement de l'économie locale), « *des femmes entreprennent en ESS pour répondre à des besoins non couverts ou peu couverts. Elles choisissent une forme d'entrepreneuriat collectif soit coopératif soit associatif. Ces créations d'activités solidaires favorisent souvent l'émancipation des femmes qui les initient, car elles font de nombreux apprentissages pour gérer ces activités. Elles apprennent à maîtriser les circuits institutionnels mais aussi les différents domaines de la création d'entreprise (gestion, commercialisation, maîtrise des techniques professionnelles). Elles font la preuve de l'énergie développée par des collectifs de femmes qui veulent changer la vie au quotidien en créant des emplois et en redynamisant la vie sociale*[2] ».

Statut(s)

La question du statut de l'entrepreneur(e) en France se pose également avec acuité, dès qu'il s'agit d'examiner les raisons pour lesquelles un homme ou une femme se lance dans l'aventure de l'entrepreneuriat. Ne pas bénéficier d'une couverture chômage constitue naturellement un frein important pour tous ceux qui occupent un emploi salarié et souhaiteraient développer un projet de manière indépendante sans pour autant être privés de tout revenu en cas d'échec. Les complexités administratives, la multiplication des charges et des taxes, même en l'absence de chiffre d'affaires, ont longtemps été considérées comme des handicaps de nature à décourager beaucoup de bonnes volontés.

---

1. http://www.lelabo-ess.org/IMG/pdf/dossier_de_publication_-_rencontre_au_pluri_elles.pdf
2. http://www.lelabo-ess.org/? Des-femmes-entreprennent-en-ESS, mis en ligne le 8 avril 2014.

Cela étant dit, le nouveau statut des « auto-entrepreneurs » créé en 2008 a été une petite révolution dans un pays où l'entrepreneuriat n'a pas bonne presse et où l'on est enclin à juger tous les entrepreneurs à la même aune en les incluant un peu rapidement dans la catégorie des « riches ». Ce statut présente en effet le double avantage de la facilité et de la légèreté, jusqu'à un seuil d'activité (relativement) modeste. Il peut certes, dans certains cas, introduire un biais de concurrence avec des professions réglementées et encadrées (comme l'artisanat). Le statut a d'ailleurs été menacé pour cette raison et n'a dû son maintien qu'à une campagne de lobbying efficace.

Naissance d'un nouveau statut : l'auto-entrepreneur[1]

L'auto-entrepreneuriat a été créé par la loi de modernisation de l'économie (LME) du 4 août 2008. Entré en vigueur début 2009, il propose un régime fiscal et social forfaitaire ainsi qu'une grande facilité de création. L'auto-entrepreneuriat peut en effet être exercé à titre principal ou complémentaire (étudiant, fonctionnaire, retraité, etc.) et s'avère compatible avec le statut d'EIRL (entrepreneur individuel à responsabilité limitée). Pour bénéficier du régime fiscal de la micro-entreprise, l'auto-entrepreneur ne doit pas dépasser (en 2014) un chiffre d'affaires par année civile de 82 200 € pour une activité de vente de biens ou de 32 900 € pour des activités de prestations de services relevant de la catégorie des bénéfices industriels et commerciaux (BIC) ou des bénéfices non commerciaux (BNC). L'entreprise ainsi créée est en franchise de TVA (elle ne facture ni ne récupère de TVA). Autre intérêt, la dispense d'immatriculation au registre du commerce et des sociétés (RCS) ou au répertoire des métiers (RM). En outre, les cotisations et contributions sociales (maladie-maternité-retraite) sont déclarées par l'auto-entrepreneur en appliquant un taux forfaitaire au chiffre d'affaires ou aux recettes réalisés. Par ailleurs, il peut opter pour le versement libératoire de l'impôt sur le revenu (à condition que le revenu de son foyer fiscal ne dépasse pas 26 420 € par part de quotient familial en 2012), calculé en appliquant un taux spécifique sur le chiffre d'affaires (1 % pour les ventes, 1,7 % pour les prestations BIC et 2,20 % pour les BNC).

Tel qu'il est aujourd'hui, ce statut reste un outil irremplaçable pour « mettre le pied à l'étrier » et donner à beaucoup sinon un statut professionnel, du moins un statut social qui est l'une des conditions de la confiance en soi et de la réussite dans l'entreprise.

1. Source : www.lautoentrepreneur.fr

Depuis janvier 2009, un million d'entreprises ont été créées sous ce régime, même si elles ne sont plus toutes en activité en 2014... Les femmes profitent de cette opportunité et leur part dans le total des auto-entrepreneurs est en augmentation constante ; à la fin de février 2013, elles représentaient 37,2 % de cette population, soit trois cent trente mille personnes. Un pourcentage à comparer à celui de la part des femmes dans l'entrepreneuriat en France : 30 %. Notons cependant que ce nouveau régime peine à assurer à la majorité de ceux qui l'ont choisi un revenu décent. Dans une enquête parue en janvier 2014, l'Insee a révélé qu'en moyenne, les auto-entrepreneurs avaient enregistré en 2011 un revenu annualisé de 4 300 euros la première année, soit trois fois moins que les créateurs classiques[1]. On comprend donc aisément pourquoi un tiers d'entre eux préfèrent continuer à conserver en parallèle une activité salariée !

Réseaux

Quels que soient leurs statuts ou leurs champs d'intervention, les femmes qui entreprennent en France se trouvent confrontées à une forme de solitude qui n'est pas seulement celle du créateur.

Toutes les études montrent en effet que pour des raisons multiples liées au manque de temps et aux représentations sociales (voir les interviews des experts en fin de chapitre), les femmes ont beaucoup moins accès aux réseaux[2] que les hommes. Dans une économie moderne, par nature multipolaire et décentralisée, les relations transversales sont essentielles pour l'information, la reconnaissance, la démultiplication de l'action commerciale et marketing. C'est aussi un moyen de contourner les derniers blocs de résistance institutionnels qui font encore ici et là obstacle à la promotion des femmes. Faute d'une maîtrise des réseaux qui leur serait un vecteur et un accélérateur de notoriété, donc de croissance, les femmes sont souvent cantonnées dans des projets de petite taille. On constate dans le même temps que l'aversion au risque est plus forte en moyenne pour les femmes que pour les hommes, ce qui n'est pas en faveur d'un développement rapide de leurs projets. Or, dans la « nouvelle économie », la rapidité et la visibilité sont des facteurs clés du succès qui entretiennent et suscitent le « mouvement » et la curiosité du public.

---

1. http://www.insee.fr/fr/themes/document.asp?ref_id=ip1414
2. Voir le livre de Marie-Claire Capobianco et Martine Liautaud, *Entreprendre au féminin : mode d'emploi* (Eyrolles, 2014) qui présente notamment une trentaine de réseaux généralistes ou spécialisés utiles aux femmes. Citons également *Réseaux au féminin* d'Emmanuelle Gagliardi et Carole Michelon (Eyrolles, 2013).

Si les projets féminins, plus limités dans leurs ambitions, ont souvent du mal à décoller et tendance à végéter, ce n'est naturellement pas en raison d'un moindre talent ou d'une moindre implication. La raison en est beaucoup plus simple. Elle se trouve dans les représentations sociales et dans leurs projections en matière d'apprentissage et d'éducation. Comme le dit très bien Brigitte Grésy dans une formule lapidaire : « *Notre société apprend l'audace aux garçons et le conformisme aux filles* » (lire aussi page 50).

Il faut donc envisager des correctifs. La société française en a pris conscience et le débat sur les stéréotypes se trouve aujourd'hui sur la place publique. De nombreuses mesures ont été prises ou sont envisagées, qui passent par la discrimination positive et les quotas (voir *supra*), la réforme des programmes scolaires, etc.

Il existe cependant une voie très efficace, relativement aisée à mettre en œuvre et qui a fait ses preuves. Cette voie, c'est celle de l'accompagnement.

Une clé du succès : l'accompagnement

L'accompagnement est un terme générique qui recouvre une réalité foisonnante. Il n'est pas toujours facile d'en avoir une vision claire et ordonnée.

Le point commun de toutes les expériences menées sous ce vocable est que s'opère une transmission entre l'accompagnant(e) et l'accompagné(e). La nature de cette transmission peut être très variée d'un cas à l'autre, et porter sur des savoirs, des savoir-faire, des savoir être, des expériences, des bonnes pratiques, des méthodes, des attitudes, des comportements, etc., la liste est presque infinie. Pourtant, cette transmission s'inscrit toujours dans le cadre d'une relation organisée entre deux personnes qui se fixent des objectifs et se donnent les moyens de les atteindre.

Des accompagnements, il en existe aujourd'hui dans presque tous les domaines de l'activité économique et sociale. Ils touchent de nombreuses catégories de populations : élèves, étudiants, cadres salariés, fonctionnaires et hauts fonctionnaires, artisans, créateurs et créatrices d'entreprise. Ils viennent en complément de l'action de formation qui vise à donner à leurs bénéficiaires les éléments nécessaires pour exercer correctement une profession donnée dans un cadre donné. Contrairement à la formation, l'accompagnement « sort du cadre ». C'est même sa première vocation.

Trois catégories d'accompagnement

Si l'on cherchait à établir une typologie de l'accompagnement en France, on y trouverait sans doute trois catégories principales.

- Le mentoring (ou mentorat) dans lequel un mentor et un(e) mentoré(e) ou mentee se mettent d'accord sur des objectifs et organisent leur relation de manière à y parvenir. Généralement bénévole, le mentoring est fondé sur un partage d'expérience entre le mentor (généralement plus âgé) et le ou la mentee. Il suppose des affinités entre les deux éléments de ce binôme, mais exclut toute relation hiérarchique entre les deux. Limité dans le temps et dans son objet, il a pour but d'aider à passer des caps (ou à dénouer des nœuds) ; c'est pourquoi il est bien adapté à des phases de développement et comporte une réelle dimension psychologique. Les créateurs ou repreneurs d'entreprises sont des « cibles » naturelles du mentoring.
- Le coaching est un mode d'accompagnement de type contractuel, avec obligation de résultats. Cette méthode porte souvent sur les aspects comportementaux. Il n'a pas de limites dans le temps et peut se renouveler régulièrement. Le coach est le plus souvent rémunéré pour ses prestations. L'accompagnement entre ici dans une logique professionnelle qui n'est pas celle du mentoring et qui ne vise pas les mêmes résultats.
- Le tutorat ou le parrainage sont des variantes du mentoring adaptées à des structures éducationnelles ou hiérarchiques. Dans le cadre de l'enseignement par exemple, le tuteur (ou le parrain) sera un adulte référent choisi pour sa compétence de métier et/ou pour sa personnalité. En entreprise ou dans l'administration, le tutorat permettra de faciliter l'intégration des bénéficiaires, leur suivi de carrière, la prise de conscience des freins à la mobilité et des préjugés qui peuvent subsister dans la culture du milieu concerné. Les femmes y trouvent naturellement une occasion de contourner le fameux « plafond de verre » grâce à la visibilité liée à leur participation à ce type de programme et à l'action positive de leurs tuteurs ou parrains.

Si l'accompagnement n'est pas réservé aux femmes, ce dernier exemple illustre bien qu'elles sont les premières à en tirer bénéfice. L'accompagnement répond en effet aux besoins que les femmes, plus que les hommes, ressentent d'être reconnues et soutenues dans le monde économique.

L'ambition de cet ouvrage est de montrer comment, par l'accompagnement, les femmes peuvent progresser dans leurs carrières, améliorer leurs performances, faire jeu égal avec les hommes, et même les dépasser.

Les statistiques sont formelles : le taux de survie des entreprises créées et dirigées par des femmes qui ont bénéficié d'un accompagnement est de l'ordre de 80 % au bout de cinq ans contre 46,5 %[1] dans le cas contraire. Et d'autres études[2] montrent que les femmes accompagnées et actives dans les réseaux professionnels ont des taux de réussite et de croissance qui n'ont rien à envier à ceux de leurs homologues masculins.

Le mentoring

Le premier atout de cette démarche pour une femme, qu'elle soit en entreprise ou entrepreneure, est qu'elle lui donne les clés pour progresser. Comme l'explique Ingrid Bianchi, directrice générale de Diversity Source Manager, consultante RH et experte en stratégies de la diversité, « *le mentoring renforce la confiance en soi de la mentee grâce à un effet miroir. Le regard très bénéfique que porte sur elle son mentor lui apporte une capacité de compréhension et de décodage de ce qui se passe en elle, et renvoie un regard objectif sur ses capacités. C'est donc un accélérateur de performance*[3] ». Pour les mentors également, ce processus apporte son lot de bénéfices : plus à l'écoute et sensibilisés à la problématique de la présence à des postes à responsabilité des femmes dans l'entreprise, ils deviennent des ambassadeurs de cette cause en interne. Pour Ingrid Bianchi, qui a accompagné le développement du programme de mentoring déployé depuis 2010 au sein de GDF SUEZ (lire aussi la partie 2), « *un mentor expérimenté a une influence sur les interrogations des jeunes leaders en la matière. Le mentoring est comme une onde de choc, agissant sur les mentors, les mentees, les entreprises, et dans le temps* ».

Le mentoring permet aux femmes de bénéficier du soutien de nouvelles personnes, ce qui accélère leur parcours de carrière. Si elles n'avaient pas été mentees, il est probable que ces portes ne se seraient pas ouvertes devant elles. Comme le précise « Mentoring – A powerful tool for women[4] », les hommes savent s'entourer de pairs, faisant office de mentors, qui accompagnent leur progression. Ils créent ainsi un réseau informel dont les femmes sont en général exclues. Un programme de mentoring cadré et formel apporte un rééquilibrage nécessaire.

---

1. Source : INSEE (note n° 1064, janvier 2006) et Ondine Lefebvre, Mémoire ESDES – Master 2, 2012. À noter que hors accompagnement, les entreprises dirigées par des hommes résistent mieux, avec un taux de survie de 52,5 %.
2. Quatrième palmarès des PME de croissance dirigées par des femmes (Women Equity for Growth), décembre 2013.
3. Interview réalisée le 6 février 2014 pour les besoins de ce livre.
4. *Women@Work*, n° 7, sous la direction de Therese Torris, 2007.

Autre atout du mentoring pour les femmes : démultiplier leurs opportunités de carrière. Trop occupées à effectuer leur travail au mieux, elles se désintéressent de leur stratégie d'avancement sur l'échiquier de l'entreprise. En échangeant sur ce point avec son mentor, la mentee perçoit plus clairement le chemin à prendre et les options à privilégier.

Enfin, cette démarche aide à pallier les absences, dues à des congés maternité ou parentaux par exemple, qui produisent un impact souvent négatif sur leur carrière. Grâce au travail effectué avec leur mentor, elles préparent mieux ces périodes de leur vie et apprennent à compenser leurs éventuelles absences.

Les conditions d'un mentoring réussi

Le respect que se portent mentee et mentor est à la base d'un mentoring réussi, le tout placé sous le sceau de la confidentialité la plus totale, et sans aucun jugement de valeur de part et d'autre. Le binôme doit aussi faire preuve d'une grande ouverture d'esprit et avoir envie d'apprendre, de développer ses connaissances, même si cela se fait de façon inattendue. Pour Ingrid Bianchi, « *il est important de définir un objectif de départ réaliste, mesurable et très concret. Le périmètre doit être très précis et il ne faut pas créer d'attentes irréalistes. Il s'agit de donner les clés de compréhension et d'analyse, de décodage de l'entreprise, de mieux se positionner (parcours, organisation de carrière)* ». Si tous ces facteurs de réussite s'avèrent essentiels, la constitution du binôme semble être le plus important de tous. Il faut notamment considérer en détail les objectifs et les besoins de la mentee. De plus, le binôme doit se choisir et non être imposé aux participants. Les exemples de programmes de mentoring que vous pourrez découvrir dans la seconde partie de cet ouvrage le montrent bien.

Les variantes du mentoring

Qu'il vise des femmes salariées en entreprise ou des créatrices, le mentoring prend des allures différentes. Dans sa forme traditionnelle, souvent l'apanage de grands groupes, le mentor est plus âgé et expérimenté que sa mentee. Le programme permet de gérer la problématique de la planification de la relève (nomination des femmes à des postes à responsabilité) et celle de la fidélisation des talents. Par exemple, une femme cadre financier peut demander à être accompagnée par le directeur financier de son entreprise afin de mieux comprendre la politique et la culture de l'entreprise. En outre, ses nouvelles connaissances peuvent lui apporter de la crédibilité aux yeux des autres cadres supérieurs de sa société[1]. Souvent institutionnel, ce type de programme peut être encadré et très formel : quand il vise les femmes, il permet à ces dernières de décoder les clés

1. *Ibid.*

pour développer leur carrière et briser l'éventuel plafond de verre. En général, le mentor et sa mentee viennent d'horizons différents et ne travaillent pas dans les mêmes directions. Aucun lien hiérarchique n'existe entre eux. Le programme qu'a déployé depuis 2010 GDF SUEZ en constitue un exemple parlant.

Il existe en outre d'autres formes de mentoring, par exemple inversé. Le principe : alors que souvent, le mentor est plus âgé que son ou sa mentee, dans ce cas de figure, c'est le contraire. Cela peut notamment être mis en place pour promouvoir auprès de cadres dirigeants les connaissances très convoitées de la génération Y en termes de communication et de numérique. Et de rendre ainsi l'entreprise plus compétitive. En décembre 2013, le comité exécutif d'Orange a par exemple décidé d'attribuer à chacun de ses membres un mentor en la personne d'un jeune embauché[1]. Un mouvement qui ne date pas d'hier, puisque General Electric a lancé une initiative similaire en 1999. Depuis, Danone, Accenture, IBM ou encore la SNCF ont également tenté l'expérience.

Le mentoring entre pairs, lui, peut donner d'excellents résultats pour améliorer ses connaissances. Le pair en question peut être un collègue, une personne exerçant le même métier mais dans une autre entreprise ou un secteur d'activité différent. Quand il est pratiqué au sein d'une même société, il peut par exemple aider à lutter contre le cloisonnement entre *business units* ou directions. Ce type de mentoring informel est particulièrement bénéfique aux femmes « hauts potentiels » ou occupant déjà des postes à responsabilité, car elles évoluent souvent dans des univers encore largement dominés par les hommes. Partager leurs expériences et bonnes pratiques peut leur faire gagner du temps et éviter des erreurs.

Pour accueillir les jeunes diplômés ou les nouveaux entrants, certaines entreprises mettent en place des programmes de mentoring ou de tutorat spécifiques, facilitant ainsi leur intégration et leur découverte de la société, de sa culture et de ses valeurs. Cette initiative peut aussi être appliquée aux femmes quand elles quittent temporairement leur poste pour suivre une formation de longue durée, prendre un congé maternité ou parental, ou encore s'absenter pour prendre soin d'un parent dépendant. Grâce au maintien de ce cordon ombilical avec leur lieu de travail, la reprise de leur poste se passe au mieux, et évite toute mise à l'écart.

En dehors de l'entreprise, des cercles de mentoring se mettent aussi en place, souvent par le biais d'associations qui proposent l'aide de mentors expérimentés et bénévoles. Il s'agit en quelque sorte d'un parrainage. Certains, spécifiques aux femmes, ambitionnent d'aider

---

1. http://business.lesechos.fr/directions-ressources-humaines/management/avez-vous-un-reverse-mentor-57797.php

à progresser les salariées tout comme les entrepreneures. WBMI (Women Business Mentoring Initiative), European PWN (Professional Women's Network), ou encore Fédération Pionnières dédient leur action aux seules femmes. D'autres comme Paris Initiative Entreprise soutiennent les créateurs, hommes comme femmes (lire aussi la partie 2).

Enfin, dans un monde de plus en plus englouti sous la vague numérique, la version électronique du mentoring trouve également sa place. La solution « e-mentoring » progresse, facilitée par les échanges d'e-mails, les forums de discussion, les rendez-vous en ligne, etc. Des outils très utiles quand mentor et mentee ne travaillent pas au même endroit. Cela étant dit, l'abolition des distances grâce à la technique ne supprime pas la nécessité d'assurer aussi des rendez-vous de visu, aussi régulièrement que possible. Un mentoring réussi se base sur une relation de confiance.

L'armée aussi…

Depuis toujours, l'armée s'appuie sur une forte tradition de partage, de solidarité, de sens du service et du dépassement de soi. Plus de quarante-huit mille femmes servent dans les armées françaises et leur rôle est désormais reconnu. L'égalité professionnelle est la clé du succès de la féminisation des armées. De nombreuses mesures sont mises en place ou préconisées pour améliorer le taux de féminisation (15,2% en 2010, le plus élevé des armées alliées). Parmi celles-ci, le Haut Comité d'évaluation de la condition militaire recommande, dans son septième rapport[1], une action d'accompagnement à l'entrée et à la sortie. Des personnels féminins seraient détachés dans les centres de recrutement pour promouvoir les carrières militaires auprès des jeunes femmes. Les femmes pourront également bénéficier au moment du retour à la vie civile du programme élaboré avec le MEDEF (Parcours Défense-Entrepreneurs) lancé le 5 juin 2014, qui comporte une période d'immersion en entreprise d'environ une semaine pour vingt-deux militaires auprès de leurs binômes chefs d'entreprises, complétée par une session d'information organisée par le MEDEF, abordant tous les aspects relatifs à la création ou à la reprise d'entreprise (financier, juridique, business plan, etc.). Il n'est pas jugé nécessaire de mettre en place des procédures particulières pour l'accompagnement des femmes pendant leur carrière militaire, car l'accompagnement est l'une des valeurs de l'armée, qui s'exprime sur le terrain et dans la vie quotidienne de manière informelle, mais très forte.

1. Septième rapport du Haut Comité d'évaluation de la condition militaire, « Les femmes dans les forces armées françaises – De l'égalité juridique à l'égalité professionnelle », juin 2013.

Mentoring ou coaching ?

Souvent, mentoring et coaching sont perçus comme synonymes, alors que ces deux démarches diffèrent beaucoup l'une de l'autre, ne serait-ce que parce que la première est bénévole quand la seconde suppose le paiement d'une prestation. Certains imaginent même que le mentoring est le parent pauvre du coaching, justement en raison de cette absence d'implication financière. Comme l'explique Ingrid Bianchi, « *le coach est un professionnel qui propose un travail d'acquisition de l'autonomie et de modification des comportements. Le mentor, lui, n'est pas un professionnel : seules son expérience professionnelle et sa capacité d'écoute comptent. Il guide la mentee vers le haut, dans les décisions à prendre, lui permet d'accélérer son parcours et de comprendre les clés pour décoder l'entreprise. Le coach, lui, aide la coachée à identifier ses propres clés. De plus, le coaching peut être nécessaire tout au long d'une carrière, alors qu'on a moins besoin d'un mentor dès lors qu'on a décroché un poste de cadre dirigeant. Autre différence : le coaching vise à mener un travail sur soi en permanence et sur des problématiques très précises, alors que les objectifs fixés en début de mentoring évoluent souvent* ».

Pas encore suffisamment ancré dans les mœurs entrepreneuriales, le mentoring gagne à être connu, notamment des entrepreneures, souvent incapables de prendre du recul sur leur entreprise et son développement, car trop occupées à essayer d'en assurer la survie. « *Quand le mentoring sera bien compris, on verra qu'il s'agit d'un outil de valeur qui répond à pas mal de questions en même temps*, reprend Ingrid Bianchi. *Il crée un lien transversal, parfois intergénérationnel, assure la cohésion en interne, et offre une touche émotionnelle, plus humaine. Les bénéfices sont nombreux pour les mentors comme les mentees. On voit parfois littéralement changer les mentees. Plus sûres d'elles, elles évoluent physiquement aussi, se métamorphosant comme un papillon sortant d'une chrysalide.* »

Pour terminer cet état des lieux de la place des femmes sur la scène économique aujourd'hui et l'importance de l'accompagnement pour les aider à évoluer sur le chemin de l'entrepreneuriat et de l'entreprise, nous allons donner dans le chapitre suivant la parole à un grand témoin, puis à quatre expertes, tous passionnés par ce sujet.

CHAPITRE 2

Paroles de grand témoin et d'experts

Comme vous pourrez le lire, Clara Gaymard, présidente de General Electric France et vice-présidente de General Electric International, souligne l'importance pour les femmes de comprendre qu'elles sont une richesse pour l'entreprise. Elle insiste en outre sur le fait que les programmes de mentoring encouragent le travail collaboratif, facteur d'innovation et d'efficacité. Pour sa part, Béatrice Abeille-Robin, psychologue clinicienne, souligne notamment l'importance pour les femmes de construire leurs propres outils et modèles pour gagner en légitimité. Pour elle, le salut viendra des jeunes générations qui vivent la mixité et l'égalité comme une évidence. Un constat que partage Viviane de Beaufort, professeure de droit européen à l'Essec et fondatrice de Women Be European Board Ready. Pour cette dernière, le leadership moderne a besoin du quotient féminin, qui peut apporter une réelle valeur ajoutée aux entreprises. Celles-ci doivent donc continuer leurs efforts de développement d'outils d'accompagnement. De son côté, Brigitte Grésy, secrétaire générale du Conseil supérieur de l'égalité professionnelle entre les hommes et les femmes, insiste sur l'utilité de l'accompagnement des femmes pour qu'elles développent un sentiment de légitimité. À condition de ne pas promouvoir un modèle féminin de gouvernance qui serait basé sur de soi-disant valeurs féminines. Enfin, Jacqueline Laufer, sociologue et professeure émérite à HEC-Paris, souligne la force de l'ambiguïté qui continue à peser encore aujourd'hui sur l'égalité entre les hommes et les femmes…

« Les femmes doivent comprendre qu'elles sont une richesse pour l'entreprise »

Clara Gaymard est présidente de General Electric France et vice-présidente de General Electric International.

Quelle est la place des femmes dans le monde économique en France aujourd'hui ?

Le constat est sans appel : les femmes n'ont pas accès aux postes de décision dans les grands groupes et restent minoritaires dans le monde de l'entrepreneuriat. À cet égard, l'absence de femmes P-DG dans le CAC 40 et le SBF 120 est frappante. La loi Copé-Zimmermann de 2011 constitue un progrès en termes de représentation des femmes dans les conseils d'administration des sociétés françaises. Néanmoins, si près de 29 % de femmes occupent aujourd'hui ces postes clés, cela fait toujours 71 % d'hommes. Les efforts à fournir dans les comités exécutifs et les comités de direction sont encore plus considérables quand on sait qu'ils sont composés à près de 90 % d'hommes. Quant à l'entrepreneuriat, si les résultats sont plus encourageants, ils ne peuvent être satisfaisants. En effet, selon le ministère du Redressement productif, en 2010, 32 % des entreprises créées l'ont été par des femmes. Néanmoins, bien que le nombre de créatrices ait fortement augmenté depuis 2000, leur part dans l'ensemble n'a augmenté que de 3 % en vingt ans. Enfin, on assiste à un double phénomène de répartition inégalitaire entre femmes et hommes. Au niveau intersectoriel tout d'abord : alors que les femmes sont surreprésentées dans les fonctions de support (ressources humaines, juridique, communication), elles sont sous-représentées dans les fonctions d'ingénierie et de production. Au niveau intrasectoriel ensuite : les femmes se voient majoritairement assignées à des fonctions support et non opérationnelles. Cela est d'autant plus problématique quand on sait que leurs perspectives d'évolution professionnelle sont limitées par le plafond de verre ou le plafond d'âge.

Quels sont les principaux freins à l'accession des femmes aux postes de décision et à la création d'entreprise ?

Malgré le tableau noir que je viens de dépeindre, les femmes qui entreprennent ou les femmes dans les entreprises réussissent au moins aussi bien – et souvent mieux – que les hommes. La question de leurs compétences, dorénavant reconnues, ne fait plus débat :

d'après les chercheurs de Skema Business School et de Novancia, les sociétés dirigées par des femmes ont une profitabilité moyenne supérieure de 9 % à celles dirigées par des hommes. Les freins se traduisent donc par le manque de confiance en soi des femmes et dans l'entreprise. Selon une enquête de 2011, réalisée par le CSA à la demande de la fédération des réseaux de femmes du secteur de la finance Financi'Elles, 59 % des quinze mille Françaises cadres de huit grands groupes de la finance, n'ont pas confiance dans les perspectives de carrières offertes par leur entreprise. Imaginez ce qu'il peut en être des femmes moins bien formées, à des postes à plus faible responsabilité !

Quelles sont les clés du développement de la place des femmes dans l'économie ?

Il faut créer un climat de confiance propice à accroître cette place. L'entreprise porte ici une responsabilité importante vis-à-vis de ses employées. Donner confiance aux femmes en leur faisant prendre conscience de leurs atouts, leur offrir l'occasion de s'exprimer, adapter les rythmes de vie et de carrière, promouvoir de façon volontariste les femmes, autant d'éléments indispensables pour que cela change. Des initiatives intéressantes existent déjà : chez GE, Women's Network fait du partage de l'information, des meilleures pratiques, de la connaissance et de l'expérience un outil de développement du leadership et des opportunités d'évolution professionnelle pour les femmes. Dans un monde en pleine mutation, transformé par les avancées technologiques et les nouvelles formes d'économie collaborative et solidaire, ce n'est pas tant le goût de l'innovation qu'il faut donner aux jeunes femmes. Elles l'ont déjà ! Il faut surtout qu'elles comprennent qu'elles sont une richesse pour leur entreprise. Nombre d'entreprises réalisent d'ailleurs que la mixité est source de créativité et d'inventivité. Les stéréotypes et la discrimination envers les femmes demeurent néanmoins bien présents. C'est pourquoi cette confiance ne saurait naître du jour au lendemain ; il faut en créer les conditions. C'est ce que s'appliquent à faire, par exemple, le fonds de dotation Raise (lire page 26) ou Fédération Pionnières (lire aussi dans la partie 2). Plus généralement, il est primordial pour faire germer ces conditions de s'appuyer sur des systèmes de mentoring permettant le développement de relations interpersonnelles et la création de lien social dans l'entreprise.

La nouvelle économie permet-elle aux femmes d'asseoir et de développer leur présence ?

Il est important de bien comprendre ce que l'on entend par « nouvelle économie ». Nous assistons à un changement majeur : mue par la notion de partage, la nouvelle génération aspire davantage à un droit d'usage qu'à un désir de propriété. C'est l'essence même de l'économie collaborative dont l'émergence s'accompagne du développement de valeurs collectives comme la confiance. Dès lors, à une pratique verticale et hiérarchique du pouvoir se substitue une logique horizontale de mise en réseau de l'entreprise. Là où régnait la maîtrise élitiste de l'information et du savoir, le partage de la connaissance et la prise en compte de tous les points de vue deviennent des valeurs centrales. Dans ce contexte de transformation du modèle traditionnel de l'entreprise et de la société, il ne tient qu'à nous de construire un environnement favorable au développement de la place des femmes dans l'économie.

Quelle place occupe l'entreprise dans l'économie sociale et solidaire (ESS) ?

L'entreprise a une double responsabilité : interne et externe (envers la société). Elle ne peut plus seulement se contenter d'être un agent économique, mais doit aussi se penser comme vecteur de progrès social. La performance économique n'est que la résultante de plusieurs autres performances : sociale, technologique, environnementale, organisationnelle et de l'innovation. L'équilibre entre ces performances naît d'un climat de confiance. La confiance en soi ainsi qu'entre collaborateurs, d'un côté, et entre leaders et employés, de l'autre, permet d'accroître la performance sociale et économique de l'entreprise. La mise en place de systèmes de mentoring encourage le travail collaboratif, lui-même susceptible de promouvoir l'innovation et l'efficacité ; sans oublier que la confiance pousse à l'authenticité et à la sincérité. Ce sont autant d'externalités positives pour la société qui ne sont pas contradictoires, au contraire, avec les résultats économiques.

Quels besoins nouveaux et donc quelle offre nouvelle l'ESS fait-elle naître ?

L'émergence et le développement de l'ESS témoignent d'une aspiration croissante de la société à redonner du sens à notre économie. La société civile ne demande qu'à comprendre les orientations prises par les entreprises et la façon dont elles s'inscrivent dans un projet de société plus large. Comprendre le monde qui nous entoure et sa diversité – clients, producteurs, partenaires –, c'est la clé de la nouvelle croissance, plus ambitieuse, plus inclusive, plus créatrice et aussi plus sage. L'ESS correspond donc à une demande de responsabilité et de proximité de la part des entreprises qui doivent adapter leur modèle. De ce point de vue, la responsabilité sociale de l'entreprise devient un élément central, au même titre que l'utilisation de nouveaux moyens de communication nécessaires pour tisser une relation de confiance avec la société civile.

Quels sont les nouveaux modes d'échange et d'information entre l'entreprise et son environnement ?

À l'instar des changements qui la traversent, l'entreprise adapte ses modes d'échange et d'information avec le monde qui l'entoure. Comme je l'ai dit, l'entreprise n'est plus cette citadelle assiégée, coupée du reste du monde. Elle a un rôle à jouer dans la vie de la cité et se doit pour cela de nouer des liens avec son environnement. Là encore, la mixité peut s'avérer être un atout décisif. Dans un contexte morose, source potentielle de crispations, les femmes, dotées d'une forte intelligence émotionnelle, sont peut-être les plus à même d'assurer cette transition qui implique compréhension et pédagogie.

« Les femmes doivent inventer leurs propres modèles pour gagner en légitimité »

Béatrice Abeille-Robin est psychologue clinicienne, spécialiste de l'aspect relationnel du management.

Quelle place les femmes occupent-elles dans le monde économique ?

Quand j'ai démarré le coaching en 1993, j'ai surtout travaillé les premières années dans un milieu d'ingénieurs, où l'accompagnement des femmes était rare. Petit à petit, leur nombre a crû. C'était une période de conquête, avec une prise de pouvoir par la force ou la séduction. Ces femmes étaient assez archétypales, soit séductrices, type Madame de Pompadour, soit masculines, voire asexuées, s'imposant avec raideur. Les femmes trouvaient donc difficilement leur place, notamment dans les entreprises des secteurs pétrolier et du bâtiment. Ces milieux d'hommes ont du mal à imaginer une femme sur un chantier, par exemple. Les femmes pouvaient y occuper des postes fonctionnels (RH, communication, finance, juridique, services généraux, etc.), mais pas opérationnels, pré carré des hommes. Dans d'autres milieux cependant, j'ai rencontré moins de résistances, comme la mode, la haute couture, les services, les médias.

Qu'en est-il aujourd'hui ?

Dans les grands groupes, les femmes continuent à accéder aux postes de management en faisant beaucoup de sacrifices d'ordre organisationnel sur le plan privé. Dans certains secteurs, on a encore beaucoup de résistances et de réflexions machistes, notamment dans l'artisanat, alors que dans d'autres, les barrières ont été levées (médical, juridique, etc.). Les femmes y ont acquis leur place par leurs compétences. On trouve de nombreuses chefs de service dans les hôpitaux ; parallèlement, les sages-femmes ont ouvert leur profession aux hommes. Il reste donc beaucoup de possibilités et de niches à occuper, ce qui ne nécessite pas forcément de prise de pouvoir violente. Pour faire évoluer l'accueil des femmes par les métiers manuels, il faudrait une politique éducative et sociétale forte. C'est un grand champ à explorer, encore en friche, et c'est encourageant, car cela peut donner envie aux femmes de monter leur entreprise, de gagner en autonomie. Un point noir : la revendication salariale, qui reste majeure, car de plus en plus vécue comme une injustice inacceptable. Peut-être qu'une loi pourrait y remédier, car les obstacles sont encore trop lentement contournés. Il ne s'agit pas d'être punitif, mais d'installer une évidence.

Quelles sont les différentes forces en présence ?

J'observe la coexistence de trois générations différentes. Ceux qui détiennent le pouvoir ont entre 50 et 65 ans. On leur impose des quotas, mais ils n'ont jamais été habitués à la mixité. C'est pour eux un effort, pas une chose naturelle. Dans ces milieux traditionnellement machistes, les femmes sont rarement considérées autrement que comme des objets de séduction. La relation avec elles n'est jamais fluide ni d'égal à égal. Dans ce groupe, les femmes de pouvoir sont dans le surjeu, la caricature. Avec les 35-40 ans, le fossé avec la génération précédente est énorme. Ces femmes se sont prises en main, ont constitué des réseaux, pris les bastions d'assaut. Les maillages et les solidarités existent. Elles sont assez dures, voire revendicatives, comme si elles n'étaient pas encore à l'aise, dans une phase de conquête et d'installation. L'égalité des salaires n'est pas acquise et cela pose problème. Enfin, pour les adolescents et les jeunes embauchés, la question de l'égalité ne se pose plus, ni celle de la féminité ou de la masculinité d'un métier. Ils pensent que la génération précédente se pose des questions bizarres, que c'est un faux problème. Ils se départageront les postes de pouvoir naturellement. Aujourd'hui, les jeunes filles sont dans des réseaux, où la compétition est vécue à égalité avec les garçons. La valeur intellectuelle se mesure en fonction de l'individu, quel que soit son sexe. Cette génération a parfaitement intégré les différents codes. Pour ces jeunes femmes, tout ce qui peut aider à faciliter l'organisation est bien considéré, par exemple avoir une crèche en bas du bureau. Elles recherchent des entreprises qui privilégient cela. L'équilibre au sein des couples jeunes se fait au fur et à mesure des opportunités de poste : un coup, c'est l'un, un coup c'est l'autre qui en profite. Les tâches sont en effet plus partagées. Il faut donc laisser passer une génération et d'ici à quinze ans, ça ira mieux ! C'est le passage de relais entre ces trois strates qui pose problème et qu'il faut réussir.

Les outils d'accompagnement sont-ils utiles ?

L'entreprise est un lieu de transfert où l'on apporte son histoire personnelle ; dans une société en stress, cela peut créer des problèmes de management. Certains se retrouvent dans des scénarios de répétition, notamment d'erreurs, se sentent mal à l'aise dans certaines situations. Il s'agit donc d'analyser l'aspect relationnel du management. Le coaching est un processus de réflexion à long terme sur la façon de gérer les autres. Alors qu'il n'effrayait pas du tout dans les années 1990, il semble davantage faire peur aujourd'hui. En effet, et c'est global, la pensée est décriée au profit de l'instantanéité, de l'immédiateté. Le contenu des outils s'est appauvri : on cherche des solutions toutes faites, des sortes de Post-it. Cela produit l'effet inverse de ce que l'on souhaite ! Ces modes d'emploi prolifèrent et disent tous la même chose. Attention donc, qu'il s'agisse de coaching ou de mentoring, à ne pas se lisser sur un modèle masculin, à ne pas en faire un parent substitutif. Pour gagner en légitimité, les femmes suivent des modèles existants au lieu de se construire sur leurs propres outils, qui restent à inventer ou sont inaboutis.

Quels leviers faudrait-il actionner pour que les choses évoluent ?

L'enjeu entre les femmes et les hommes est la complémentarité, pas l'indifférenciation. Les femmes sont courageuses, se battent pour leurs équipes, et me semblent plus ouvertes que les hommes, qui, face à un obstacle, iront moins loin. En dépit d'une situation économique difficile, les femmes prennent le risque d'être authentiques face au danger. Chez elles, le poids de la parole et le sens des mots importent beaucoup. L'obstacle majeur est la génération du dessus, qui les empêche d'aller plus loin. On attend donc des présidents d'entreprises qu'ils donnent leur chance aux femmes dans les comités exécutifs. Les quotas pour les conseils d'administration ont permis d'avancer sur le terrain de l'égalité, donc ce serait sans doute vertueux aussi pour les comités exécutifs. C'est sans doute la solution la moins pire, car la résistance est en effet très forte et seule la loi peut la briser. Le salut viendra donc des jeunes, qui apporteront une solution harmonieuse. Aujourd'hui, le passage en force reste nécessaire.

Quelles sont les qualités managériales des femmes ?

Elles travaillent plus en groupe, discutent avant de trancher. Elles aiment cette phase de partage et de confrontation des idées avant de prendre une décision. Elles ne le vivent pas comme une opposition, mais comme un débat. Le management vertical, lui, est une combinaison entre l'historique et le masculin ; alors que les femmes discutent entre elles, ce qui est aussi historique. Échanger permet le développement simultané de plus d'idées. Mais une fois leur décision prise, les femmes sont aussi plus directes. Les profils atypiques ont du mal à exister dans les grandes entreprises, *a fortiori* les femmes atypiques. Or il est salutaire dans les grands groupes d'avoir des profils « poil à gratter », de petites voix dissonantes servant de miroir. Plutôt que de subir l'ostracisme en entreprise, j'encourage les femmes à créer quelque chose, car c'est très enthousiasmant.

« Les femmes doivent travailler leur confiance et oser bousculer le système »

Viviane de Beaufort est professeure de droit européen à l'Essec et fondatrice de Women Be European Board Ready.

Quelle est la place des femmes dans le monde économique en France aujourd'hui ?

On constate une montée des femmes aux postes de haut management et de « dirigeance », et au sein des conseils bien entendu. Poussée par la loi, leur présence s'y accroît. La dynamique concerne aussi les comités exécutifs, les comités de direction, mais dans une moindre mesure. En étant optimiste, on dira que les portes s'ouvrent pour celles qui veulent y aller. Pour l'image, le politiquement correct ou la stratégie de RSE (responsabilité sociétale de l'entreprise), et surtout, espérons-le, pour encourager la diversité du genre comme facteur d'efficacité, les dirigeants promeuvent les femmes. Et en premier lieu, dans les secteurs masculins : industrie aéronautique, automobile, etc. Dans ces domaines d'activité se pose un problème de vivier : la réorientation doit donc se préparer en amont et c'est un travail de longue haleine qui concerne les filières d'éducation au sens large et la lutte contre les stéréotypes. Si l'on considère l'entrepreneuriat, le palier de 30 % de créatrices, en dépit de considérables mesures d'accompagnement, n'évolue guère. C'est un seuil qui cache l'iceberg : parmi elles, seules 5 % réussissent à développer une ETI (entreprise de taille intermédiaire). La véritable question se situe là.

La nouvelle économie permet-elle aux femmes d'être plus présentes ?

Les femmes ont une prédilection pour ce qui relève de l'économie sociale et solidaire, et cela ne date pas d'aujourd'hui. Hier, cela avait un petit côté misérabiliste, alors que cela devient plus valorisé dans notre société qui change de moteurs. Et d'ici à 2020, avec la génération Y et des filles entrepreneures plus décomplexées, les domaines réservés deviendront mixtes. Elles savent jouer en équipe et dans la mixité, et chercher les compétences qui leur manquent, notamment techniques. Le jeu de cette complémentarité peut permettre d'améliorer la présence des femmes dans le secteur de l'industrie et du high-tech notamment.

Quels sont les atouts des femmes entrepreneures et managers en entreprise ?

Les femmes ont souvent développé des comportements ou des façons de procéder différents, car minoritaires dans un milieu masculin, elles se sont adaptées. Par exemple, les conflits frontaux n'étant pas leur prédilection, pour s'adapter, elles développent des qualités de médiation. Autre exemple : on ne leur a pas interdit de pleurer étant plus jeunes, d'où une tendance à davantage de sincérité, d'empathie, c'est-à-dire d'acceptation de la dimension émotionnelle de l'être humain. Aujourd'hui, motiver les équipes ne peut plus se faire par un mode de management vertical ; le mode collectif et l'exemplarité du leader font la différence. Le leadership moderne a besoin du quotient féminin ! Être à l'écoute, accepter d'être interpellé sur sa stratégie, c'est créer de la valeur ajoutée. Si la crise a servi à quelque chose, c'est peut-être à ébranler un système obsolète : la génération qui arrive désire ce changement et les femmes comme leaders se trouvent bien placées.

Quels stéréotypes de genre sur les femmes ont encore cours dans notre société ?

Il y en a un parfaitement obsolète : « Une femme ne peut être leader » – elles n'ont pas le courage de trancher ; ou « Une femme n'est pas un entrepreneur » : elles n'aiment pas les risques. Devoir toujours compenser ces stéréotypes s'avère difficile ; certaines femmes finissent par les intégrer et avoir une approche ambivalente, parlant par exemple de responsabilités et non de pouvoir. Comment passer la cinquième si l'on n'a pas débloqué le frein à main ? Lutter contre ces autoblocages est prioritaire : former les femmes à la stratégie, au droit, à la gouvernance, certes... mais les accompagner sur les postures est aussi de la responsabilité des écoles et des formateurs. Il faut faire face à ces stéréotypes, les mettre sur la table, et apprendre à en jouer pour bousculer le système.

Quel rôle peut jouer l'accompagnement ?

Tant que l'on n'aura pas suffisamment de femmes dans les instances de pouvoir, les blocages se perpétueront. La fameuse proportion d'un tiers de minoritaires dans une instance, pour que celle-ci joue son rôle, est connue, des travaux en sociologie l'ont démontré. Tant pis si dans un pays comme le nôtre, il faut des quotas pour déclencher la dynamique nécessaire. Une fois que le cercle vicieux sera brisé, la question des compétences sera celle qui restera posée. Les entreprises doivent continuer les « *positive actions* » : accompagnement, mentoring, recherche de CV féminins pour un poste. Et les femmes doivent se prendre en charge avec les réseaux, du coaching, la recherche d'un mentor, etc.

En quoi le mentoring peut-il aider les femmes à progresser ?

Cela accélère un parcours, car le mentor étant déjà passé par là, il est conscient des erreurs que l'on peut commettre. Cela peut donc éviter à la mentee de « se prendre des portes ». Choisir un mentor homme pour une femme fait sens aussi, car les hommes ont le pouvoir. Ceux qui ont eu un parcours n'ont plus rien à prouver, et sont souvent prêts à tendre la main aux plus jeunes. Ils ont souvent compris que favoriser la mixité était positif. Je conseillerais aux femmes d'oser demander, de solliciter l'aide d'une personne qu'elles admirent, ou emblématique. Elles auront peut-être la bonne surprise de s'entendre dire oui !

Quelles doivent êtres les qualités d'un mentor et d'une mentee ?

Le mentor doit être à l'écoute, senior dans sa connaissance de l'humain, accepter la partie émotionnelle, et avoir confiance en l'autre. Moi qui suis mentor aussi, j'ouvre tous mes réseaux à mes mentees : c'est un risque, mais le partage des connaissances fait partie du jeu. Il faut s'engager. Quant à la mentee, elle doit être à l'écoute, faire confiance et être sincère, accepter de reconnaître qu'elle se pose des questions. Le mentor étant bénévole, elle doit aussi modérer sa demande... Une entreprise qui souhaite proposer du mentoring doit élaborer un programme structuré et encadrant, spécifiant par exemple les conditions de rupture des binômes. De plus, je crois que les binômes doivent se choisir, car c'est avant tout une aventure humaine.

« Notre société apprend l'audace aux garçons et le conformisme aux filles »

Brigitte Grésy est secrétaire générale du Conseil supérieur de l'égalité professionnelle entre les hommes et les femmes.

Quelle est la place des femmes dans le monde économique en France ?

Au xxe siècle, les femmes ont investi le tertiaire et sont devenues salariées. Nous avons en France un taux d'activité exemplaire de 83 % des 25-49 ans. De plus, l'investissement en formation initiale est très important, même si les filles ne choisissent pas les filières les plus porteuses de débouchés : on compte plus de bachelières que de bacheliers. Le vivier des talents féminins est donc très riche. Par ailleurs, le taux de fécondité est lui aussi très important, car il y a un lien entre le taux d'activité des femmes et le taux de fécondité : plus les femmes sont autonomes, plus elles se permettent le « risque » de l'enfant. Cependant, autre élément, négatif celui-ci, nombre de femmes s'enfoncent dans la précarité : elles représentent les deux tiers des bas salaires. Sans oublier une entrée fréquente sur le marché du travail à temps partiel. Autre écueil : la parentalité et les travaux ménagers ne sont toujours pas partagés. Enfin, si la mixité fonctionne bien – le taux des femmes cadres a crû de 140 % en vingt ans –, le plafond de verre perdure, sauf quand des mesures de discrimination positive sont prises. C'est valable partout : en politique, dans les conseils d'administration, en entreprise, avec un objectif de progression volontaire, qui doit être suivi et évalué.

Le tableau est donc en demi-teinte… Pourquoi le plafond de verre se maintient-il et pourquoi si peu de femmes créent-elles leur entreprise ?

Cela pose d'une part la question du type de projets portés par les femmes et de leur financement, et d'autre part celle du système de représentation des hommes et des femmes dans le monde du travail. Nous sommes face à des conceptions clivées de valeurs qui seraient féminines et masculines. De fait, les hommes et les femmes n'apprennent pas la même chose. Les interactions des enfants avec les adultes sont différentes. Du côté des garçons, l'apprentissage de la projection dans l'espace, les jeux de construction et de manipulation sont favorables aux compétences spatiales et mathématiques ; pour les filles, des jeux de rôles et d'imitation privilégient l'apprentissage des compétences verbales, mais s'avèrent peu propices à la prise de risque et à l'autonomie.

Notre société apprend l'audace aux garçons et le conformisme aux filles ! J'ai longtemps pensé que le mentoring ou le tutorat pour les femmes n'était pas plus nécessaire qu'aux hommes. Désormais, je trouve que c'est utile pour les accompagner dans l'apprentissage de leur sentiment de légitimité. Mais attention à ne pas reproduire une binarité et du sexisme bienveillant ! Le mentoring doit mixer les équipes et ne pas se traduire systématiquement par un binôme entre un homme plus âgé et une jeune, car on retombe dans le sexisme paternaliste. Certains prônent aujourd'hui le « leadership au féminin ». Pourtant, rien ne prouve que les femmes soient plus douces ou plus intuitives. On recrée une division sexuelle des qualités qui correspond à une division sexuelle des métiers, comme si l'on devait avoir un couple idéal à la tête de l'entreprise. Cela ne fait qu'approfondir le plafond de verre. On accentue ainsi la pseudo-différence des femmes qui ne sont pas acceptées parce que ce sont des femmes, mais pour leur plus-value. Donc oui au mentoring, mais à condition que cela ne promeuve pas un modèle féminin de gouvernance totalement mythique, fondé sur de soi-disant valeurs féminines. C'est pour cela que j'ai écrit *La vie en rose, Pour en découdre avec les stéréotypes*[1] pour aider les femmes à asseoir leur sentiment de légitimité.

Quid de l'égalité professionnelle hommes-femmes ?

C'est la tragédie des 20 % : plus de 50 % de femmes dans la société, mais plus de 27 % d'écart de rémunération ; 26 % de femmes au Parlement ; 20 % de femmes experts dans les médias ; un peu plus de 20 % de femmes dans les conseils d'administration ; 20 % d'hommes à temps partiel ; 20 % de la parentalité et des tâches ménagères réalisées par les hommes. Pourtant, ils ont la même formation initiale ! C'est dû à l'inégalité du partage du temps parental et domestique : les femmes passent en moyenne une heure de moins dans les organisations de travail, le soir, à cause des enfants. Ce temps-là sert aux hommes à réseauter et à décrocher les bons postes. Se pose en outre la question du système des représentations : il existe un grand écart entre l'idée que l'égalité est synonyme de modernité, et les cerveaux archaïques jouant sur des identités sexuées complémentaires.

Que préconisez-vous pour que cette égalité devienne réalité ?

Il faut des mesures structurelles de fond, comme une meilleure organisation du travail laissant du temps à la parentalité ; une nouvelle évaluation des salariés à l'aune de critères neutres (comment promouvoir les gens ? qu'est-ce que la mobilité ? qu'est-ce qu'un haut potentiel ? etc.) ; des mesures d'égalité professionnelle, c'est-à-dire la promotion des femmes (*via* les négociations salariales) à l'embauche, en formation, etc. Des politiques publiques d'accom-

1. Albin Michel, 2014.

pagnement de ces démarches, des gardes d'enfants, des congés parentaux arrimant les pères à la paternité, sans oublier la sensibilisation et la formation des acteurs. Enfin, le travail sur les systèmes de représentation est le plus dur à mener. Il passe notamment par les lieux de socialisation dès 0 à 3 ans (crèches), puis l'école, les médias, la segmentation sociale des jouets, les vêtements, etc. Les entreprises sont l'un des grands acteurs de la lutte contre le sexisme. J'ai mené une grande enquête avec l'institut LH2 auprès de 15 000 salariés de neuf grandes entreprises[1] : 80 % des salariées ont déclaré avoir été régulièrement confrontées à des manifestations de sexisme et 93 % ont ressenti un impact sur leurs performances. Donc les stéréotypes attachés aux femmes – les trois plus grands étant : pas mobile, pas flexible et pas disponible – entraînent une discrimination systémique. Considérées comme des agents à risque, elles sont moins payées et moins promues.

Comment développer la place des femmes dans l'économie ?

Il faut apprendre à celles qui ont le potentiel et le désir de progresser les codes et la confiance en soi, les valoriser en fonction de leurs talents et non leur sexe, leur montrer les étapes pour gravir l'échelle en se fondant sur les compétences, le savoir être et le savoir-faire, sans jouer sur la spécificité féminine. Le management dit masculin est lié à une situation économique où le marché était stable, les organisations bien ancrées, où l'on pouvait créer des rapports de forces et imposer l'autorité. Aujourd'hui, quand la globalisation économique fragilise les acquis, qu'il faut toujours être en mouvement, chercher des niches nouvelles, de bons partenaires, innover, se remettre en question, d'autres valeurs de management se mettent en place. C'est un système plus matriciel que hiérarchique, reposant sur la négociation et de nouvelles qualités de management. Peut-être qu'en raison d'un apprentissage différent, les femmes ont des facilités plus grandes que les hommes pour acquérir ces compétences managériales de la nouvelle gouvernance. Mais un chef, quel que soit son sexe, doit toujours être rigoureux, savoir dire oui et non, écouter, trancher, gérer des conflits. Pourtant, les femmes sont toujours victimes de discrimination systémique. Pour la création d'entreprise, tout comme pour les postes de gouvernance pour les femmes cadres, il faut des objectifs chiffrés de leur progression pour les aider à briser les plafonds en tout genre. Les femmes évincées des grandes organisations créent parfois leur propre emploi en montant une entreprise, preuve d'une prise de risque remarquable. Mais les projets sont de moindre envergure et cela ne suffit pas pour avancer. Il faut donc exiger un engagement au plus haut niveau entre les pouvoirs publics, les banques, les associations de soutien aux projets de création des femmes, afin de faciliter et d'accompagner la création d'entreprise au féminin.

---

1. Remise en décembre 2013 au gouvernement.

« Le regard sur l'égalité entre les femmes et les hommes est chargé d'ambiguïtés »

Jacqueline Laufer est sociologue et professeure émérite à HEC-Paris.

Comment le regard de la société sur les femmes a-t-il évolué au fil des siècles ?

Il a considérablement changé, car depuis près d'un siècle, la situation des femmes dans la société s'est transformée. Pourtant, ce regard est chargé d'ambiguïtés. En effet, il reflète aussi les inégalités entre les hommes et les femmes qui demeurent dans de nombreux domaines. Les droits des femmes à recevoir une éducation, à exercer un travail professionnel, à voter, à une liberté de choix en matière de procréation, à partager l'autorité dans la famille, ou encore à exercer des responsabilités politiques et professionnelles ont transformé radicalement leur statut dans la société. La « révolution respectueuse » qu'a constitué la réussite scolaire des femmes a été déterminante pour développer leur activité professionnelle et leur accès à des professions qualifiées. Pourtant, le développement de l'activité professionnelle des femmes n'a pas conduit à une moindre ségrégation de l'emploi féminin. Celle-ci s'est accrue depuis les années 1970 et 60 % des femmes demeurent concentrées dans certains métiers très féminisés : services aux particuliers, employés administratifs, employés et agents de service de la fonction publique, employés de commerce, professions intermédiaires de la santé et du travail social, instituteurs. Dans les organisations, la hiérarchie des postes, des compétences, des carrières a ainsi longtemps délimité les sphères où opèrent les hommes et celles où s'activent les femmes compte tenu du « risque » attaché à l'emploi des femmes toujours « soupçonnées » de maternité. De même demeurent des inégalités salariales et une « conciliation » des responsabilités familiales et professionnelles qui repose encore très largement sur les femmes. Les politiques sociales et familiales ne compensent que très imparfaitement les inégalités générées par l'insuffisant investissement des pères dans le travail domestique et familial ou l'insuffisance des modes d'accueil des jeunes enfants.

En quoi la législation a-t-elle pesé sur la mixité au cours du XXe siècle ?

Elle a d'abord conduit à légitimer la non-mixité dans une situation historiquement caractérisée par l'inégalité juridique des femmes, articulée à une logique de protection de leur rôle comme mères dans la sphère professionnelle et sur un principe de non-mixité des formations, des emplois, des rôles, etc. La fin des discriminations juridiques frappant l'accès des femmes aux différentes formations et diplômes, puis métiers et fonctions, a créé progressivement les conditions d'une possible mixité. Mais au-delà des principes juridiques, la mise en œuvre concrète de la mixité se heurte à la résistance des différences et des hiérarchies entre les sexes, qui se manifeste dans la ségrégation des emplois masculins et féminins et dans la sous-valorisation des emplois à majorité féminine – un obstacle à l'accès des hommes à ces métiers – ou encore dans l'articulation entre travail et famille qui pèse davantage sur les femmes que sur les hommes. Face à cette réalité, la mixité professionnelle exprime l'espoir d'une possible transformation sociale et culturelle des relations de genre qui laisse moins de place aux « assignations identitaires » et aux stéréotypes. La mixité est en marche parmi les cadres et professions qualifiées, mais aux autres niveaux, le bilan est beaucoup moins convaincant. Les métiers moins qualifiés demeurent non mixtes. La législation en matière d'égalité semble donc nécessaire, mais insuffisante pour atteindre la mixité.

Quel regard la société française porte-t-elle sur les femmes professionnellement ambitieuses ?

Elles ont longtemps été considérées comme des « femmes de pouvoir », une expression qui reste chargée d'une connotation négative. Ainsi, si la légitimité de l'activité professionnelle des femmes a été reconnue, ce travail et ces carrières devaient demeurer compatibles avec leur rôle de mère ; l'ambition des femmes devait et doit encore favoriser la recherche d'« équilibre ». Ainsi, les femmes cadres en particulier devaient rester « discrètes », « féminines », et dans l'ombre des hommes dont elles devaient être les fidèles « secondes ». Encore aujourd'hui, les femmes – même dirigeantes – ont tendance à qualifier négativement le comportement « carriériste » de certaines femmes, préférant souligner le rôle de la « chance » dans leur trajectoire professionnelle. L'ambition, le souci de faire une carrière seraient encore l'apanage « normal » des hommes, mais pas de nombreuses femmes, et encore antinomique avec une certaine représentation de la féminité. Soulignons aussi différentes formes d'idéalisation du pouvoir et de l'ambition au féminin : si les femmes sont ambitieuses, en quête de pouvoir, cela doit être pour exercer un pouvoir « meilleur », plus éthique, plus responsable. Certes, les femmes peuvent avoir un regard « différent », compte tenu de leurs expériences et de leurs parcours, eux aussi « différents », mais en ce qui concerne ici les femmes au pouvoir, non seulement elles sont minoritaires, mais elles doivent être aussi meilleures. Leur ambition ne serait donc légitime que si elle est altruiste.

Observez-vous un changement des mentalités face à la question de l'égalité entre les hommes et les femmes, notamment dans le monde du travail ?

Ces représentations reflètent un grand consensus sur les principes : tout le monde semble d'accord sur la légitimité de l'égalité entre les hommes et les femmes. Mais quand il s'agit d'en tirer toutes les conséquences sur le plan des pratiques, il en va autrement. L'analyse de ce décalage donne une place croissante aux représentations et aux stéréotypes définissant les rôles féminins et masculins dans notre société et aux comportements sexistes et dévalorisants pour les femmes. Ainsi, alors même qu'a progressé l'égalité en droit et qu'il n'y a plus aucun obstacle juridique formel à l'accès des femmes à tous les postes et à toutes les fonctions, demeure le poids des représentations sociales et des comportements qui leur dénient cette égalité. Tout se passe comme si ces représentations, ces stéréotypes constituaient le dernier rempart contre cette égalité et cette mixité tant espérées, mais apparemment encore souvent redoutées.

Des particularités françaises expliquent-elles la résistance du plafond de verre et le faible taux (30 %) de créatrices d'entreprise ?

Le plafond de verre, c'est-à-dire ce constat de la rareté des femmes en position dirigeante dans les organisations publiques ou privées et des obstacles qu'elles rencontrent pour accéder à ces positions, existe dans tous les pays. En revanche, les chemins empruntés pour le résoudre varient d'un pays à l'autre. Ainsi aux États-Unis, c'est d'abord au niveau de la grande entreprise que le plafond de verre a été dénoncé, car il incarnait un échec du principe de l'égalité des chances, situé au centre de la culture américaine. En France, c'est davantage le débat puis les lois sur la parité en politique qui ont été au départ de cette prise de conscience qui a ensuite gagné les entreprises. Quant à la part des femmes parmi les créatrices d'entreprise, la parité n'est sans doute pas encore pour demain – souvenons-nous de cette histoire marquée par l'incapacité juridique qui frappait les femmes mariées jusqu'en 1938 – mais parallèlement, il faut souligner les réussites et les innovations de nombre de ces femmes chefs d'entreprises d'hier et d'aujourd'hui, que ce soit comme héritières, repreneuses ou créatrices.

La société actuelle, et le monde économique en particulier, vont-ils faire une place aux femmes ?

Le monde économique fait d'ores et déjà une grande place aux femmes, de plus en plus présentes sur le marché du travail. Cela s'inscrit cependant dans le contexte d'une bipolarisation de la situation des femmes : les inégalités entre celles qui font carrière dans de grandes entreprises et celles, peu qualifiées, qui n'ont pas accès à l'emploi ou demeurent dans des situations de précarité et/ou dans des emplois « non choisis » à temps partiel se creusent. À vrai dire, l'inventaire des inégalités sexuées est désormais suffisamment complet pour pouvoir définir les actions à entreprendre en vue d'une plus grande égalité professionnelle. Pourtant, la question du volontarisme des acteurs pour aller dans ce sens demeure.

CHAPITRE 3

La conviction de grands patrons

Pour que l'accompagnement soit autre chose qu'une bonne idée, pour qu'il trouve sa voie dans les grandes entreprises, pour qu'il soit connu et mis en œuvre dans le corps social, il faut que les grands patrons s'en emparent.

S'ils sont convaincus de ses bienfaits, s'ils prennent conscience que le mentoring est un extraordinaire outil de promotion, de cohésion, d'adhésion aux valeurs du groupe, ils ne tardent pas à s'y impliquer fortement et à mettre en place des programmes qu'ils suivent avec attention.

Ils le font d'autant plus volontiers que le mentoring est aussi un moyen très efficace de favoriser l'émergence dans leurs groupes de profils féminins susceptibles de contribuer à un meilleur équilibre de la « balance hommes-femmes » et à une prise en compte effective des objectifs de mixité, de parité et de diversité auxquels ils sont tous très attachés.

Les grands patrons que nous avons interrogés sont unanimes : le mentoring est un facteur d'intégration et de développement hors pair qu'il faut encourager et généraliser sans le dénaturer.

Nous laissons la parole à Gérard Mestrallet (GDF SUEZ), Stéphane Richard (Orange), Laurent Dechaux (Oracle France), Maurice Lévy (Publicis Groupe), et Marie-Claire Capobianco (BNP Paribas) avec pour chacun des groupes concernés, une présentation détaillée de leurs programmes d'accompagnement.

Trois questions à... Gérard Mestrallet

Gérard Mestrallet est Président-Directeur Général (PDG) de GDF SUEZ.

– *Pourquoi GDF SUEZ a-t-il mis en place un programme de mentoring dédié aux femmes ?*

Ma conviction est que notre entreprise, que toute entreprise, doit non seulement être le reflet de la société, mais doit aussi être précurseur, à l'avant-garde des sujets et des changements sociétaux. Faire progresser la mixité demande audace, courage et une certaine ténacité. Valeurs que notre groupe cultive et met au service des femmes de GDF SUEZ. C'est notre intérêt à toutes et tous : les études le montrent, la mixité et la diversité sont un levier essentiel de notre performance collective. Pour cela nous avons autant besoin d'une stratégie solide que de diversité et de mixité dans les talents que nous recrutons, dans les managers que nous nommons, ou encore dans la composition de notre conseil d'administration. Naturellement des difficultés, culturelles, historiques, demeurent. C'est pourquoi, avec Valérie Bernis, directeur général adjoint du groupe, nous avons dès 2008 engagé chez GDF SUEZ une politique mixité ambitieuse, globale, visant à soutenir et à faire progresser la place des femmes dans le groupe. Ainsi est né en 2008 Women in Networking (WIN), le réseau international des femmes de GDF SUEZ, dont l'ambition est d'aider les femmes à se renforcer collectivement. Puis en 2010, partant du constat que les femmes rencontraient des difficultés pour dépasser le plafond de verre et n'accédaient pas assez à des postes à responsabilité nous avons lancé le « mentoring by GDF SUEZ ». Ce programme particulièrement adapté aux attentes des femmes du groupe, bénéficiaires du dispositif ou mentors, a également été bien accueilli et compris par les hommes, cadres dirigeants, à qui nous avons demandé de jouer le jeu et qui se sont révélés eux aussi d'excellents mentors, très attentifs et concernés.

– *Quels en sont les enseignements et quel bilan peut-on dresser ?*

Ce que nous constatons, alors que la troisième saison du mentoring s'est achevée en septembre 2014, c'est que cet accompagnement a été pour toutes les bénéficiaires un formidable outil de mise en lumière et de confiance en soi, les deux étant naturellement liés. Chacune d'entre elles a pu réfléchir à son positionnement et, grâce à l'aide de son mentor, faire évoluer sa carrière vers plus de responsabilités. Le taux de satisfaction est très élevé (proche de 100 %) aussi bien chez les mentees que chez leurs mentors. Ce qui est important à souligner également, c'est que le mentoring ne bénéficie pas seulement aux mentees. C'est un puissant levier pour nos mentors, tous cadres dirigeants, qui peuvent ainsi mieux comprendre les aspirations de nos hauts potentiels et développer leurs compétences. C'est également pour tous les participants une occasion supplémentaire de découverte et de connaissance du groupe, ce qui est essentiel dans le contexte actuel de transformation de nos activités.

– *Quelle suite souhaitez-vous donner à cette expérience ?*
Au-delà de l'impact très positif sur la place des femmes dans le groupe, le succès des trois premières saisons de ce programme a également permis d'inscrire le mentoring dans notre culture d'entreprise, dans notre « *management way* ». Avec le comité de direction, nous avons décidé d'étendre ce type de dispositif et lancé au printemps 2014 un programme de mentoring global, visant à accompagner dès 2014 plus de mille jeunes managers femmes et hommes issus de toutes les activités du groupe. En ce qui concerne plus particulièrement les jeunes femmes hauts potentiels, une saison 4 du « mentoring by GDF SUEZ » sera lancée fin 2014 avec une dimension internationale renforcée. Je reste très attentif à ce que nous poursuivions notre objectif initial : faire évoluer les mentalités, changer de regard sur la mixité et sur la parité. C'est tout le sens du réseau WIN, du mentoring, mais aussi de toutes les autres actions fortes menées depuis 2008 dans notre groupe. Grâce à la mobilisation remarquable des femmes et hommes du groupe, GDF SUEZ est particulièrement bien positionné sur ce sujet important de la mixité, et nous continuerons de développer et de mettre en œuvre des actions concrètes en faveur des femmes dans notre entreprise, dans l'intérêt de tous et toutes.

« *Mentoring by GDF SUEZ* », un programme structuré pour asseoir le leadership au féminin

Depuis 2008, GDF SUEZ a déployé un programme d'actions global en faveur de ses collaboratrices. Le but ? Accompagner le développement de leur carrière au sein du groupe et, plus largement, diffuser une culture de la mixité. C'est dans ce cadre qu'est né en septembre de la même année le réseau WIN (Women In Networking). Sous l'impulsion de ce dernier, GDF SUEZ a lancé en janvier 2010 son premier programme de mentoring, visant à mettre en relation des femmes identifiées comme étant des hauts potentiels et des cadres dirigeants du groupe, afin d'améliorer l'accès des femmes aux postes de direction. Avant de déployer ce programme à plus grande échelle, GDF SUEZ a d'abord lancé un pilote pour tester et affiner la démarche.

Contexte, enjeux et objectifs

Face à la difficulté rencontrée par les collaboratrices à dépasser le plafond de verre, les hauts potentiels ne progressent plus ou finissent par quitter l'entreprise. En réponse à ce constat, le programme de mentoring de GDF SUEZ, d'une durée d'un an, s'est fixé plusieurs enjeux :

- marquer l'engagement du groupe en faveur des femmes ;
- permettre la mise en lumière des talents féminins en interne ;
- voir apparaître plus de femmes dans les fonctions de direction ;
- impliquer les hommes et les femmes du groupe sur le thème de la mixité.

Le mentoring repose sur une culture de générosité, de respect et de partage. Faire grandir les mentees passe par l'atteinte de plusieurs objectifs définis par le mentor et la mentee. Leur relation repose sur un échange mutuel au sein de leur binôme.

Pour la mentee, il s'agit de :
- apprendre à « décoder » le fonctionnement interne en bénéficiant de l'expérience d'un collaborateur ou d'une collaboratrice du groupe ;
- être conseillée dans ses choix et dans son parcours professionnel ;
- être confortée sur sa capacité à occuper des postes de direction ;
- développer ses connaissances et son réseau.

Pour le mentor, il s'agit de :
- être sensibilisé et sensibiliser les hommes aux problématiques rencontrées par les femmes ;
- s'enrichir au contact de l'autre ;
- renforcer la cohésion interne.

Conditions de réussite

Pour réussir l'aventure du mentoring, confiance réciproque, confidentialité, intégrité, honnêteté, professionnalisme, rigueur et respect de la diversité sont des prérequis. Outre ces qualités, des règles ont été établies pour assurer le succès du programme. Ainsi, les membres du binôme ne doivent pas appartenir à la même ligne hiérarchique. Leurs objectifs doivent être clairement définis dès le départ et l'implication de chacun doit être équivalente. Des rencontres à fréquence régulière, ainsi que la confidentialité de leurs échanges, sans oublier un périmètre d'intervention défini (l'évolution de carrière de la mentee), enfin un suivi rigoureux de la relation sont aussi au programme. Afin de débloquer toute situation de tension et de prévenir d'éventuelles difficultés relationnelles, un dispositif d'encadrement a aussi été déployé.

Programme, sélection

Afin de donner au test une taille représentative, GDF SUEZ a constitué quarante-cinq binômes. La cible des mentees : des femmes à haut potentiel, membres du réseau WIN. Quant aux mentors, ce sont des cadres dirigeants des deux sexes, sans lien hiérarchique avec les mentees et plus expérimentés, qui peuvent aider, par leur expérience et leur réseau les femmes du groupe à progresser.

Pour la sélection des participants, chaque candidat au programme a exprimé sa motivation par écrit et précisé les thèmes qu'il souhaitait aborder. Les mentors ont été choisis notamment dans le respect d'une culture de la mixité. Ils doivent pouvoir transmettre un *feed-back* constructif, être ouverts d'esprit et tolérants, avoir une vision stratégique de l'entreprise et démontrer des qualités de leadership, savoir prendre du recul et évaluer les progrès de la mentee, enfin être patient et attentionné. Quant aux mentees, elles doivent être motivées pour évoluer et franchir certaines étapes, désireuses de comprendre et d'analyser leurs atouts et les éventuels obstacles à leur progression, enfin ouvertes à un regard extérieur et à l'écoute des conseils d'autrui. Elles ont été choisies sur la base de l'analyse de leur désir d'accompagnement, puis en rapprochant leurs besoins des domaines d'intervention proposés par les mentors. C'est ainsi que l'équipe projet a constitué les binômes.

Préparation des participants

Facteur clé de la réussite des programmes de mentoring, la préparation des mentors et des mentees a été minutieusement menée. D'une part, les mentors ont suivi trois sessions collectives de formation. Au programme de la première : étapes du programme pilote, posture du mentor, application, outils du mentoring (arbitrage, gouvernance de soi, prise de hauteur, etc.), grilles de lecture sémantiques et déontologie. À l'issue de cette session, les binômes ont pu faire connaissance. Les mentors ont ensuite suivi une deuxième session de formation pour leur apporter d'autres outils et étudier les grilles de lecture des comportements et attitudes. La troisième et dernière session collective leur a enseigné comment « corriger le tir ». Enfin, une session individuelle de coaching a permis de personnaliser et d'ajuster la relation mentorale.

Les mentees, elles, ont participé à une réunion pour les préparer à la rencontre avec leurs mentors respectifs. À son issue, les objectifs et les limites du programme, leur rôle de mentee et les étapes de la relation mentorale n'avaient plus de secret pour elles.

Animation et suivi

La relation entre le mentor et la mentee, clé de voûte de la réussite du programme, nécessite d'être suivie pour éviter les points de blocage. Pour cela, la qualité de ce lien a été évaluée *via* un questionnaire de satisfaction dès le début de la démarche. Ainsi, les réajustements nécessaires en cas de *matching* erroné ont pu être rapidement menés. Puis deux réunions ont été programmées pour suivre l'évolution de la relation mentorale en temps réel. Les mentees ont pu y partager leur expérience, échanger les bonnes pratiques, et apprendre à redynamiser la relation le cas échéant. Enfin, certaines ont bénéficié d'un suivi individuel d'ajustement du binôme, notamment quand ce dernier manquait de dynamisme.

Bilan

Pour dresser le bilan de ce programme pilote, tous les participants ont rempli un questionnaire détaillé et les mentees ont été reçues en entretien. Cette enquête a montré que la relation mentorale était basée sur le sérieux et la constance, conduisant à une satisfaction de 98 % des participants, mentors et mentees confondus. Pour 84 % de ces dernières et 91 % des premiers, les objectifs fixés ont été atteints. La bienveillance des mentors a assuré la qualité des échanges et le dialogue. Quant aux réunions d'échange pour mettre en perspective les problématiques, elles ont été considérées comme utiles à près de 60 % par les mentees. Celles-ci ont pu prendre un peu de recul et partager leur expérience. Les mentors, eux, ont plébiscité (96 %) la formation, indispensable pour bien appréhender leur rôle et acquérir une expertise dans l'accompagnement. Le cercle vertueux mis en place par le programme a en outre renforcé la fidélisation des mentees et fait grandir leur fierté d'appartenance à l'entreprise. Quant aux mentors, ils ont davantage pris conscience des freins et leviers de l'évolution des femmes dans l'entreprise.

Résultats

Grâce à ce programme, les mentees ont pu mener un travail sur elles-mêmes et prendre conscience de leur positionnement dans l'entreprise. Autres bénéfices : la compréhension de l'entreprise et de son fonctionnement, la mise en perspective, enfin la transmission d'outils et de bonnes pratiques. À l'issue du programme, 37 % d'entre elles ont évolué dans l'entreprise ; certaines ont changé de poste et pris des responsabilités. Enfin, d'autres sont presque devenues des « *role models* » dans leur entité. Les mentors, eux, ont acquis des compétences de mentoring et renforcé leurs capacités managériales au quotidien. Certains ont même réévalué leur propre évolution de carrière ! Les interrogations des mentees les ont en effet renvoyés à leur passé et à leur avenir.

Reconduit en mars 2012 avec 61 binômes dont 8 à l'international, puis à l'automne 2013, les Saisons 2 et 3 du mentoring ont confirmé le formidable impact du programme sur le parcours professionnel des mentées et sur la sensibilisation des dirigeants aux enjeux de mixité.

Au final, ce programme a été un vecteur de transformations profondes au sein de GDF SUEZ, non seulement pour les mentors et les mentees, mais aussi pour l'ensemble des collaborateurs. Le mentoring permet en effet de travailler sur les mentalités en créant un effet boule de neige qui dépasse les seuls acteurs concernés. Ce cercle vertueux dynamise et génère un bénéfice d'image en interne et en externe de manière très concrète. Les mentalités évoluent au profit d'une sensibilisation des hommes au leadership féminin.

Trois questions à... Stéphane Richard

Stéphane Richard est président du groupe Orange.

– *Pourquoi votre groupe a-t-il mis en place un programme de mentoring ?*

La culture du mentoring existe dans le groupe depuis longtemps pour accompagner les jeunes talents vers la réussite professionnelle. Quand j'ai décidé de faire de la présence des femmes dans nos instances dirigeantes au même niveau que leur présence dans l'entreprise (35 %) un objectif stratégique, nous avons réfléchi à tout un ensemble de mesures pour y parvenir, notamment en travaillant sur nos fonctionnements et en revoyant les critères de gestion des carrières lorsque cela était nécessaire. Cependant, nous avons constaté qu'une partie des freins venait des femmes elles-mêmes, qui ont tendance à moins se mettre en valeur et à davantage s'autocensurer que les hommes, en particulier lorsqu'il s'agit de postuler pour des responsabilités supérieures, ce qui peut être perçu par un environnement masculin comme une preuve de désintérêt pour une progression de carrière. Le mentoring s'est alors naturellement imposé comme l'une des solutions permettant d'accompagner les femmes à potentiel, afin qu'elles développent leur confiance en elles grâce à un partage d'expérience et un regard extérieur qu'un dirigeant expérimenté pourra leur apporter.

– *Quels en sont les enseignements et quel bilan peut-on dresser ?*

Le dispositif de mentoring, mis en place en 2011, est très apprécié des mentees et des mentors, mais il est surtout très efficace. Une grande partie du succès d'un mentoring repose sur l'explication du sens de l'exercice et des écueils à éviter, ainsi que sur la qualité de ce que nous appelons le « mentor-matching » : la constitution judicieuse d'un binôme mentor-mentee. Nous utilisons même un outil d'aide à la décision pour aider nos équipes de « talent management » à vérifier la cohérence des profils et des attentes réciproques, tout en évitant de constituer des binômes entre personnes d'un environnement trop proche. Le programme permet aux mentees d'améliorer leur communication et d'éviter des erreurs d'interprétation des codes et des signaux qui leur sont renvoyés par leur environnement. Il bénéficie également aux mentors, en leur faisant prendre conscience des difficultés rencontrées encore aujourd'hui par les femmes en début ou à mi-carrière et en mettant en évidence les progrès restant à réaliser, en particulier en ce qui concerne le changement des mentalités et des codes au sein de l'entreprise. Pour Orange, le programme de mentoring est ainsi également un accélérateur du changement de culture que nous voulons impulser.

– *Quelle suite souhaitez-vous donner à cette expérience ?*
Nous en sommes à notre troisième « promotion » et nous comptons reproduire l'expérience chaque année en augmentant le nombre de binômes. Nous voulons également l'étendre dans deux directions. D'un point de vue géographique tout d'abord, nous avons commencé cette année à étendre le dispositif aux femmes cadres supérieures dans quelques pays hors de France. Ensuite, nous avons eu l'intuition que le dispositif pouvait être bénéfique à toutes les femmes de l'entreprise qui souhaitaient progresser en responsabilité et en avaient le potentiel. Nous avons ainsi expérimenté le mentoring pour des femmes cadres de niveau intermédiaire afin de constituer un vivier de talents pour le futur, et nous avons également expérimenté un mentoring collectif pour les femmes non-cadres afin de les accompagner dans l'accès au statut de cadre. Ces expérimentations ont été concluantes et nous avons décidé de les étendre.

Un programme de mentoring très étendu chez Orange

La politique d'égalité professionnelle entre les hommes et les femmes au sein d'Orange a pris une place prépondérante. Elle se décline sous quatre axes :

- L'égalité salariale : les bons résultats enregistrés sont le fruit de plusieurs années de mesures spécifiques et de correction des écarts.
- La mixité de tous les métiers, dont ceux des filières techniques : pour le moment, on ne compte que 15 à 25 % de femmes dans ces secteurs, voire seulement 5 % (par exemple dans les métiers de l'intervention), contre une majorité dans les fonctions support ou les métiers de la relation clients.
- L'équilibre vie privée-vie professionnelle s'incarne chez Orange par l'attention portée à l'organisation du travail, avec les managers en première ligne sur ce sujet vis-à-vis de leurs équipes. Il concerne en effet les hommes comme les femmes.
- L'accès des femmes aux fonctions de responsabilités, c'est-à-dire au sein des instances dirigeantes : celles-ci désignent d'une part les comités de direction de toutes les unités opérationnelles, où l'on compte 32 % de femmes ; et d'autre part le réseau du management des leaders, c'est-à-dire le « Top 1000 », soit les postes les plus stratégiques de l'entreprise. Ici, les objectifs d'égalité restent plus difficiles à atteindre, en raison d'un faible *turnover* et du mouvement limité des cadres supérieurs et dirigeants en poste. Signalons toutefois la forte progression de la féminisation du vivier des talents, où toutes les nouvelles entrées sont paritaires. L'objectif de féminisation des instances dirigeantes vise un taux de 35 % à l'horizon 2015, c'est-à-dire le pourcentage de femmes dans l'effectif global de l'entreprise.

Un programme ambitieux

Pour appuyer son objectif de féminisation des instances dirigeantes, Orange et sa direction diversité, en lien avec les équipes de « Talent management », ont imaginé, puis déployé en 2011 un programme de mentoring spécifique. Depuis lors, il a été étendu aux femmes de l'encadrement intermédiaire, voire aux non-cadres.

Les mentors sont issus de toutes les entités du groupe. Ce sont des femmes mais aussi des hommes, les postes de management de haut niveau étant aujourd'hui détenus à plus de 70 % par ces derniers. Grâce à cette relation particulière, placée en dehors du cadre hiérarchique et du contexte managérial, le binôme discute de thèmes rarement, voire jamais abordés par les mentees avec leurs managers. Les mentors découvrent ainsi une part inconnue de l'entreprise, ce qui fait évoluer les mentalités par rapport au travail, à la relation aux postes à responsabilité, au pouvoir, etc.

Si les mentors sont tous volontaires, les responsables des ressources humaines ou les « *talent managers* » (gestionnaires de carrière) recommandent de plus en plus des personnes, qui accueillent avec beaucoup de reconnaissance et d'intérêt cette proposition. Les mentors renouvellent dans 95 % des cas l'expérience, qui représente pour eux une opportunité de transfert d'expérience et de savoirs.

Avant de démarrer, ils sont préparés à la relation mentorale lors d'un atelier d'environ trois heures. Ils sont en outre conviés à deux sessions annuelles d'échanges avec les autres mentors pour évoquer leurs difficultés, leurs joies, leurs ressentis, etc. En cas de difficulté, ils peuvent s'adresser à direction de la diversité ou à un coach le cas échéant pour dénouer la situation.

Les mentees, elles, sont proposées par les *talent managers*. La première année du programme, seul le Top 1000 avait été visé. Depuis 2012, le programme a élargi sa cible, et vise des collaboratrices qui s'interrogent sur leur carrière et ont envie de progresser, sans nécessairement disposer des leviers adéquats. Avant de démarrer, elles suivent un atelier de préparation d'une demi-journée.

Organisation et fonctionnement

Une fois les mentors et les mentees choisis, ils renseignent chacun une fiche profil pour aider à former les binômes. Par exemple les mentors renseignent les domaines d'accompagnement et d'expertise, leur zone de confort pour l'accompagnement tandis que les mentees précisent leurs souhaits, les domaines métiers dans lesquels elles souhaitent évoluer, etc. Les fiches sont ensuite croisées avec des critères rédhibitoires (par exemple la même ligne hiérarchique, pas assez d'écart et de seniorité, etc.) afin d'éliminer la formation de certains binômes. Un outil informatique de « mentor matching » permet ainsi de proposer plusieurs combinaisons, puis l'affinement se fait manuellement avec le concours des *talent managers*.

Au démarrage de l'expérience, des outils (formation, tutoriels, vidéos, FAQ, etc.) sont proposés et des règles de fonctionnement précisées. Parmi les préconisations : la première rencontre doit être physique, la régularité des rendez-vous est essentielle, dont l'initiative revient aux mentees, etc. Naturellement, chaque binôme peut adapter ou définir les règles qui lui conviennent. Au bout de trois mois, les responsables du programme vérifient que le travail du binôme a bien démarré en appelant les mentees. Cela permet en outre de faire le point et de rectifier le tir si nécessaire. Un bilan se fait à un an, voire à deux ans, pour voir si les mentees ont évolué comme elles le souhaitaient et de mesurer l'impact en termes d'évolution professionnelle.

Un bilan encourageant

Depuis son lancement en 2011, le programme de mentoring a bénéficié chaque année à quatre-vingts cadres supérieures, réparties dans tout le groupe. Ces femmes se situent à différentes étapes de leur parcours (réflexion, construction d'un projet, démarrage de poste, etc.). Les mentees de l'encadrement intermédiaires, elles, sont également quatre-vingts à profiter du dispositif chaque année, dans une logique plus régionale. La plupart de ces femmes souhaitent en effet évoluer dans leur zone géographique. De plus, leur bassin d'emploi compte suffisamment de mentors avec la seniorité requise pour les accompagner. Enfin, le programme pour les femmes non cadres se matérialise par un cycle de quatre à cinq ateliers collectifs annuels, avec une logique de codéveloppement et de proximité géographique. Là aussi, quatre-vingts femmes sont concernées.

Le bilan de l'opération est encourageant, puisque la population s'avère assez mobile, pas toujours dans une logique de promotion. C'est sans doute le signe de l'efficacité du mentoring, puisqu'il offre aux mentees un espace de réflexion, leur donne confiance en elles et les fait prendre conscience de leur valeur. Si le programme de mentoring s'adresse exclusivement aux femmes, une fois l'équilibre rétabli, il aura vocation à toucher les hommes également, car il s'agit avant tout d'un outil de gestion des talents.

Des actions complémentaires

Certains réseaux internes à Orange ont développé du mentoring croisé, construit avec des modalités simples, sur le modèle du « *speed dating* » : un échange d'expériences en quelques minutes à partir de fiches. Libre à ceux des binômes qui le souhaitent de se revoir ensuite.

Orange est aussi partenaire du réseau de femmes PWN (Professional Women's Network) : les collaboratrices membres qui en font la demande peuvent donc profiter du mentoring proposé par l'association.

Enfin, une expérimentation de mentoring pour les cadres supérieures a été déployée en 2014 dans une logique non francophone auprès de dix personnes travaillant au Brésil, en Russie, et dans le reste de l'Europe. Il s'agit de mentoring à distance, présentant de nouveaux enjeux puisque la qualité de la relation ne peut reposer sur l'instauration de relations de proximité. Affaire à suivre...

? Trois questions à… Laurent Dechaux

Laurent Dechaux est président d'Oracle France.

– *Pourquoi Oracle France a-t-elle mis en place un programme de mentoring ?*

La question de la parité me tient à cœur. Ce programme a été initié en France il y a quelques années par Annie Eyt et j'ai naturellement repris ce rôle de sponsor lorsque je lui ai succédé à la tête d'Oracle France en septembre 2013. Il est stratégique pour notre dynamisme, notre réactivité et notre créativité de favoriser un cadre de travail équilibré. Ceci ne peut se faire sans mixité et équité. Nous avons travaillé en profondeur pour réajuster les salaires entre les hommes et les femmes. Nous avons également mis en place un programme de mentoring afin d'aider nos collaborateurs, femmes et hommes, à se développer et à profiter des nombreuses opportunités offertes par Oracle en France et dans le monde. Le mentoring est un outil de développement personnel qui repose sur des binômes de collaborateurs moins expérimentés et plus expérimentés. J'accompagne moi-même des mentees et c'est une expérience très enrichissante.

– *Quels en sont les enseignements et quel bilan peut-on dresser ?*

Les retours sont très positifs et le nombre de mentors et de mentees est le reflet de ce succès. D'autre part j'ai intégré des indicateurs sur la parité dans mon tableau de bord et je suis particulièrement attentif à l'évolution de la parité parmi les managers, quelle que soit la ligne de business.

– *Quelle suite souhaitez-vous donner à cette expérience ?*

Il s'agit d'une initiative destinée à s'inscrire dans la durée. Nous allons prochainement l'étendre à travers un programme de mentoring interentreprises. Ce programme est déjà en place dans d'autres filiales et reste ouvert aux hommes comme aux femmes. Nous finalisons actuellement un contrat de partenariat avec une association spécialisée dans le mentoring interentreprises groupe. En montrant que les femmes peuvent, tout autant que les hommes, s'épanouir dans le monde digital, j'aimerais inciter plus de jeunes filles à se tourner vers un univers porteur d'avenir.

Le programme de mentoring d'Oracle s'enrichit d'une expérience interentreprises

Le géant informatique ambitionne d'augmenter le nombre de femmes dans les instances dirigeantes et dans les programmes stratégiques. À cet effet, il met en place une politique de parité et de mixité afin d'accroître la part des femmes dans le monde de l'IT – où elles accusent une décroissance dramatique depuis plusieurs années. Dans ce cadre, le groupe a développé au niveau européen le projet « Diversité et parité équilibre ». En France, les effectifs d'Oracle ne comptent en effet que 26 % de femmes (28 % pour l'ensemble de l'Europe).

La volonté de travailler sur ce sujet se manifeste notamment par le réajustement des salaires entre les hommes et les femmes : Oracle France a planché pendant trois ans sur cette problématique. Autre cheval de bataille, le recrutement : l'entreprise fait désormais toujours figurer une femme dans la short-list des candidats. À défaut, les recruteurs doivent expliquer les raisons de cette absence. Des outils ont également été déployés pour alerter les responsables qui accordent les promotions, font les évaluations et décident des augmentations de salaire en cas de déséquilibre ou de décalage observé en ce qui concerne les femmes. Enfin, le département des ressources humaines organise régulièrement des sessions pour communiquer aux managers des messages sur la performance des équipes mixtes, appuyée par des éléments factuels.

Objectifs, organisation et déroulement

Le mentoring trouve une place à part entière dans cette démarche. Pour Oracle, il s'agit d'un outil essentiel pour assurer la progression des collaborateurs, femmes comme hommes. Le groupe a une belle maturité en la matière, avec des programmes de mentoring appliqués par initiatives locales et par pays. En France, un processus formalisé existe depuis 2010 dans le cadre de OWL (Oracle Women Leadership), en complément du coaching. Son but ? Aider au développement personnel dans un environnement de travail précis en créant des binômes de collaborateurs moins expérimentés et plus expérimentés. Le mentoring, qui permet de transférer des connaissances sur le mode intuitif et tacite, met l'accent sur le *feed-back* et les questionnements de la mentee. Il s'inscrit enfin dans le cadre du « *self-driven learning* » d'Oracle. Le programme compte environ 70 % de mentees femmes et 30 % d'hommes.

Un « *template* » spécifique au mentoring a été créé pour mettre en exergue ce que les mentees cherchent et ce que les mentors peuvent leur apporter (expérience de réseautage, managériale de plusieurs équipes à distance, interculturelle, etc.). Un groupe pilote mentoring composé de six femmes venues d'horizons très différents (Oracle et entreprises acquises par le groupe) examine les attentes des uns et ce que peuvent apporter les autres. Les binômes, mixtes pour la plupart, sont ainsi constitués manuellement : deux mentors sont proposés à chaque mentee, qui peut s'entretenir le temps nécessaire avec chacun d'eux pour se décider et choisir l'un d'eux. Parfois, des personnes qui ne se sont pas manifestées pour devenir mentors sont sollicitées, par exemple pour répondre à un cas de figure spécifique.

Avant de démarrer l'expérience, le programme est présenté aux mentors et aux mentees, ainsi que les engagements et les attentes de chacun. Des échanges sont régulièrement organisés lors de petits déjeuners, pour encourager les partages d'expérience. Chaque mentor bénéficie d'un point de contact au sein du groupe pilote pour le contacter si nécessaire. Le groupe épaule toutes les expériences en cours. Au niveau européen, des échanges sont aussi organisés *via* un réseau qui réunit tous les mentors. Et si ces derniers rencontrent un problème d'écoute, de communication ou de reformulation, des formations sont à leur disposition.

L'expérience dure en moyenne un an, même si cela peut parfois être plus court (par exemple pour répondre à des besoins très ciblés comme l'obtention d'un MBA ou d'un diplôme HEC) ou plus long (par exemple en raison de l'évolution de la mentee, qui souhaite parfois travailler avec un autre mentor afin de répondre à de nouveaux objectifs). Les binômes peuvent être physiquement éloignés, mais se voient dès que possible et échangent souvent par téléphone. Les rencontres sont programmées au minimum une fois par mois, à raison d'une à deux heures de rendez-vous.

Des rôles spécifiques

En tant qu'apporteur de conseils, le mentor soutient, encourage et donne son éclairage à la mentee. Grâce à son expertise, il encourage celle-ci à se lancer dans son projet et à relever des défis de façon constructive et objective. Cette aventure apporte son lot de bénéfices au mentor : non seulement il maîtrise de nouvelles compétences, mais il fait aussi montre de ses connaissances personnelles, professionnelles, et exerce son leadership. Le mentoring lui permet de tester de nouvelles idées, d'améliorer les conditions de réseautage, de découvrir un nouveau pan de l'organisation d'Oracle, ou encore de développer son propre réseau. Sans oublier l'emploi de ses compétences de coaching et de conseil. Au final, ses compétences managériales y gagnent aussi en qualité. Le programme de mentoring a un effet positif sur la satisfaction et la fidélisation des collaborateurs.

Chaque bénéficiaire du programme doit respecter les objectifs fixés en amont et reste responsable de leur atteinte. La mentee apprend de nouvelles compétences et élargit ses connaissances grâce aux échanges avec son mentor. Elle doit se montrer ouverte à la discussion et aux remarques de ce dernier, et accepter les changements éventuels de cap. Elle doit enfin optimiser au maximum les opportunités apportées par le mentoring, dont celles liées à de nouveaux apprentissages. Grâce au programme, chaque mentee gagne en confiance en soi, bénéficie d'un encouragement et d'un soutien importants, et devient plus visible en termes d'évolution de carrière.

Une cinquantaine de collaborateurs ont déjà bénéficié du programme de mentoring d'Oracle France.

Vers une expérience interentreprises

Un programme de mentoring interentreprises doit être lancé en France au cours du second semestre 2014, programme qui est déjà appliqué par les filiales en Roumanie, Grande-Bretagne, Suisse et Espagne. Ouvert aux hommes comme aux femmes, il devrait séduire nombre de collaborateurs. La solution interentreprises décloisonne en effet le processus et gomme le risque du manque de confidentialité qui peut effrayer certains quand il s'agit de mentoring interne. Un contrat de partenariat devrait être signé avec une association qui fait elle-même du mentoring interentreprises groupe. En France, le partenaire ciblé devrait être PWN (Professional Women's Network).

Même si la question de la parité et de la carrière des femmes varie d'une entreprise à l'autre, Oracle France s'est inspiré des bonnes pratiques d'autres pays ayant déjà lancé ce type de mentoring. Par exemple, en Roumanie, où le programme a été développé avec GSK, Xerox, Renault et Petrom, une enquête a été lancée auprès des mentors et des mentees pour en mesurer le succès : le mentor a-t-il permis de développer un réseau qui ouvre des portes ? La mentee fait-elle plus de réseautage qu'avant ? Le mentoring interentreprises permet non seulement de développer son réseau, de s'enrichir professionnellement ainsi qu'en tant qu'individu, mais apporte en plus une ouverture et un rayonnement vers d'autres industries, d'autres modes de fonctionnement, des valeurs. Un programme à suivre...

? Trois questions à... Maurice Lévy

Maurice Lévy est président du directoire de Publicis Groupe.

– *En quoi ce programme de mentoring est-il intéressant pour votre groupe ?*

Nous avons voulu préserver la confidentialité de la performance (ou non-performance), d'où un programme croisant les entités. Les mentors et les mentees ne sont jamais issus de la même filiale. Cela crée de la confidentialité et génère de la confiance. Le programme de VivaWomen! vient compléter des dispositifs existants et surtout ce sont les femmes du groupe elles-mêmes qui le pilotent, car il répond à leurs attentes. Donc tout ce qui peut aider les femmes talentueuses – comme les hommes – à évoluer au mieux au sein de l'entreprise, à exprimer leurs ambitions, doit être soutenu.

– *Quels en sont les enseignements et quel bilan peut-on dresser ?*

Le premier bénéfice immédiat est la confiance en soi que les participantes ont pu en tirer, quelle que soit la formule retenue. La confiance est un moteur puissant et ne pas se sentir seule est un atout. Et cela rejaillit dans de nombreuses dimensions liées à leur travail : une plus grande assurance dans les relations internes, une meilleure compréhension des équipes, un management plus abouti des relations humaines et bien sûr une plus grande assurance dans les contacts avec les clients. Il y a aussi des avantages induits, notamment sur la personnalité, son épanouissement. Bref, non seulement il y a des bénéfices professionnels évidents, mais ils existent aussi sur le plan personnel. Et qui plus est, autant (ou presque) pour le ou la mentor que pour la mentee.

– *Quelle suite souhaitez-vous donner à cette expérience ?*

Poursuivre me semble évident. Il nous faut regarder avec un peu plus d'attention en quoi ce programme les a aidées à concrétiser tout ou partie de leurs projets. Ce programme est encore « jeune » et commence à se déployer dans différents pays, en tenant compte des spécificités locales et d'enjeux culturels. Cela s'inscrit dans une logique de partage, simple, directe, facile, qui est celle attendue par les jeunes générations, très nombreuses dans nos métiers. Nous devons progressivement le démultiplier au gré des besoins exprimés. Enfin, ce programme de VivaWomen! repose aussi sur une forme de générosité entre collaborateurs (femmes et hommes), valeur clé à mes yeux, et certainement facteur de succès.

Chez Publicis Groupe, le mentoring vise à fidéliser les talents

VivaWomen! a pour objectif d'accompagner les femmes de Publicis Groupe dans leur évolution professionnelle et personnelle. Le réseau est présent dans seize villes (neuf pays fin 2013) et regroupe plus de deux mille femmes (sans distinction de niveau hiérarchique). Sa particularité est d'être transversal à travers le groupe (interfiliales ou interagences).

Le mentoring : un axe de priorité pour VivaWomen!

Le mentoring est l'un des quatre axes de travail majeurs de VivaWomen!, les trois autres étant : « Leadership », « Career Navigation » et « Worklife Integration ».

Conduit par des volontaires, chaque réseau (ville/pays) de VivaWomen! se fixe sa propre feuille de route en fonction de ses priorités locales. VivaWomen! a démarré son programme de mentoring dès 2011, en agissant de manière complémentaire avec les programmes de mentoring existant déjà au sein de certaines filiales ou agences.

Sa caractéristique essentielle est de croiser des mentees (uniquement des femmes depuis deux ou trois ans dans le groupe *a minima*) et des mentors (femmes et hommes ayant en moyenne au moins dix ans d'expérience) issus d'entités ou de filiales différentes, afin de bénéficier de la plus grande neutralité dans la relation.

Le mentoring a été identifié comme une priorité pour VivaWomen!, car il apparaît que certaines femmes éprouvent des difficultés pour rester dans les métiers du groupe, au sein de l'industrie de la communication en général. Il est donc très important qu'à un moment donné, elles soient mieux écoutées, aidées et accompagnées dans leurs réflexions et projets. Pour cela, encore faut-il savoir vers qui se tourner. Comme Publicis Groupe souhaite garder ses femmes talentueuses, le mentoring est apparu comme une solution intéressante.

Deux approches pour un même programme

Le programme de mentoring de Publicis Groupe se décline de deux façons.

D'une part, le mentoring de groupe (« Mentoring Circles ») est pratiqué aux États-Unis en raison du nombre de mentees : il s'agit de groupes d'une trentaine de femmes à chaque session, voire plus. C'est une session d'une demi-journée, coordonnée par un professionnel qui explique les rôles et enjeux de chacun, au cours de laquelle des mentees en tout petits groupes peuvent échanger avec plusieurs mentors (hommes et femmes), autour de thèmes très précis. Elles bénéficient du partage d'expérience avec les différents mentors, ainsi que d'un dialogue avec leurs collègues confrontées à la même question qu'elles.

Cette formule concentrée bénéficie d'une dynamique de groupe. Chacune repart « nourrie » par l'échange avec le ou les mentors et avec les autres mentees. À charge ensuite pour chacune de faire son chemin. Si besoin est, des relations peuvent se poursuivre dans le temps, mais ce n'est pas forcément nécessaire dans cette configuration en groupe.

D'autre part, le mentoring individuel, en face à face, est pratiqué par « paires » dans plusieurs pays, comme en France, Grande-Bretagne, Espagne, Inde, etc., sur une période de six à neuf mois maximum. Cette formule, où les mentors sont formés (et dans certains pays les mentees), permet un accompagnement plus individualisé et dans la durée. Le bénéfice de cette approche réside dans cette relation bilatérale. Par ailleurs, la mentee, grâce à ses échanges plus réguliers avec son mentor, dispose du temps nécessaire, comme un allié, par rapport à ses projets et ses objectifs.

Comme cette interaction dure plusieurs mois, la constitution du binôme mentor-mentee est réalisée de manière très attentive par une petite équipe familière du mentoring qui pilote le programme et suit les paires. Enfin, la durée de la relation favorise le mûrissement des réflexions et le passage à l'action.

Des résultats encourageants

Ces deux approches présentent des avantages spécifiques et n'ont pas exactement la même vocation en raison du facteur temps. Mais dans les deux cas, les mentees sortent d'un isolement et se sentent ensuite plus en confiance pour avancer. C'est l'aspect fondamental de ce programme : les mentees ont pu libérer des énergies et se sentent stimulées dans leurs projets.

Environ cent cinquante femmes ont déjà bénéficié de ce programme entre 2011 et 2013. Ce chiffre reste modeste, mais les *feedbacks* sont très encourageants. Plus de 90 % des participantes se sont déclarées « très satisfaites » d'avoir pu bénéficier du programme. Et 100 % recommanderaient à d'autres salariées cette approche, car elle leur a semblé « utile » et « efficace ».

Les résultats tangibles (évolutions dans leur carrière par exemple) restent cependant plus complexes à mesurer, car ils ne sont pas constatés forcément à court terme, au moment où les mentees sont interrogées à l'issue du programme. L'enjeu de Publicis Groupe est donc de mesurer plus précisément ce qui s'est passé concrètement, et de prendre du recul.

Trois questions à… Marie-Claire Capobianco

Marie-Claire Capobianco est responsable de la banque de détail en France de BNP Paribas.

– *Pourquoi votre groupe a-t-il mis en place un programme de mentoring ?*

Plusieurs pôles et métiers de BNP Paribas ont mis en place des actions de mentoring pour offrir un accompagnement très personnalisé à nos hauts potentiels. La formation à chaque étape de la vie professionnelle : recrutement, évolution, changement de fonction, fait partie de la culture du groupe et nous y consacrons des moyens importants. De même, avons-nous, de longue date, ressenti la nécessité de mettre à la disposition de nos équipes une « Management Académie » où nos managers peuvent trouver matière à grandir. Avec le lancement de plusieurs programmes de mentoring, nous avons franchi un pas de plus, car il s'agit là d'une offre à grande valeur ajoutée au service du développement personnel des collaborateurs sélectionnés pour en bénéficier. Au-delà de tout le bagage des compétences professionnelles et des expertises qui s'acquièrent par les études ou par l'exercice d'un métier, le mentoring vient cocher la case du savoir-être dans un parcours professionnel. Il permet d'affiner la compréhension des enjeux de positionnement, de rapport aux autres ou, tout simplement, de donner confiance et envie de se valoriser. Ce travail sur soi que va conduire le mentee au contact de son mentor peut donc être déterminant dans un moment clé de carrière. Pour les femmes, encore insuffisamment nombreuses dans le « senior management » du groupe, l'offre de mentoring est, j'en suis convaincue, un levier très efficace, car davantage que les hommes encore, elles ont besoin d'apprendre à exprimer toute la plénitude de leurs capacités et de leurs ambitions.

– *Quels en sont les enseignements et quel bilan peut-on dresser ?*

Je crois pouvoir dire que toutes les femmes du groupe qui en ont bénéficié sont enthousiastes quant aux enseignements qu'elles en ont retirés. Chacune y a trouvé sa propre réponse parce que l'une des grandes vertus du mentoring, c'est de permettre d'aborder n'importe quel sujet, n'importe quelle préoccupation, sans peur du jugement de l'autre, mais, au contraire, avec confiance et souvent complicité progressive. Au fil des échanges, des lumières s'éclairent, des nœuds se dénouent et, finalement, les bénéfices sont patents, tant sur un plan professionnel que personnel. Un mentoring réussi débouche sur plus de confiance en soi, plus de capacité à absorber et à « positiver » les moments plus exigeants, et plus d'envie libérée d'entreprendre ! Les mentees y gagnent, les mentors y gagnent, l'entreprise y gagne.

– *Quelle suite souhaitez-vous donner à cette expérience ?*
L'intérêt de poursuivre ces programmes est assez évident ! Un point me paraît néanmoins particulièrement important : c'est celui du choix des mentors et des mentees. Toute la qualité de l'apport repose sur la pertinence de ces choix et sur la bonne adéquation psychologique du couple mentor/mentee. Cela suppose un travail précis des Ressources Humaines pour recenser qui peut « fiter » avec qui. Et, pour tenir ses promesses, le mentoring doit se situer assez haut dans la hiérarchie de l'entreprise, ce qui limite nécessairement le nombre de personnes qui peuvent en bénéficier. J'ai eu, personnellement, le plaisir de mentorer deux jeunes femmes brillantes issues de métiers et de pays différents. À chaque fois, la relation a été très riche mais également très exigeante de part et d'autre. En consacrant à chacune deux heures par mois durant un an, j'ai pu constater une évolution marquée de leurs réactions et de leurs modes d'action dans des situations données. *A posteriori*, et à la lumière du « retour » qu'elles m'en ont fait, je crois sincèrement que le temps investi a été utile. Donner du temps, donner de l'attention, apprendre des réactions et des expériences de l'autre, quel meilleur enrichissement dans un esprit de partage très actuel ? En conclusion, je suis convaincue de l'intérêt d'offrir, de façon sélective, cette possibilité de confrontation d'idées et d'échanges « off » à nos meilleurs talents. Je suis convaincue que cela peut les aider à trouver plus vite et mieux les bons chemins. Et ainsi favoriser leur épanouissement et la relève de nos postes clés !

BNP Paribas promeut la place des femmes dans l'entreprise

Depuis plusieurs années, la banque a déployé une politique en faveur de l'égalité et de la diversité, qui concerne notamment les femmes du groupe.

Des actions diversifiées

L'engagement pour promouvoir l'égalité professionnelle entre les hommes et les femmes se manifeste par plusieurs actions, dont notamment la signature en 2011 du Women's Empowerment Principles des Nations unies, ainsi que l'inscription de l'égalité des chances dans les principes de mobilité du groupe (*shortlist* des candidats diversifiée, avec au moins une femme ou un homme ; sélection sur les compétences).

Fin 2012, BNP Paribas a signé une convention avec le ministère des Droits des femmes pour partager son expérience en matière d'égalité professionnelle. L'entreprise apporte aussi son soutien à son réseau interne de femmes cadres, BNP Paribas MixCity. La banque a également signé la charte de la parentalité fin 2008 et adhéré à l'observatoire afférent en 2009. L'accord signé en interne a été revu et enrichi en 2013.

La banque promeut en outre le coaching et le mentoring dans certaines filiales : Immobilier (Women in Leadership), Leasing Solutions (Promouvoir la mixité hommes-femmes), et CIB (Women's Leadership Initiatives), dont le programme est décrit un peu plus bas.

Une gouvernance Diversité a été créée, qui veille notamment à la formalisation argumentée des décisions de recrutement et gestion de carrière prises par les ressources humaines et les opérationnels. De son côté, le comité Diversité déploie la politique au sein de chaque entité du groupe dans le monde.

Enfin, la banque multiplie les actions de communication interne et externe, participe à des initiatives gouvernementales (observatoires, enquêtes, audits Diversité et Égalité menés au Luxembourg et au Canada, etc.), et organise des « Diversity Days » (New York, Paris) et une « Diversity Week » (Londres).

Des résultats encourageants

L'arsenal de mesures mis en œuvre par le groupe porte ses fruits. L'objectif déterminé en 2009 de faire passer le taux des femmes du « Senior Management » à 20 % à fin 2012 a été dépassé d'un point, pour atteindre même 22 % en septembre 2014. D'ici à fin 2014, le groupe ambitionne d'atteindre 25 %.

Les actions de formation et de sensibilisation à la lutte contre les discriminations et pour la promotion de la diversité se poursuivent : neuf mille collaborateurs ont été formés à la fin de 2013, dont trois mille cinq cents en France.

Pour alimenter les viviers, une attention particulière est portée au pourcentage de femmes dans les plans de succession : on comptait ainsi 29 % de femmes « Global High Potential » à la fin 2012.

Le réseau BNP Paribas MixCity comptait à la fin 2013 sept cents adhérentes, un chiffre en hausse. En tout, le groupe comporte dix réseaux dans le monde – rassemblant trois mille deux cents femmes –, qui se connectent de plus en plus entre eux. BNP Paribas MixCity propose des sessions de développement professionnel et personnel auxquelles plus de mille collaboratrices ont déjà participé, sur de nombreux thèmes : estime de soi, voix féminine et posture professionnelle, comment équilibrer vie privée et vie professionnelle, etc. Un accompagnement spécifique aux femmes managers est aussi proposé, *via* du coaching individuel ou collectif.

En 2013, trois filiales ont signé un accord ou un avenant à leur précédent accord sur l'égalité professionnelle hommes-femmes, soit seize accords en tout dans le groupe en France. La lutte en faveur de l'égalité salariale s'est notamment concrétisée par un plan de rattrapage à partir de 2008. Jusqu'en 2010, près de quatre mille cinq cents révisions ont permis de supprimer les écarts non justifiés. Depuis lors, le groupe continue à préserver ces résultats et à déployer des mesures correctrices.

Pour les carrières et les promotions, de nouveaux objectifs chiffrés de progression des femmes à tous les niveaux de la catégorie cadre ont été fixés. Par exemple, afin de développer la mixité à un poste charnière du réseau banque de détail, directeur d'entité (DIE), où les femmes restent sous-représentées, le groupe a fixé un objectif de progression de six points entre début 2013 et fin 2015 (de 24 % au 31 décembre 2012 à 30 % au 31 décembre 2015).

Le mentoring chez CIB

– La filiale banque d'affaires et d'investissement de BNP Paribas, CIB (Corporate and Investment Banking), a lancé en octobre 2012 un programme de mentoring d'un an intitulé WLI (Women's Leadership Initiative). Son but ? Développer la présence des femmes à des postes à responsabilité clés de la banque. Le pilote a permis d'accompagner vingt-huit femmes parmi les plus talentueuses de l'entreprise. Il s'agit de faire progresser la carrière des collaboratrices par le biais de trois stratégies :

1) La visibilité : augmenter la visibilité de femmes hauts potentiels auprès des cadres dirigeants afin de promouvoir leur avancement.

2) L'opportunité : multiplier les possibilités de décrocher des postes d'encadrement pour les femmes *via* l'investissement d'un mentor.

3) L'ambition : développer la prise de conscience sur les stéréotypes liés à l'ambition professionnelle des femmes.

Plus de trente cadres dirigeants parmi les plus importants de CIB, dont le P-DG Alain Papiasse, sont devenus mentors dans le cadre du programme. Leur implication a permis aux mentees d'améliorer leur posture dans l'entreprise, ce qui leur assure une progression professionnelle. Ils leur ont en outre présenté des opportunités de leadership et ouvert leurs réseaux afin qu'elles bénéficient de davantage de visibilité auprès des différents cadres dirigeants.

– Le lancement du pilote s'est déroulé en trois temps.

Première étape : les mentees ont rencontré chacune leur mentor, préalablement sensibilisé à son rôle et à ses responsabilités pour cette mission. De leur côté, les mentees ont notamment analysé les résultats du 360° sur le leadership qu'elles avaient passé.

Deuxième étape : les binômes se sont rencontrés pour se mettre d'accord sur leur « contrat » et leur méthode de travail afin d'identifier des opportunités de progression de carrière.

Troisième étape : les mentors et les mentees ont participé ensemble à un atelier consacré à la façon de faire naître les meilleures performances possibles chez les femmes leaders. Ce séminaire visait à développer la prise de conscience sur le mode de management des hommes et des femmes et à passer en revue les méthodes et les moyens permettant aux femmes dirigeantes de donner le meilleur d'elles-mêmes.

– Ce programme ambitionne de voir au moins 25 % des mentees bénéficier d'une progression hiérarchique ou transversale sur une période de trois ans en développant leurs compétences de leadership. De plus, il doit encourager les mentors à proposer des opportunités spécifiques de progression professionnelles aux femmes. Plus largement, le dispositif va permettre d'améliorer les connaissances des mentors et des mentees, et d'encourager la mise en place d'actions en faveur de la promotion des femmes.

PARTIE 2

L'accompagnement dans tous ses états

Dans cette seconde partie, nous avons voulu montrer par des exemples concrets et des situations réelles les bienfaits de l'accompagnement pour les femmes (et souvent pour leurs mentors !), qu'elles soient entrepreneures ou salariées, cadres dirigeantes ou intermédiaires. Comme vous allez le découvrir, de grands groupes et des associations d'accompagnement d'entrepreneurs ont accepté de nous présenter leurs actions en faveur des femmes, qu'il s'agisse de permettre à ces dernières de décrocher des postes à responsabilité ou de créer leur entreprise et la développer. Pour illustrer ces différents programmes et processus, des mentors et des mentees d'un côté, des responsables d'accompagnement et des entrepreneures accompagnées de l'autre, apportent un témoignage concret et dynamique de leur expérience.

Les pages suivantes donneront, nous l'espérons, le sentiment que réside dans cette pratique de l'accompagnement un trésor inépuisable d'expériences, d'opportunités et d'échanges. Il nous faut toutefois avertir nos lecteurs et nos lectrices que ce trésor n'est accessible qu'à certaines conditions.

La première est que l'on ne peut s'engager dans cette aventure avec des arrière-pensées. L'accompagnement implique une ouverture d'esprit totale et une confiance absolue dans le caractère opératif du processus. Douter du mentoring ou du mentor, c'est fermer immédiatement la porte à tous les effets positifs qui résultent de la vérité et de la profondeur des échanges entre mentor et mentee. Se comporter en « consommateur » (de conseils, de mises en relation, d'appuis de toutes sortes), c'est se priver de tout le travail de découverte et d'analyse indispensable à la prise de décision.

La deuxième, c'est que le mentor et la mentee soient bien « appariés ». Il y a des cas où les personnalités sont trop différentes pour qu'une véritable osmose puisse se faire jour entre les deux branches du « binôme ». La relation d'accompagnement repose sur une alchimie complexe qui ne se réduit pas à une bonne analyse des besoins d'un côté, des compétences et de l'expérience de l'autre. Les aspects psychologiques y sont très présents et doivent être pris en compte avec doigté de part et d'autre. La différence d'âge entre le mentor et la mentee permet souvent d'établir un dialogue plus confiant dans un cadre « non concurrentiel ».

La troisième, c'est de ne pas attendre du mentoring qu'il fasse des miracles. Ce n'est pas son objet. Il arrive même que le mentoring rencontre des échecs, le plus souvent pour les raisons évoquées ci-dessus.

En revanche, quand il fonctionne – ce qui est heureusement le cas le plus fréquent –, le mentoring apporte de nombreux avantages. L'expérience accumulée par les mentors permet de dégager les principaux bénéfices de cette forme d'accompagnement, que l'on retrouve dans la quasi-totalité des situations :

- une clarification du positionnement ;
- une prise de conscience des différents facteurs agissant sur l'environnement du (de la) mentee (les problématiques) ;
- une meilleure compréhension des freins psychologiques et son corollaire, l'accroissement de la confiance en soi ;
- une hiérarchisation efficace des tâches et des objectifs ;
- une perception plus aiguë des priorités.

Concrètement, dans certaines grandes entités, plus ou moins institutionnelles, le mentoring peut par exemple aider à décrypter les méandres de l'organisation. Surtout, et ce quelle que soit la taille de l'entreprise, il représente une aide très intéressante dans le cas d'incompréhensions culturelles. C'est ce qui est arrivé à une jeune femme d'origine étrangère, interrogée pour les besoins de cet ouvrage, mais qui a souhaité rester anonyme. Employée dans l'une des filiales d'un grand groupe, elle s'est vu confier le secrétariat général d'un comité exécutif. Alors que dans son pays, les relations hiérarchiques sont totalement aplanies, en France, elles prennent dans la majorité des cas une forme très verticale. Cette collaboratrice n'a pas supporté l'attitude de certains membres du comité exécutif, qu'elle a attribuée à du machisme et donc à un manque de respect pour elle. Ne sachant pas comment y répondre ni surtout comment décoder ce comportement, cette mentee a partagé ses interrogations avec une mentor au sein de son entreprise dans le cadre du programme d'accompagnement déployé dans sa société. Cette dernière l'a aidée à différencier les attaques personnelles de la culture générale ambiante et à accepter la situation, en prenant du recul notamment.

Les bénéfices ne sont pas que pour les mentees. Les mentors sont eux aussi unanimes pour évoquer le caractère extrêmement gratifiant de leur action. Au sentiment d'utilité qu'ils éprouvent souvent se greffe l'envie de continuer à aider des femmes moins expérimentées à avancer dans leur carrière. Si l'on reprend l'exemple d'incompréhension culturelle évoqué ci-dessus, la mentor en question a pour sa part réalisé que des collaborateurs de culture différente pouvaient avoir une vision très différente de la façon de faire des Français. Et que ces habitudes internalisées n'étaient pas sans importance. Tout le monde n'a pas la force de caractère ou le poste adéquat pour pouvoir passer outre ! Le rôle du mentor, *a posteriori*, vise peut-être aussi à parler de ces barrières autour de lui pour en favoriser la prise de conscience et mieux les faire sauter.

Comme vous allez pouvoir le constater en lisant cette cinquantaine d'interviews, le mentoring et plus globalement l'accompagnement constituent des outils dynamisants qui s'avèrent des facteurs incontournables de la réussite au féminin.

CHAPITRE 1

L'accompagnement des salariées

Vous allez découvrir dans les pages suivantes six exemples d'entreprises qui ont mis en place un programme de mentoring spécifique pour faire évoluer les femmes en interne et leur permettre d'accéder à des postes à responsabilité : quatre industriels, GDF SUEZ, Oracle, Orange et Publicis Groupe, suivis de deux banquiers, BNP Paribas et la Caisse des dépôts (CDC). Au menu : plus de quarante interviews de binômes de mentees et de mentors[1].

1. Les interviews de trois mentees puis de quatre mentors d'Orange sont des expériences sans lien les unes avec les autres, mais tout aussi riches d'enseignement sur l'accompagnement que celles des binômes, majoritaires dans cet ouvrage.

« Le mentoring est un super outil pour construire sa seconde partie de carrière »

Bettina Hortal occupe la fonction de BDO (Business Development Oversight) à la direction financière de GRTgaz, filiale de transport du gaz de GDF SUEZ.

Vous avez intégré GDF SUEZ en 1995. Quel a été votre parcours ?

J'y suis effectivement entrée fraîchement diplômée de l'INSA Lyon en tant qu'ingénieure généraliste, avec une spécialisation dans le génie civil et l'urbanisme. J'ai démarré par un poste de chef de projet sur le terrain pendant trois ans : j'ai géré les tracés et autorisations pour la construction de canalisations de transport en gros diamètre et réalisé des études allant jusqu'au démarrage des travaux des ouvrages. J'ai ensuite changé d'orientation, devenant coordinatrice achats sur deux stations de compression dans le Nord et l'Est de la France. Ce poste représentait une quarantaine de marchés à lancer et à coordonner. J'ai notamment été formée pour sélectionner les fournisseurs et négocier avec eux. Au bout de quatre ans, j'ai voulu connaître l'exploitation pour découvrir le mode de gestion des incidents, des clients, des travaux dans le réseau, etc. J'ai saisi l'opportunité de passer côté région Île-de-France au département projets et programmes : d'abord sur la maîtrise d'ouvrage de clients industriels, puis sur la gestion de portefeuilles maintenance en mode projet, jusqu'en 2007. Cela faisait alors douze ans que j'étais dans l'opérationnel. J'ai donc décidé de passer en fonction centrale, à la direction de la stratégie. C'était un changement complet de monde et de fonctionnement, avec une vision décennale et des contrats sur le long terme. J'ai participé à la stratégie d'investissement et au pilotage d'audits. Puis en 2010, j'ai rejoint la direction financière, dans une fonction de BDO, ou second regard, qui est générique à toute *business unit* (BU) de GDF SUEZ. Pour tous les projets supérieurs à 4 millions d'euros, le second regard étudie la couverture des risques et les impacts de l'investissement. Je pilote également le plan d'investissements de GRTgaz, qui représente environ 700 millions d'euros par an.

Avant de recourir à un mentor, aviez-vous été accompagnée ?

Les collaborateurs sont en général bien accompagnés dans le groupe en termes de mobilité fonctionnelle et opérationnelle, par le biais des managers et des responsables

RH. En outre, depuis 2010, j'ai intégré un parcours de détection des potentiels, Leaders For Tomorrow (LFT). À la clé : des formations spécifiques sur le leadership et l'ouverture à la diversité, même si je continue à construire moi-même mon parcours professionnel. Parallèlement, j'ai rejoint WIN, le réseau de femmes interne à GDF SUEZ, basé sur le volontariat, que l'on intègre par cooptation d'une marraine. Je suis à mon tour devenue marraine en 2012 et ai monté mon propre groupe, composé de vingt-huit collaboratrices, issues de dix-huit BU différentes.

Pourquoi avez-vous souhaité bénéficier de l'appui d'un mentor ?

Étant marraine dans le réseau WIN, j'ai eu l'opportunité de collaborer à la genèse d'une formation pilote pour toutes les femmes, au cours de laquelle j'ai rencontré les pionnières du programme de mentoring de 2010. En 2013, quand j'ai postulé pour être mentee, ma motivation principale était de ne pas être spectatrice, mais de continuer à faire avancer les problématiques ; je souhaitais échanger sans filet avec un mentor issu d'une autre activité, afin de nous enrichir mutuellement. Pour que les pilotes du programme puissent former les binômes, chaque participant a rempli un questionnaire sur ses aspirations et ses attentes. Avant notre premier rendez-vous, j'ai suivi une session de formation en janvier 2014, tout comme mon mentor, Michel Le Boëdec. J'ai surtout appris à formaliser les échanges, qui sont libres, sans thématique obligatoire à aborder. On vient avec des idées de thèmes à développer, selon son parcours et ses aspirations. Il n'y a pas de reporting à faire en dehors du binôme, mais il est conseillé de tracer et de préparer les échanges, pour les relire entre chaque session et pouvoir dresser un bilan à la fin de l'année. Deux réunions intermédiaires sont organisées pour les mentees, en avril et en septembre, afin d'échanger sur nos difficultés éventuelles.

Comment se passe l'expérience ?

J'ai la chance que mon mentor travaille aussi à Paris, ce qui n'est pas le cas de tous les binômes. Dès notre premier rendez-vous, nous avons calé les sessions à venir, programmées toutes les trois semaines. Pour assurer notre disponibilité respective et ne pas être bloqués dans la durée des entretiens par d'éventuels rendez-vous ou réunions, nous nous rencontrons à partir de 18 h 30. Mon mentor n'en est pas à sa première expérience en la matière : selon lui, pour instaurer une relation pleine et entière et travailler sur des points particuliers, la régularité des rendez-vous est essentielle. Sinon, on n'instaure pas de confiance réciproque et l'investissement humain s'amenuise. Trois semaines entre chaque session, c'est serré ! Je produis une fiche de résumé dans la semaine qui suit la session précédente et mets en œuvre les résolutions.

Avez-vous déjà ressenti des changements importants sur le plan professionnel ?

Je me sens poussée à dépasser certaines positions et habitudes. J'ai pris conscience de nombre de traits de caractère, je réfléchis davantage à mes priorités, à la façon de les affirmer sans complexes, puis de les porter. Par exemple, je m'interroge sur la façon d'accéder à un niveau plus élevé de responsabilités sans déroger notamment à mes valeurs, ni au respect de l'équilibre vie privée-vie professionnelle. Ces questions ne sont pas faciles à aborder avec le management et je ne l'ai d'ailleurs jamais fait. Avec le mentoring, je reçois les clés pour décoder tout cela. Je suis actuellement en fin de poste : grâce à ces échanges avec mon mentor, je prépare la suite de mon parcours, ainsi que mes axes de posture. Selon moi, le succès de l'expérience dépend de la confiance que chacun accorde à l'autre et de ce que l'on met sur la table, en fonction du style de mentoring souhaité : je voulais un échange placé sous le signe de la proximité et de la convivialité, un partage d'expériences. C'est bien le mode de mentoring appliqué. Nous laissons nos fonctions respectives à la porte. Comme nous n'évoluons pas dans les mêmes sphères, c'est facile. La clé d'un bon binôme est l'absence de sources de mélanges possibles. De plus, un *feed-back* bienveillant me paraît important.

Quel conseilleriez-vous à une femme intéressée par cette aventure ?

Je lui dirais qu'il ne faut pas se mettre de barrières. Si j'avais écouté certaines personnes de mon entourage professionnel, arguant que le mentoring visait des femmes à des postes de management plus élevés, je ne me serais pas portée volontaire. Cela me semble au contraire plus salutaire pour celles qui sont en transition. À 40 ans, on est à mi-parcours. La première partie de carrière s'est faite sur des opportunités, mais la seconde doit être construite. Le mentoring est un super outil pour confronter les activités et les cultures, et en tirer des enrichissements et des enseignements, essentiels pour réussir sa carrière. Il faut donc oser postuler, car ça marche ! J'ai d'ailleurs très envie, le moment venu, de devenir mentor à mon tour.

« Le mentoring est gratifiant et utile pour la mentee comme pour son mentor »

Michel Le Boëdec est directeur adjoint des ressources humaines chez GDF SUEZ.

Votre parcours professionnel semble exemplaire. Quelles en ont été les principales étapes ?

Ingénieur de formation, j'ai passé onze ans dans des activités de distribution du gaz et de l'électricité de GDF et EDF Services, puis à l'ingénierie chez EDF, avant de rejoindre le cabinet du président de GDF. J'en ai pris la tête quand nous avons changé de président. De 2005 à 2007, j'ai participé à l'ouverture du capital de GDF, puis à la fusion avec Suez, qui a permis de créer le groupe. J'ai parallèlement pris un virage vers les ressources humaines, devenant responsable de la gestion des cadres dirigeants et à potentiel de GDF en 2007. L'année suivante, je suis entré à la DRH de GDF SUEZ, me consacrant au développement des collaborateurs et aux questions de rémunération et des avantages sociaux. C'est dans ce cadre que je travaille sur notre programme de mentoring depuis son lancement. Je suis persuadé qu'il faut accompagner les femmes pour les aider à briser le fameux plafond de verre. Nous avons déjà commencé à répondre à ce problème, notamment en nous consacrant à la détection des cadres dirigeants et des hauts potentiels assez tôt pour éviter que les collaboratrices concernées disparaissent du « radar ». Cela se passe en général vers 35 ans, un âge où il peut devenir compliqué de conjuguer les contraintes professionnelles et la vie privée. En lançant un programme de mentoring, GDF SUEZ déploie une approche nouvelle. Ce programme est un engagement totalement désintéressé des mentors, sans enjeu professionnel. C'est d'ailleurs ce qui en fait la force ! À titre personnel, j'aurais bien aimé que quelqu'un fasse cela pour moi quinze ans en arrière. Cela me motive pour être mentor.

GDF SUEZ a investi dans une formation pour bien préparer les mentors à leur mission…

Effectivement. Notre programme de mentoring est professionnel. Les mentors sont choisis selon plusieurs critères : ils doivent faire montre d'une réelle motivation ; procéder de façon désintéressée et avec empathie ; avoir de l'appétence pour le développement des personnes ; enfin savoir faire un *feed-back* et parler en termes positifs. L'exercice du mentoring ne s'improvise pas. Il s'agit notamment de trouver la bonne posture et de définir la manière de procéder, d'amener les sujets, etc. Par exemple, j'ai découvert que la confiance en soi était un sujet majeur, tout comme l'autocensure. Je n'imaginais pas que c'était aussi fortement ancré chez les femmes ! La formation m'a permis de comprendre comment je pouvais aider les mentees à travailler sur ce plan. J'ai aussi saisi l'importance de la pression collective et sociale. Notre société véhicule un modèle où la place de la femme et celle de l'homme sont prédéfinies. Cela concerne même la façon dont les parents conditionnent leurs enfants dès leur plus jeune âge : par exemple, on conseille à sa fille d'être gentille avec son frère alors que l'on encourage son fils à se battre pour marquer un but. L'environnement et le contexte font que l'on adopte des postures qui semblent naturelles à la société, mais qui posent un problème dès lors que l'on se penche sur la question de l'équité entre les hommes et les femmes. La confiance en soi s'avère donc clé pour progresser. Et dès lors qu'elle s'améliore, l'autocensure disparaît aussi.

Vous avez été deux fois mentor. Quels points avez-vous travaillé avec vos mentees ?

J'ai fait partie des mentors du pilote du programme, dès 2010. Avec ma première mentee, nous avons travaillé pendant quinze mois sur plusieurs points. D'abord la confiance en soi, qui reste une question, quel que soit le parcours académique. Nous avons aussi travaillé sur sa posture, sa façon de se comporter. Un des axes de travail a été d'évoluer de la posture d'expert à celle de leader. L'expert a besoin de tout savoir, ce qui le conduit à redoubler d'efforts pour tout vérifier. Or ce n'est pas ce qui caractérise un leader. Il faut donc apprendre à prendre du recul et à accepter de ne pas tout savoir. Plus on avance dans une organisation, moins on est expert et plus on devient leader. Cela suppose de se détacher de sa zone de confort. Nous nous sommes aussi penchés sur la prise de parole en public et sur les questions de management. Ce travail s'étant déroulé au moment d'un changement de poste, son premier en tant que manager, il a en a été d'autant plus utile. Ma seconde expérience est en cours. Avec Bettina Hortal, nous avons non seulement travaillé sur la posture, l'ambition et l'autocensure, mais aussi la bonne compréhension des réseaux et des jeux d'acteurs en entreprise. Je crois que le mentoring donne des clés, permet de prendre du recul. C'est l'une des choses les plus difficiles à faire, or c'est un élément clé pour avancer. Le mentoring permet d'y arriver, non en donnant des recettes, mais en faisant émerger des solutions que la mentee a déjà en main, mais n'arrive pas à trouver seule.

Que vous ont appris ces expériences ?

Le mentoring est une expérience très gratifiante. Vous obtenez lors de ces rendez-vous un retour immédiat : quand une solution émerge, une résolution est prise que la mentee n'arrivait pas à faire émerger sans une aide extérieure. C'est la meilleure des récompenses. J'ai aussi compris qu'il y avait des limites à fixer. Je ne suis pas un psy, je ne peux jouer aux apprentis sorciers. Quand la confiance entre mentor et mentee est en place, il faut savoir dire non si la mentee aborde un champ trop personnel. Le mentor n'est pas là pour résoudre des problèmes qui relèvent de la vie privée. Il faut alors fermer le rideau. En outre, la confidentialité est essentielle pour réussir le mentoring : ce qui se passe pendant les rendez-vous n'appartient qu'au mentor et à la mentee. Parfois, celle-ci confie à son mentor des choses qu'elle n'avait jamais révélées à personne. L'inverse est vrai aussi : le mentor donne de temps en temps des exemples issus de son parcours et donc se livre à son tour. Je tire un bilan très positif de ces expériences. Voir les changements qui se produisent, les bénéfices du travail mené, parfois quasi immédiatement, c'est vraiment formidable et très enrichissant. Prendre deux heures de mon temps une fois toutes les trois ou quatre semaines représente bien sûr un investissement, mais ce n'est pas une contrainte ! Au contraire, quand je vois le matin dans mon agenda que ce rendez-vous est prévu, je m'en réjouis. De nombreux mentors m'ont confié qu'ils espéraient être de nouveau sollicités. Non seulement le mentoring est gratifiant, mais c'est également utile. En outre, il aide les mentors à faire évoluer le regard qu'ils portent sur leurs propres équipes.

« Le mentoring m'a donné l'impulsion nécessaire pour prendre des risques »

Sylvie Moor est Finance Manager, New Assets Development, chez Exploration & Production International, filiale de GDF SUEZ.

Vous avez démarré votre carrière dans la banque. Comment avez-vous changé de secteur ?

Après l'obtention de mon diplôme en finances, j'ai effectivement commencé ma vie professionnelle en 1993 dans une banque, en fusions et acquisitions. Mon métier m'intéressait beaucoup et j'ai participé à des dossiers vraiment passionnants, extrêmement variés. C'était un milieu masculin assez stéréotypé, où je subissais une forte pression. J'ai décidé de le quitter, pour continuer à exercer mon métier, mais dans l'industrie. Je suis arrivée chez Gaz de France en 2001, dans une équipe d'expertise nouvellement créée au sein de la direction financière, et qui a contribué activement à la transformation de l'entreprise. En l'espace d'une décennie, celle-ci a en effet connu des changements majeurs : d'ÉPIC[1], elle s'est mue en une société anonyme cotée en Bourse, et a connu une fusion en 2008. Cette époque a été riche en dossiers d'envergure auxquels j'ai eu la chance de participer. Pendant ces années-là, j'ai souvent été soutenue par des « locomotives », des cadres dirigeants qui m'ont aidée à tracer mon chemin, jouant un rôle de mentor de fait. Eux qui géraient des dossiers emblématiques, nourrissant ma curiosité intellectuelle, ils m'ont formée à mon métier et permis de développer mes compétences. Au moment de la fusion, mon mari et moi avons décidé de réaliser un projet familial qui nous tenait à cœur : partir un an avec nos quatre enfants sur les routes d'Europe en camping-car. Une fois de retour dans l'entreprise, j'ai pris un poste à la direction audit et risques. J'ai ainsi pu notamment me familiariser avec les nouvelles branches du groupe. C'est alors que j'ai entendu parler du programme de mentoring, qui allait démarrer. Il est tombé à point nommé, m'aidant à me poser les bonnes questions sur mes compétences. Avec Élisabeth Ayrault, nous avons formé le premier binôme du pilote en 2010.

1. Établissement public à caractère industriel et commercial.

Quels étaient vos besoins ?

Je sentais qu'il fallait me prendre en main pour progresser. Or je n'avais plus de « locomotive » devant moi et devais donc faire cette transition professionnelle par moi-même. J'avais besoin d'aide pour me poser et prendre le temps de réfléchir sur mon « équation professionnelle ». Aimant par nature les nouvelles expériences, quand le programme de mentoring a été lancé, j'ai souhaité tenter l'aventure. C'était un privilège d'y participer, une réelle opportunité. Il ne s'agissait pas d'une nouvelle évaluation de type « *assessment* », mais d'une démarche différente, fondée sur la bienveillance et le conseil. Le mentoring touche à des problématiques qui allaient m'être très utiles pour dépasser certains écueils sur le plan professionnel.

Qu'avez-vous appris pendant cette expérience d'un peu plus d'un an ?

Nous avons échangé une fois par mois à raison de deux heures par rendez-vous autour d'un petit déjeuner, Élisabeth étant très matinale. Sans oublier son agenda très chargé ! L'ambiance était conviviale et généreuse. C'est vraiment une femme exceptionnelle. Elle m'a aidée à faire le point sur moi-même et à m'interroger sur ma propre ambition. Comme je parlais facilement de ce qui me limitait, elle m'a appris à formuler positivement mes compétences, notamment par rapport à ce que je voulais faire. Elle m'a fait aussi réfléchir sur la prise de risque et les freins que l'on peut se mettre, particulièrement en tant que femme. De même, on peut se sentir bien dans sa zone de confort et ne pas souhaiter en bouger… Je me suis rendu compte que je n'étais pas la seule femme à éprouver ces doutes ! Élisabeth m'a suggéré que si la peur de prendre des risques était motivée par l'éventualité d'un échec, c'était peut-être une question d'orgueil… Il est par conséquent dommage d'y renoncer, prendre des risques peut aussi se traduire par le succès ! Nous avons également eu un débat intéressant sur les doutes, car j'y étais perméable et les considérais comme un facteur limitant. Élisabeth m'a démontré que cela pouvait être un atout, car en entreprise, il faut savoir remettre en question ce qui semble établi. Je le constate d'ailleurs à mon poste actuel. Nous avons enfin travaillé sur les compétences féminines, qui ont toute leur place dans l'entreprise, alors que j'avais spontanément du mal à croire qu'elles pouvaient être valorisées.

Le mentoring vous a-t-il servi pour la suite de votre parcours ?

Rétroactivement, je constate que cela a été salutaire. C'était intéressant de rencontrer de nouveaux dirigeants et de découvrir le groupe, qui avait tant changé. Cela m'a aidée à mieux comprendre le nouveau visage de l'entreprise et d'en identifier le fonctionnement. Au final, le mentoring m'a permis de faire sauter des verrous. J'avais alors une petite quarantaine d'années et arrivais donc à une forme de maturation. Ma famille étant bien lancée, il était temps de me réinvestir dans mon parcours professionnel. Élisabeth m'a donné l'impulsion pour prendre des risques. J'ai pris un nouveau poste en 2012, mon premier de management direct avec une équipe financière, au sein d'une *business unit* en exploration et production, dans un environnement international. Cela nourrit mon besoin de variété et de diversité et l'interaction avec l'équipe est très riche. Je suis très satisfaite de cette évolution. Même si l'expérience de mentoring est officiellement terminée, elle se poursuit sous forme de « piqûres de rappel » périodiques ; je continue à voir Élisabeth de temps en temps.

Souhaiteriez-vous devenir vous-même mentor un jour ?

J'en serais ravie ! J'aurais sûrement du plaisir à aider les femmes à grandir. J'ai aujourd'hui deux adjointes, avec lesquelles je fais du mentoring informel, en leur donnant des conseils et en essayant de les aider à juguler leurs doutes. Le mentoring fait beaucoup gagner en solidarité ; il peut, de fait, concerner d'autres populations dans l'entreprise, qui ont aussi besoin d'y trouver leur place. Quand un cadre dirigeant prend sur son temps pour écouter et donner avec bienveillance des conseils pour aider à tracer sa route, je ne vois pas de raison pour renoncer à tenter l'expérience. Au contraire, je la recommande à quiconque souhaite évoluer. Sachant que, comme toute chose, on y trouve ce que l'on y apporte : il s'agit d'une relation à double sens, qui se nourrit des contributions des deux parties.

« Le rôle du mentor est d'aider la mentee à porter le bon regard sur sa carrière ou l'entreprise »

Élisabeth Ayrault est présidente du directoire et PDG de la Compagnie Nationale du Rhône (CNR) et du pôle production hydroélectrique de GDF SUEZ (France).

Votre parcours professionnel est riche d'expériences assez différentes les unes des autres…

Il est vrai que ma formation initiale ne me destinait pas *a priori* à cette carrière. D'abord architecte en libéral, je suis ensuite passée à la promotion immobilière. C'est dans ce cadre que je suis entrée en 1991 chez Dumez Immobilier Promotion au sein de Lyonnaise des Eaux-Dumez, où j'ai dirigé une structure de promotion immobilière dans le sud-est de la France. Au bout de sept ans, j'ai souhaité évoluer. Quittant le BTP pour l'énergie, j'ai rejoint Elyo, une société du groupe spécialisée en efficacité énergétique. Je dois être un peu kamikaze, car il est bien confortable de rester au même endroit, mais au bout de onze ans, j'ai eu envie de connaître un nouveau pan du groupe. En 2009, j'ai pris la direction générale déléguée de SITA France, une filiale de Suez Environnement spécialisée dans la gestion et la valorisation des déchets. En juillet 2013, le groupe m'a proposé de relever un nouveau défi : j'ai pris la tête du directoire de la Compagnie Nationale du Rhône et de la direction hydraulique France et Europe. Au final, j'ai presque toujours dirigé des équipes, créé du business, et construit…

Comment êtes-vous devenue mentor ?

J'ai participé à toute la construction des réflexions du groupe sur la place des femmes en son sein. Très naturellement, quand les équipes de mentors se sont constituées, je me suis portée candidate. Pourtant, je fais partie de ces gens qui étaient réticents au début de la démarche, car se focaliser exclusivement sur les femmes me dérangeait un peu. Je préfère en effet l'idée de diversité. Puis au fur et à mesure, j'ai compris que pour atteindre cet objectif, il fallait d'abord s'attaquer à la place des femmes dans l'entreprise. C'est un prérequis pour se consacrer ensuite à moyen ou à long terme à la diversité. C'est là un vrai problème que l'on ne sait pas encore bien gérer en France. Être issu de l'immigration, même quand on est diplômé de Polytechnique ou de Sciences-Po, pose encore un problème de perception. Dans les conseils d'administration, je vois peu d'ouverture.

Chaque année, j'accompagne d'ailleurs un étudiant de Sciences-Po (dans le cadre d'un partenariat avec GDF SUEZ) issu d'une ZEP (zone d'éducation prioritaire), afin de lui permettre de mieux décrypter les codes comportementaux nécessaires pour intégrer des milieux qu'il connaît mal. Pour moi, l'avenir se situe dans cette diversité.

Avez-vous été formée à votre mission de mentor ?

Absolument. Cette formation est un signe fort donné aux femmes, car elle montre que l'entreprise peut se donner les moyens de déployer un projet, et donc y croit. Là aussi, j'y suis d'abord allée à reculons. Mais je suis sortie de la première matinée déterminée à assister aux deux suivantes : je me suis en effet rendu compte que manager était une chose, mais accompagner une mentee en était une autre ! Il est très important de comprendre les codes qui régissent le comportement des femmes. Sans cette formation, j'aurais pu personnaliser l'accompagnement, ce qu'il ne faut surtout pas faire. Chaque mentor y a trouvé ses propres clés de lecture.

Vous avez mentoré deux femmes, en 2010-2011 et 2011-2012. Comment les avez-vous accompagnées ?

La personnalité du mentor et celle de la mentee déterminent la construction du mentoring. C'est une expérience gagnant-gagnant, car les mentors apprennent autant que les mentees. Pour ma part, cela m'a aidée à chasser les idées toutes faites, à mieux comprendre les autres sans me mettre à leur place. Cela a aussi enrichi ma vision du pilotage d'équipe. J'ai enfin mieux compris les difficultés des femmes dans leur vie professionnelle. J'en ai bien sûr connu moi aussi, mais pas les mêmes. Avoir accompagné deux mentees m'a donné une vision plus large de ces obstacles-là. Le travail mené avec chacune d'entre elles a été très différent. La première, Sylvie Moor, avait surtout besoin de clarifier la suite de sa carrière. Elle se trouvait alors à un tournant et se demandait si elle devait continuer. Nous avons passé beaucoup de temps à décrypter ce qu'elle souhaitait vraiment. La seconde mentee rencontrait pour sa part des difficultés dans l'exercice de ses fonctions, récemment prises. Si le plafond de verre existe bien, certaines femmes le construisent parfois elles-mêmes en doutant de leur capacité à manager. Ma seconde mentee se mettait elle-même des contraintes, n'arrivait pas à trouver le juste ton dans le management. Nous avons donc insisté sur ces difficultés-là, qu'elle a su contourner.

Quel bilan tirez-vous de ces deux expériences ?

Ce n'est pas le mentor qui propose des solutions, mais la mentee. Or pour moi qui suis manager, je réponds aux questions, car c'est l'essence de ma fonction. Là, au lieu d'apporter des réponses, j'ai obligé mes mentees à aller plus loin dans leurs interrogations. Je voyais qu'elles se posaient les bonnes questions à la lecture du compte rendu que je leur demandais d'établir à l'issue de nos entretiens. Le mentor est là pour aider la mentee à porter le bon regard sur sa carrière ou l'entreprise. Ce programme de mentoring me semble très positif, car il a amélioré la visibilité de notre action pour promouvoir l'égalité hommes-femmes en interne comme à l'extérieur. Il a aussi permis de définir une vraie politique avec des indicateurs, une forme d'industrialisation des process, qui permet d'assurer le « pourquoi » : pourquoi mettre des femmes à des postes clés ? quels moyens se donner ? etc. À titre personnel, cela m'a confortée dans l'idée que de façon générale, être issu de sphères ou milieux différents n'était pas facile. Si on veut réussir à briser cette sorte de consanguinité, un travail de longue haleine est nécessaire. GDF SUEZ a su sortir des bonnes intentions en mettant les moyens sur la table, en fixant des objectifs et en imposant une traçabilité aux actions et aux résultats. Cela permettra de passer à l'étape suivante, c'est-à-dire de s'attaquer à la diversité au sens plus large, comme je le disais plus haut.

Souhaitez-vous renouveler l'expérience ?

J'ai décidé de sauter une année, car en ce moment, je ne touche pas terre... Mais dès que les choses se seront stabilisées, je serai ravie d'accompagner une nouvelle collaboratrice ! Je suis convaincue que les femmes apportent quelque chose de différent à une entreprise. Elles doivent cependant prendre conscience que cette différence n'est pas un handicap. Pour ma part, je n'ai aucune envie d'être un homme ! Ce qui me caractérise par rapport aux femmes que j'ai accompagnées ou rencontrées au cours de ma carrière, c'est que je me sens en harmonie avec moi-même. Il est possible d'élever des enfants, d'être bien avec soi-même, et de décrocher des postes à responsabilité ! Dès qu'on n'entre pas dans le moule, il faut se projeter en disant : « *J'ai autre chose à apporter, que je revendique, car cela a de la valeur.* » Mon « plus » en tant que mentor est de montrer que l'on peut s'assumer avec ses différences.

« Quand on a un objectif, le mentoring permet d'être guidé pour l'atteindre »

Sonia Bourak Partouche est Principal Product Manager à la R&D chez Oracle.

Comment êtes-vous arrivée à votre poste actuel ?

Après un BTS de physique, je suis entrée chez IBM en 1998, en tant que consultante. Détachée chez BNP Paribas, j'encadrais de fait des collaborateurs. Il aurait cependant fallu que j'obtienne une certification interne supplémentaire pour pouvoir décrocher un poste où je pourrais manager officiellement et progresser dans l'entreprise. Je n'étais pas d'accord avec ce principe et suis partie au bout de deux ans et demi. IBM fut une très belle carte de visite et une bonne première expérience, me permettant ainsi d'être chassée par Meta4. Pendant sept ans et demi, j'ai développé ma compétence conseil et acquis celle de l'avant-vente. De plus, la petite taille de l'entreprise, en comparaison avec IBM, m'a permis de toucher un peu à tout. Cependant, de par l'absence d'opportunité de progression professionnelle et l'envie de nouveaux challenges, j'ai quitté l'entreprise pour rejoindre Oracle en 2008. J'y ai commencé par du conseil, avec l'idée de passer rapidement à autre chose. Dès l'année suivante, j'ai décroché un poste de product manager à la R&D. Début 2013, sentant que j'atteignais les limites de l'auto-apprentissage, je me suis inscrite à HEC Paris pour passer un « executive master » en marketing et stratégie commerciale. Au cours du cursus, j'ai dû établir un plan d'action commercial. Or je ne savais comment procéder. C'est là qu'en discutant avec des collègues j'ai entendu parler du programme de mentoring d'Oracle. Sa responsable, Odile Gérard, m'a aidée à identifier un premier mentor pour la stratégie commerciale, puis un second pour le marketing. Grâce notamment à leur appui, je suis diplômée depuis juin 2014. J'espère pouvoir évoluer vers un poste en lien avec le marketing.

Qu'attendiez-vous de cette expérience ?

Je me suis aperçue au fil des ans que le poste de product manager me convenait parfaitement, à condition d'y ajouter une composante marketing. J'avais donc besoin de trouver un nouvel élan. J'attendais du mentoring de pouvoir discuter avec chacun de mes mentors en toute liberté, et d'aller le plus loin possible dans l'échange pour trouver plus d'idées, et au final prendre davantage de recul et de hauteur. Nous étions vraiment dans le dialogue, partant de mon besoin, bien identifié, afin d'élaborer un plan d'action. Nos discussions sortaient parfois du cadre que l'on s'était défini. Je notais toutes les idées et retenais celles dont j'avais besoin. Cela me permettait de me poser de nouvelles questions sur certains points. Surtout, je souhaitais vivre une expérience humaine, qui nous mettrait à l'aise pour échanger. L'absence de lien hiérarchique entre nous a facilité les choses. Le mentoring s'est avéré très enrichissant ! Cela s'est échelonné sur deux ans, à raison de trois mois pour l'un, puis de nouveau trois mois pour l'autre. J'ai vraiment eu beaucoup de chance, car autant Patrick Waché que Jean-Jacques Triboulet m'ont consacré soixante à quatre-vingt-dix minutes par semaine ! Dès notre premier entretien, le courant est passé : travailler avec eux était une évidence.

Qu'avez-vous appris au cours de ce mentoring ?

Si j'ai décroché mon diplôme avec brio et réussi ma soutenance, c'est aussi grâce à eux, comme je le soulignais plus haut. Au final, les bienfaits de cette expérience se font ressentir sur le long terme, après coup. Le meilleur reste à venir. J'ai appris tant de choses ! Je ne raisonne plus de la même façon dans mon travail : j'ai assimilé ce que mes mentors m'ont conseillé, et désormais, cela se fait naturellement, sans y réfléchir. Le mentoring m'a aussi permis de prendre conscience de mes capacités, me confirmant que je maîtrisais en fait tout ce que je faisais jusque-là intuitivement. J'ai en outre beaucoup développé ma connaissance d'Oracle, qui dispose d'une organisation très particulière. Or il me semble important de la connaître si l'on veut pouvoir grandir au sein de l'entreprise. Dès le départ, j'ai cherché comment ce travail de mentoring pouvait être profitable aux deux parties : mentor comme mentee. J'ai eu rapidement la satisfaction de voir mes mentors se poser des questions qu'ils ne se seraient sans doute pas posées sinon. Ainsi, Jean-Jacques s'est rendu compte qu'il souhaitait passer le même diplôme que moi. Quant à Patrick, il souhaitait intervenir à HEC Paris pour faire profiter de son expérience aux professionnels qui comme moi ont décidé de reprendre le chemin de l'école. Ils y sont tous deux parvenus par mon intermédiaire. Aujourd'hui, l'expérience est terminée, mais je reste en contact étroit avec mes mentors. Ils sont devenus comme des amis. Je les appelle dès que j'ai besoin d'eux et inversement. Je sais que je peux compter sur eux pour développer mon réseau interne. Notre relation est très simple, basée sur la confiance et le respect mutuel. Avec Patrick, dans le cadre de mon master et de ma thèse professionnelle, j'ai réfléchi sur un nouveau produit et nous nous efforçons de le mettre en œuvre au sein d'Oracle. J'ai vraiment fait là de belles rencontres !

Conseilleriez-vous à vos collègues femmes d'être accompagnées à leur tour ?

Absolument. Qu'il s'agisse d'une femme ou d'un homme, d'ailleurs ! Par le biais du mentoring, j'ai rencontré des personnes que je n'aurais sans doute jamais côtoyées dans un autre contexte. Patrick et Jean-Jacques ont vraiment pris leur rôle à cœur et sont restés motivés tout au long du processus. Selon moi, mieux vaut que mentors et mentees ne soient pas issus du même environnement ou milieu professionnel. Cela permet d'élargir sa vision des choses. En tout cas, quand on a un projet, il est important d'être aidé et guidé. Dans une entreprise de la taille d'Oracle, où nous sommes inondés quotidiennement d'informations, c'est d'autant plus essentiel ! Sans ce soutien temporaire, on risque de passer à côté de beaucoup de choses, notamment d'opportunités de développement et de carrière.

« La clé d'un mentoring réussi ? Que le courant passe entre les deux protagonistes »

Jean-Jacques Triboulet est directeur marketing pour l'Europe centrale chez Oracle.

Comment êtes-vous devenu mentor ?

Diplômé de l'IUT de Cachan, j'ai démarré ma carrière professionnelle en 1986 chez PSA Peugeot Citroën. Rapidement, j'ai pris un poste chez Missler Software, un éditeur de logiciels français. Pendant neuf ans, j'y ai été responsable ERP. Entré chez Oracle en 1996, j'ai rejoint le service marketing deux ans plus tard, changeant de poste tous les trois ans environ. En 2010, j'ai été nommé directeur marketing pour l'Europe centrale. Je dirige des équipes situées dans une dizaine de pays de la zone, mais reste basé à Paris. Je fais partie de ces gens qui apprécient de partager leur expérience et leurs connaissances. Dans tout échange, je suis persuadé que l'on a autant à gagner qu'à donner, ne serait-ce qu'en termes d'informations. Je n'ai pas d'idées préconçues, tout le monde peut m'apporter quelque chose ! Comme j'aime bien transmettre, au début de ma carrière, je suis souvent intervenu dans des écoles de commerce pour parler des ERP notamment. J'ai ensuite accepté à plusieurs reprises d'aider des collaborateurs sur différentes opérations internes. Je n'ai plus été sollicité pendant un certain temps. Quand la responsable du programme de mentoring, Odile Gérard, m'a contacté en 2013 pour me proposer de mentorer Sonia Barouk Partouche, je n'ai pas hésité. Certains m'ont averti que ce serait comme de m'occuper d'un stagiaire, presque un boulet, voire une perte de temps. Je ne le concevais pas ainsi... Effectivement, cette expérience de mentoring n'a pas été une charge. Au contraire, nous avons eu un réel échange, qui s'est avéré positif non seulement pour Sonia, mais aussi pour moi.

Cet accompagnement s'est déroulé sur quelques mois. Comment avez-vous aidé votre mentee ?

Nous avons déterminé un calendrier de rendez-vous hebdomadaires d'une heure entre fin 2013 et début 2014. Bien entendu, si Sonia avait des questions supplémentaires à me poser, elle pouvait me contacter en dehors. Et si nos échanges dépassaient soixante minutes, nous poursuivions la conversation. Le maître mot de ce mentoring a vraiment été la flexibilité. Mon but ? Coller à ses demandes et lui apporter des éléments tangibles par rapport à la théorie qu'on lui enseignait dans le cadre de son cursus d'« executive master » à HEC. Je l'ai aidée à comprendre – comment construire un plan marketing ? qu'est-ce qu'un SWOT ? – en vulgarisant et en reformulant par l'exemple : les illustrations que je lui proposais étaient issues, quand c'était possible, de chez Oracle ; je recourais aussi à mes propres connaissances en marketing et à mon expérience. Toutes ces questions de Candide, cet œil extérieur d'une part, et le processus explicatif d'autre part, font que le mentor est amené à se poser des questions sur sa propre façon de procéder et de travailler. Cela permet de faire un point sur ce que l'on fait par habitude ou par expérience. De nouvelles idées émergent.

Par exemple ?

Dans le secteur du marketing en France, et notamment dans l'IT, il existe des dates prioritaires en semaine pour organiser des événements : de préférence le mardi ou le jeudi, mais surtout pas le mercredi. Pourquoi ? À cause des enfants ? Certes, mais 80 % des invités à nos événements étaient des hommes... Une explication possible : beaucoup de femmes s'occupaient alors d'organiser ces événements marketing et ne souhaitaient peut-être pas avoir trop de contraintes ce jour-là. Le monde a bien changé depuis et cela ne se justifie plus forcément. Autre exemple : on n'organise pas d'événements en juillet et en août, pour cause de vacances d'été. Pourtant, les gens ne partent pas en congés deux mois d'affilée ! Pourquoi ne pas tenter de créer la surprise en choisissant cette période de l'année ? La formation suivie par Sonia à HEC propose le meilleur de ce qui se fait aujourd'hui en marketing. Elle peut donc apporter des idées nouvelles quant à la façon d'envisager le marketing chez Oracle. C'est un domaine qui reste assez sectoriel. *Quid* du marketing dans la grande distribution ou dans le luxe ? Il y a peut-être là de bonnes idées à récupérer. *Via* nos échanges, Sonia m'a apporté des informations, présenté de nouveaux outils et méthodes, ou tout simplement de bonnes idées pratiquées ailleurs, qui peuvent être testées chez Oracle. Cette ouverture vers l'extérieur force à se remettre en cause sur certains points, ce qui s'avère salvateur.

Que vous a apporté cette expérience ?

J'ai beaucoup appris au contact de Sonia. Sans compter un aspect positif imprévu : elle m'a donné envie de suivre à mon tour cette formation diplômante chez HEC ! Je ne me serais jamais lancé dans cette voie sans son concours. Cela ne m'avait d'ailleurs jamais traversé l'esprit ! L'enthousiasme de Sonia, qui me parlait souvent avec dynamisme de ses cours et de ce qu'elle apprenait, était contagieux. La relation mentor-mentee est vraiment basée sur l'échange : on pourrait croire que le premier apporte plus au second, comme un senior le ferait avec un junior, mais pas du tout. Au contraire, comme je le soulignais plus haut, cela favorise la naissance d'interrogations, de changements et de remises en cause aussi chez le mentor.

Envisagez-vous de mentorer de nouveau ?

Je suis en fait passé de l'autre côté du miroir, puisque je bénéficie à mon tour du soutien d'un mentor. Depuis mi-2014, Michel Clément, vice-président ventes pour l'Europe centrale, m'accompagne dans le suivi de ma formation à HEC. Je suis ravi à l'idée de pouvoir reprendre nombre d'outils que je vais découvrir lors de mon cursus et voir si l'on peut les déployer chez Oracle. Parallèlement, il se peut que je mentore prochainement une autre personne, car j'ai été sollicité en ce sens. Pour que le mentoring fonctionne, il faut vraiment que le courant passe entre les deux protagonistes. On passe en effet des heures à échanger, à discuter, parfois sans se mettre d'accord. Pour transmettre son savoir, il faut être passionné.

« Le mentoring permet des prises de conscience essentielles »

Patrick Waché est directeur comptes clés France chez Oracle.

Vous avez effectué toute votre carrière dans la même entreprise…

Effectivement, je suis un pur produit Oracle, où je suis entré un peu par hasard en 1997, une fois mon diplôme en poche. J'avais le choix entre une SSII située à Paris et un poste en centre d'appels à Dublin chez Oracle. Comme j'avais évité soigneusement l'anglais durant toutes mes études, je me suis dit que c'était ma dernière chance d'apprendre la langue de Shakespeare ! J'ai donc pris la direction de l'Irlande où j'ai fait du télémarketing pour commencer. Au bout de six mois, je suis passé à la télévente, puis à mon retour en France, au bout de deux ans, j'étais devenu commercial sur le terrain. De 2000 à 2004, j'ai couvert la grande distribution, puis la banque jusqu'en 2014. Tout au long de ces années, j'ai grandi professionnellement, intégrant la direction des comptes clés. Depuis le 3 juin 2014, je manage six des douze directeurs de comptes clés d'Oracle en France en tant que Director for Key Accounts France. Pour le moment en Europe, je n'ai que deux homologues. Je suis satisfait de mon parcours, car je me suis vraiment amusé et ai réalisé d'excellentes performances. Quand j'ai entendu parler du programme de mentoring que propose l'entreprise, je me suis tout de suite proposé pour devenir mentor. Pour le moment, j'ai accompagné deux collaboratrices, dont Sonia Bourak Partouche pendant environ quatre mois à partir de septembre 2012, à raison d'un rendez-vous hebdomadaire d'une heure et demie.

Quelles étaient vos motivations ?

J'ai toujours apprécié échanger et partager mon expérience. Même quand j'étais étudiant, je donnais des cours de mathématiques. Voir les notes de mes « élèves » passer de 5 à 12 ou 13 sur 20 me faisait vraiment plaisir ! Quand j'ai commencé le mentoring, je ne pensais vraiment pas que cela m'apporterait autant… Au contraire, j'étais persuadé, comme probablement tous les mentors, que je donnerais, mais sans rien recevoir. Je n'attendais d'ailleurs rien en retour.

Que vous a apporté cette expérience ?

J'ai eu une succession de prises de conscience. Je suis un membre de la communauté de vente d'Oracle, qui représente vingt-cinq mille personnes sur environ cent vingt mille salariés. Nous évoluons dans un monde particulier, avec des références calendaires spécifiques, une organisation qui rythme notre quotidien. Or ce ne sont pas les mêmes que pour les quatre-vingt-quinze mille collaborateurs restants. Au contact de Sonia, je me suis rendu compte de notre méconnaissance réciproque de l'organisation, mais aussi des prérogatives, des objectifs, etc., vus depuis nos postes respectifs. Je lui ai expliqué la stratégie commerciale d'Oracle, notre rythme calendaire et notre organisation, comme à une personne totalement nouvelle à tout cela. Je me suis aussi rendu compte de l'intérêt porté par Sonia à tout ce que je lui disais. Elle m'a ainsi permis de renforcer encore davantage mon estime de soi et ma confiance en moi. Et ce n'est pas fini ! Un jour, à l'issue de l'un de ses cours à HEC, Sonia m'a confié que j'aurais sans doute dit des choses plus intéressantes et légitimes que l'intervenant et que je devrais tenter ma chance. Par son entremise, je suis donc intervenu une fois à HEC, dans le cadre d'un MBA. Une expérience très intéressante, que j'aimerais renouveler. Quant à Sonia, elle a obtenu la meilleure note de sa promotion *ex aequo* et son mémoire a même été sélectionné pour le concours des meilleures thèses HEC de l'année ! Ce succès, qu'elle a la gentillesse de partager avec moi et son second mentor, Jean-Jacques Triboulet – même si c'est elle qui a fait tout le travail –, est aussi un moment privilégié de ce mentoring.

Avez-vous rencontré des difficultés ?

Quand ma première mentee m'a demandé de l'accompagner en rendez-vous clientèle, j'ai dû décliner, car cela relève plutôt de son manager, pas de moi. Je me suis alors brièvement interrogé sur la définition de ma mission de mentor. Dans le cas de Sonia, la seule difficulté a été de trouver le temps pour se voir. Nous nous retrouvions en général autour d'un déjeuner. Et quand elle m'a demandé de lire sa thèse, je l'ai fait pendant mon temps libre, en soirée ou le week-end. Sonia gérait les prises de rendez-vous – je lui avais donné accès à mon agenda – et donnait le rythme. Elle me prévenait par SMS une fois le rendez-vous suivant fixé, puis deux jours avant, elle me le rappelait afin de me mettre à l'aise en cas d'empêchement.

Quel bilan tirez-vous de cette expérience ?

Mentorer des personnes d'une organisation différente m'a permis d'élargir mon regard sur Oracle, et plus globalement sur l'environnement économique et la société, son évolution. Pendant le travail mené sur sa thèse, Sonia s'est posé des questions dont elle m'a fait part, ce qui a nourri ma propre réflexion : me pencher sur l'évolution de notre monde, sa vitesse de changement, m'a donné des idées pour la suite de ma carrière.

Souhaitez-vous continuer le mentoring ?

Comme je le disais plus haut, je réponds en général favorablement à ce type de sollicitation. J'accompagne actuellement deux nouvelles mentees officielles et une troisième informelle ! La personnalité de chaque membre du binôme est importante pour que le lien fonctionne, pour créer une adéquation entre les deux profils. Les animateurs du programme ont une vraie responsabilité à ce niveau. Sonia et moi avons un profil similaire, dans le sens où nous sommes tous les deux des affectifs et faisons montre d'empathie. Cela a facilité les choses !

« Le mentoring aide les femmes à aborder des sujets dont elles ne parlent pas en général au travail »

Aude Bellier est responsable du développement des activités d'Orange Consulting, filiale conseil d'Orange Business Service, dans le secteur de la distribution.

Comment êtes-vous entrée chez Orange ?

Après des études en école de commerce à Lille suivies d'un master à l'École centrale à Paris, je suis entrée en 2001 chez Altran Technologies, en tant que consultante, où j'ai travaillé pendant quatre ans pour Orange sur la réorganisation des centres d'appels côté entreprise. Après trois ans, et à l'issue de cette mission chez Orange, ma formation commerciale m'empêchait de prétendre évoluer chez Altran, qui me proposait des missions techniques éloignées de mes domaines de compétences. Souhaitant prendre des fonctions commerciales, j'ai rejoint Solucom, où je suis restée quatre ans, en tant qu'ingénieure d'affaires. J'y faisais du développement commercial et identifiais des missions pour les consultants. Une belle expérience, avec de beaux résultats pour le développement des comptes clients. Cependant, j'aurais voulu participer à la réalisation des projets, pas seulement à leur commercialisation... Je ne voyais pas de solution en interne pour évoluer, Solucom étant à l'époque en pleine réorganisation. Par le bouche-à-oreille, j'ai entendu parler d'Orange Consulting en 2009. Pourtant, comme je voulais intégrer une entreprise avec des projets structurés à long terme, j'ai hésité. J'ai passé plusieurs entretiens, et c'est lors du dernier d'entre eux que tout s'est joué. Mon futur manager et un autre collaborateur m'ont tenu un discours honnête et simple, orienté projets. Je n'ai pas vu le temps passer lors de notre entretien ! Leurs propos m'ont donné envie d'accepter ce poste de manager en relation clients, le premier d'encadrement (de consultants) de ma carrière, avec du développement commercial. Cela me permettait de cumuler le bénéfice de mes expériences précédentes. Je suis restée trois ans à ce poste, puis en 2012, mon manager m'a proposé de prendre sa suite. Je suis restée responsable du département relation clients et innovation pendant dix-huit mois. Quand je suis tombée enceinte, j'ai commencé à réfléchir à mon implication dans la filiale, mon travail nécessitant beaucoup d'investissement. J'ai eu des doutes sur ma capacité d'implication une fois devenue maman. J'en ai parlé à ma direction, qui m'a entendue et identifié un remplaçant, me disant que l'on ferait le point à mon retour. Quand je suis revenue, j'ai préféré changer de poste : depuis janvier 2014, je suis responsable des activités du secteur distribution. C'est transitoire, car je souhaite quitter le monde du conseil. Mais le processus avant de trouver le poste qui me correspond s'avère long.

Est-ce la raison pour laquelle vous avez souhaité être mentorée ?

J'ai la chance que ma DRH et mon ancienne responsable soient à l'affût de ce type de programmes et m'aient proposé d'en bénéficier. J'ai accepté par curiosité et ai démarré en mars 2014. Je cherchais des solutions pour gérer ma vie de femme tout en réussissant ma carrière. Je souhaite trouver l'équilibre entre ma vie privée et mon parcours professionnel. C'est difficile, surtout quand on a été aussi impliquée dans son travail que moi depuis tant d'années. J'ai toujours connu ce rythme, sans contraintes familiales. À trente-sept ans, je découvre avec joie une vie nouvelle, mais je suis secouée dans mon référentiel, je me pose beaucoup de questions. Je souhaite trouver mon modèle, car je ne peux m'inspirer de ce que j'ai connu en tant qu'enfant : ma mère est restée au foyer, permettant à mon père de réussir une belle carrière professionnelle. Et aujourd'hui, même si mon conjoint m'aide beaucoup, je ne sais comment concilier tout cela.

Qu'avez-vous appris auprès de votre mentor ?

C'est un homme qui travaille dans une branche d'Orange très éloignée de la mienne. Lors du premier rendez-vous, je me suis mise dans la posture du passage d'entretien, dans l'attente de le connaître et de découvrir ce qu'il cherchait dans le mentoring. Je suis donc restée à l'écoute, faisant attention à mes propos, car je voulais savoir jusqu'où je pouvais aller. Nous avons eu un bon contact. Très rapidement, il m'a proposé des pistes, donné des orientations pour construire ma réflexion, identifier mes souhaits pour l'avenir. Il m'a aussi indiqué les coordonnées de personnes à contacter de sa part pour m'aider à me déterminer, et expliqué le fonctionnement de l'entreprise. Je suis en filiale, donc assez loin du cœur de l'entreprise. J'ai découvert les grands principes, la philosophie d'Orange et sa direction générale, avec les jeux de pouvoir, les enjeux politiques, dont j'avais déjà un peu conscience. Notre rendez-vous suivant a eu lieu en juin. Entre-temps, j'ai dressé un bilan professionnel, refait mon CV, pris des contacts dans l'entreprise et passé des entretiens. Nous avons abordé la question de ma vie personnelle : comment me projeter professionnellement tout en ayant une vie de famille ? Si l'égalité professionnelle entre les hommes et les femmes est un objectif sociétal, dans les faits, elle n'est pas encore là. Et rares sont les couples où les deux personnes ont réussi leur carrière professionnelle. L'un ou l'autre fait toujours des concessions. De plus, on dit que la carrière professionnelle se joue entre trente-cinq et quarante-cinq ans, ce qui met de la pression sur les femmes comme moi, qui ont eu un enfant tardivement et souhaitent en avoir d'autres. J'ai envie d'évoluer au maximum de mes possibilités et d'atteindre le niveau qui me correspond dans l'entreprise.

Que vous apporte cette expérience ?

Je trouve le mentoring très positif, car il force les femmes à s'exprimer, à évoquer des sujets dont elles n'auraient pas parlé sans cela. Mon mentor a eu l'honnêteté de m'avouer que sa femme avait toujours été présente pour leurs enfants, qu'elle gérait tout à la maison. Je me rends compte qu'on ne peut pas tout avoir sur tous les plans ! Être une super-mère et une super collaboratrice me semble compliqué. Il faut faire des concessions... Reste à en définir le périmètre. J'espère que *via* les entretiens que je vais avoir, je trouverai le métier qui me permettra de privilégier ma vie privée pendant quelques années, sans me pénaliser pour la suite.

Quelles sont les clés d'un mentoring réussi ?

Mentor comme mentee doivent être sincères, mener de vrais échanges qui ne sortent pas du périmètre du bureau, surtout quand le mentor a un réseau, c'est-à-dire respecter la confidentialité des échanges. On se sent ainsi libre de dire ce que l'on souhaite. Il faut aussi que le mentor écoute sa mentee pour voir jusqu'où il peut aller, afin d'éviter les décalages : il doit s'adapter aux souhaits professionnels de cette dernière, qui n'aspire pas forcément à devenir cadre dirigeant, mais simplement à trouver sa juste place dans l'entreprise. Ce qui n'exclut en rien l'ambition !

« Le mentoring permet aux femmes d'avancer avec leurs valeurs et leurs compétences »

Odile Greffet est DRH chez Sofrecom, une filiale du groupe Orange dans le domaine du consulting international.

Comment êtes-vous parvenue à votre poste actuel ?

À la base, je suis juriste de formation. Après avoir obtenu un DEA de droit social, je nourrissais le souhait de rejoindre la direction juridique d'une grande entreprise. Je suis entrée chez BNP Paribas, mais à la direction des ressources humaines. Même si je n'avais absolument pas envisagé cela avant d'y être, au final, cela m'a beaucoup intéressée. Au fil des années, j'ai évolué dans ce secteur : je suis devenue responsable des relations sociales, puis responsable des ressources humaines (RRH), et enfin DRH. J'étais donc très loin de mes origines de juriste, même si j'avais gardé quelques automatismes de cette époque, largement enrichis grâce à la découverte d'autres activités comme le développement des compétences, la gestion des carrières, le recrutement, ou encore la paie. Après le secteur de la banque, j'ai intégré une entreprise de services, et en 2002, j'ai rejoint le groupe Orange. Depuis lors, j'ai toujours travaillé au sein de filiales du groupe, ce qui m'a donné une vision plus large de ses activités. C'est ce qui m'intéresse, car je reste proche des dossiers. Aujourd'hui, je suis DRH de Sofrecom, une filiale spécialisée dans le conseil et l'ingénierie des télécommunications.

Pourquoi avez-vous souhaité bénéficier de l'appui d'un mentor ?

J'ai été identifiée dans le Top 100 DRH du groupe. Mon manager, souhaitant que j'aille plus loin, m'a proposé d'intégrer la filière d'excellence « Leaders ». Pour cela, j'ai passé un « *assessment* ». J'en suis sortie plutôt satisfaite. Pourtant, les résultats ont révélé des éléments qui m'ont surprise. J'ai voulu en comprendre les raisons et découvrir comment je pouvais être perçue par mon entourage professionnel. Le mentoring est bien tombé : on me l'a proposé suite à cet *assessment*. C'était pertinent, d'autant qu'au cours de ma carrière chez Orange, je n'avais jamais travaillé pour la maison mère, comme je le précisais plus haut. Par conséquent, je n'ai pas consacré beaucoup de temps à me construire, par exemple, un réseau. Or si l'on souhaite évoluer, cela s'avère primordial dans une entreprise de la taille de celle-ci.

Vous avez démarré le mentoring en mai 2014 et êtes en cours de processus. Comment se passent les échanges avec votre mentor ?

Mon mentor est une femme qui travaille dans la même filière métier que moi ; je l'avais croisée à plusieurs reprises par le passé… Mais nous ne nous connaissions pas et c'est pour cela que j'ai accepté qu'elle m'accompagne. Le premier entretien nous a permis de faire connaissance et à nous poser mutuellement quelques questions. J'en ai aussi profité pour lui exprimer mes attentes. Je lui ai notamment parlé de mon *assessment* et du goût un peu amer qu'il m'avait laissé. Nous avons également identifié nos points de convergence et évoqué la confidentialité de nos échanges. Sur la durée, je verrai jusqu'à quel point je peux me livrer. Nous sommes convenues de nous rencontrer une fois par mois, dans son bureau. Pour mon prochain rendez-vous, je dois réfléchir à la façon de présenter un dossier RH avec une vision stratégique. En attendant, j'ai assisté à un atelier organisé pour les mentees. Cela a été l'occasion d'échanger avec d'autres femmes sur l'appréhension du dispositif de mentoring. J'ai beaucoup apprécié nos échanges, car le regard des femmes sur leurs paires me semble enrichissant.

Qu'attendez-vous de cette expérience ?

J'espère que mon mentor pourra m'aider à développer mon réseau, mais je pressens qu'elle m'apportera bien d'autres choses. Reste à savoir quoi ! Je suis satisfaite de participer à cette démarche, même si au départ, je n'en attendais rien de particulier. Je suis dans l'attente de voir si ma première (et très bonne !) impression de mon mentor va se confirmer lors des entretiens suivants. Je suis en tout cas ravie qu'un groupe comme Orange ait mis en place un tel dispositif et qu'il s'adresse en premier lieu aux femmes. Celles-ci sont parfois dans l'excuse, s'interdisant certaines choses et en imaginant d'autres qui les confortent dans leurs croyances. Le groupe propose majoritairement des métiers masculins et privilégie une approche managériale assez masculine. Parfois, les femmes qui progressent dans l'entreprise prennent pour certaines des postures masculines. Le mentoring me semble être un outil positif, car il devrait aider à corriger tout cela. Ce type de programme permet d'avancer avec nos valeurs et nos compétences de femmes, sans nous interdire d'être qui nous sommes vraiment.

« Le mentoring permet de montrer aux femmes que l'on peut concilier vie professionnelle et vie privée »

Sandrine Millet est responsable du département brevets chez Orange.

Comment êtes-vous arrivée chez Orange ?

Après l'obtention de mon diplôme d'ingénieur, j'ai rejoint le département R&D de Nortel, une entreprise canadienne du secteur des télécommunications. Pendant huit ans, j'y ai occupé plusieurs postes. C'est également pendant cette période que j'ai donné naissance à mes trois enfants. Puis j'ai eu envie d'évoluer. Ayant toujours été attirée par les études de droit, j'ai poursuivi mon parcours professionnel dans un cabinet de propriété intellectuelle. Cette évolution m'a permis d'enrichir mon expérience passée avec de nouvelles compétences juridiques. Mais ce changement exige une grande implication personnelle avec un impact sur la vie personnelle. En effet, tout en travaillant dans ce cabinet de propriété intellectuelle, j'ai repris des études pour obtenir trois diplômes. Le processus est adapté pour permettre de suivre ces études tout en exerçant ce métier, mais cela a représenté un investissement de taille. Je ne pense pas que j'aurais réussi cette évolution professionnelle sans le soutien de mon mari au sein de la famille, car nos enfants étaient alors encore petits. Puis, après sept ans à ce poste, je suis retournée en entreprise en 2010, devenant responsable du département brevets au sein de la direction propriété intellectuelle d'Orange.

Vous bénéficiez d'un accompagnement via *le programme de mentoring déployé par Orange. Comment cela se passe-t-il ?*

Il est un peu tôt pour me prononcer, car je viens de commencer ! Quand on m'a proposé de participer, j'ai trouvé ce programme intéressant, même si j'aurais vraiment apprécié que cela se fasse dans le cadre de mon arrivée dans l'entreprise. Je manquais alors de contacts au sein de cette grande structure. Je pense que c'est une très bonne pratique pour permettre une découverte éclairée d'une entreprise comme Orange.

Comment se sont passés les deux premiers rendez-vous avec votre mentor ?

Je connaissais déjà un peu mon mentor, même si nous ne travaillons pas ensemble et qu'il n'existe aucune ligne hiérarchique entre nous. Lors de notre première réunion, nous nous sommes présentés et avons parlé de nos métiers respectifs. Au rendez-vous suivant, nous avons évoqué des sujets managériaux. Je lui ai notamment demandé comment gérer le grand nombre de réunions auxquelles je suis conviée. Il m'a donné un conseil simple et pertinent : prendre mon agenda des derniers mois et passer en revue toutes les réunions où j'ai été conviée pour déterminer celles qui exigeaient vraiment ma présence.

Parallèlement à cette expérience de mentee, vous avez été sollicitée pour être mentor. Que vous apporte cette expérience ?

Comme je le disais plus haut, j'aurais vraiment apprécié bénéficier de l'accompagnement d'un mentor à mon arrivée chez Orange, notamment pour découvrir la culture de la société. C'est ce qui m'a motivée pour accepter cette mission de mentor. Ma mentee est une jeune ingénieure chinoise nouvellement diplômée, arrivée début 2014 dans l'entreprise. Notre premier rendez-vous devait durer une heure, mais nous avons largement débordé, car c'était passionnant ! Cette jeune femme est vive, fonceuse, très curieuse. Elle m'a posé de nombreuses questions sur mon parcours. Elle me semble avoir beaucoup de potentiel. Pour la prochaine fois, je lui ai demandé de réfléchir précisément aux questions qu'elle se posait sur l'entreprise et son métier.

En quoi le mentoring peut-il aider les femmes à avancer professionnellement ?

Nous comptons peu de femmes occupant des postes à responsabilité dans l'entreprise. Il me semble donc important d'insister auprès des jeunes femmes qu'il est possible d'y arriver, même avec des enfants, qu'il ne faut pas forcément faire une croix sur sa vie privée pour évoluer professionnellement. Je suis toujours heureuse quand je peux témoigner de ma propre expérience ! Elles sont encore nombreuses, les femmes diplômées, promises à un brillant avenir, qui, à l'arrivée de leur premier enfant, ou du deuxième, mettent leur carrière professionnelle entre parenthèses, de peur de ne pas arriver à concilier vie professionnelle et vie privée. Dès que je peux, j'en parle autour de moi, et notamment à ma fille. Pour ma part, comme je n'avais pas eu d'exemple de ce type auquel me référer, je me suis posé des questions à l'arrivée de mon premier enfant. Avoir des exemples de parcours professionnel de femmes facilite probablement les évolutions de carrière féminine à venir.

« C'est la prise de conscience des hommes qui fera bouger les choses »

Lionel Benezech est directeur métier chez Orange.

Vous avez fait toute votre carrière chez Orange. Qu'est-ce qui vous a motivé pour devenir mentor ?

Effectivement, après une formation d'ingénieur, je suis entré chez France Telecom en 1992, où je suis devenu successivement vendeur, directeur des ventes, puis directeur d'agence. Depuis le printemps 2014, je suis en charge d'un programme de transformation métier et SI (systèmes d'information). Si j'ai choisi de faire partie du programme de mentoring au féminin d'Orange, c'est que, d'une part, j'ai eu de la chance sur de nombreux plans : familial, éducatif et professionnel. Renvoyer l'ascenseur me semble important. Je suis d'ailleurs mentor dans d'autres structures, par exemple pour une association qui accompagne des jeunes étudiants issus de familles défavorisées. D'autre part, je suis très attaché à l'égalité entre les hommes et les femmes. La première action à mener, selon moi, est de faire changer les hommes : naturellement, je me sens concerné ! Cela étant dit, cette égalité va être très difficile à réaliser, car les stéréotypes sont très fortement ancrés en nous, dans la société. Agir contre est plus facile avec les enfants, mais dès qu'ils ont grandi, cela devient épineux, voire impossible. C'est devenu un cercle vicieux : on voudrait par exemple supprimer le stéréotype du manque de confiance en soi des femmes, mais l'éducation, entre autres, fait qu'elles sont moins prétentieuses que les hommes et s'affirment moins. Par conséquent, elles donnent bien l'impression d'avoir moins confiance en elles ! De plus, essayer de traiter cette question *via* l'entreprise me semble limité et tardif, car il s'agit d'un sujet sociétal. C'est donc très compliqué.

Comment s'est passée votre expérience de mentor ?

Avec ma première mentee – ma deuxième expérience est en cours –, Sophie, que j'ai accompagnée en 2012, j'ai trouvé ce que j'attendais : un vrai plaisir de partager, une posture plus authentique, car au quotidien, je ne connais presque que des relations hiérarchiques, par définition biaisées. Là, j'ai essayé de structurer les choses différemment. Je ne voulais pas me positionner en professeur, mais en pair, qui apporte un regard différent, fait office de miroir. Nous avons connu certains moments très agréables de spontanéité, très riches. Assez rapidement, les barrières se sont levées. Je ne sais pas si c'est une question de personnalité, mais nous avons échangé en toute liberté sur ses ressentis, qui sont parfois longs et difficiles à faire émerger.

Quelle était sa problématique ?

Ma mentee avait la responsabilité de deux équipes ; certaines choses ne fonctionnaient pas. Nous en avons discuté, établi un diagnostic, identifié les points difficiles, le plan d'action. Je lui ai conseillé de faire en sorte que son équipe réfléchisse elle-même à ces difficultés et les lui expose. J'étais en effet certain que ses collaborateurs proposeraient d'eux-mêmes les plans d'action nécessaires. Or Sophie craignait que cela ne marche pas. Je lui ai fait comprendre qu'elle ne risquait rien. J'ai un très bon souvenir du moment où elle m'a présenté la façon dont elle souhaitait s'organiser avec une nouvelle équipe. Je l'ai un peu bousculée, lui posant beaucoup de questions, sans tomber dans le piège, dangereux, de donneur de leçons : « *Si j'étais toi, je ferais comme ci...* » Sophie a revu sa copie et quelques jours plus tard, j'ai eu le grand plaisir de recevoir un message de sa part, m'apprenant que cela avait fonctionné. J'ai vraiment eu le sentiment que nous avions avancé. Mon travail a principalement consisté à la rassurer et à lui expliquer pourquoi elle pouvait se lancer, qu'elle n'avait aucune raison de se faire des soucis, en lui apportant des éléments concrets, et non en l'encourageant sans fondements tangibles.

Que vous a apporté cette expérience ?

Cela m'a enrichi humainement. C'est très valorisant de voir qu'une personne aussi enthousiasmante que ma mentee soit satisfaite du résultat et tire bénéfice de nos échanges. Nous restons en contact même si le mentoring est terminé de longue date. Elle réfléchit actuellement à son évolution professionnelle et je sais que je serai la première personne qu'elle appellera pour en parler. Quant à moi, comme le SI représente une part importante de mon nouveau poste, une première pour moi, je lui ai demandé conseil, car c'est un domaine que Sophie connaît bien. De plus, grâce à cette expérience, j'ai pu adopter une posture managériale plus à l'écoute, didactique, dans l'esprit de ce que je recherchais. Cela m'a vraiment beaucoup apporté professionnellement. Plus globalement, tout engagement qui permet de faire avancer l'égalité professionnelle entre les hommes et les femmes est positif. Toute la difficulté se trouve dans l'équilibre : il ne faudrait pas que les hommes apprennent aux femmes à être des hommes ! Il faut au contraire développer l'écoute, ne pas être dans le jugement. Comme je le soulignais plus haut, cette lutte pour l'égalité va être longue à se concrétiser selon moi. J'ai organisé des ateliers dans mon ancienne unité et les jeunes recrues de vingt-cinq ans, hommes comme femmes, donnent de prime abord l'impression que pour eux, ce problème n'en est plus un. Mais si l'on creuse un peu, rapidement, les stéréotypes montrent le bout de leur nez. Il reste donc beaucoup à faire ! Il faut sans doute fixer des contraintes pour faire évoluer la situation. C'est la prise de conscience des hommes qui fera bouger les choses.

« Le mentoring permet de décrypter le fonctionnement d'une entreprise »

Muriel Charbonnier est directrice grands clients secteur public chez Orange.

Vous avez fait un parcours professionnel sans faute : quelles en ont été les grandes lignes ?

Je suis entrée au ministère des PTT après l'obtention de mon diplôme d'ingénieur en travaux publics à l'ESTP. Étant parmi les premières femmes à en être titulaire, j'ai eu du mal à trouver du travail dans mon secteur. Si je suis entrée dans la fonction publique, c'est grâce à l'absence de problématique hommes-femmes dans ce secteur. J'y ai connu la transformation de France Telecom en Orange, l'ouverture à la concurrence, etc. À mes débuts, j'ai travaillé trois ans durant au déploiement des lignes du transport interurbain, avant de prendre deux orientations : vers la gestion et le contrôle de gestion d'une part ; vers la technique d'autre part. L'entreprise permettait, avec un niveau d'ingénieur, de découvrir différents métiers et donc de connaître une évolution de carrière très enrichissante. Pour ma part, j'ai effectué des mouvements latéraux pour aller vers d'autres secteurs de l'entreprise. J'ai donc eu un parcours professionnel hiérarchique et fonctionnel, central et local, dans plusieurs domaines de métiers. Aujourd'hui, je suis directrice d'agence commerciale, grand compte pour le secteur public. Il ne s'agit pas de mener des négociations commerciales avec le secteur public, le Code des marchés publics étant stricts, mais de bien comprendre les besoins. Mes clients sont les ministères des Finances, de l'Intérieur, de la Défense, Matignon, etc. J'ai obtenu ce poste grâce à ma capacité à manager la transformation au travers de nombreux projets tout au long de ma carrière chez Orange.

Pourquoi avez-vous accepté de devenir mentor ?

Au début de ma carrière, à vingt-quatre ans, j'ai eu un mentor informel. Il s'agissait de mon premier patron, qui était chef de centre. Très ouvert d'esprit, il organisait des journées portes ouvertes aux jeunes pour leur montrer ce qu'étaient les télécoms. Il m'a beaucoup aidée en m'expliquant l'état d'esprit de la maison, comment il fallait se comporter, ce qui était important pour progresser, etc. Il m'a ensuite guidée pendant mes deux ou trois premiers postes. Il a par exemple souligné que l'on faisait toute sa carrière chez France Telecom et qu'il importait donc de trouver rapidement un poste dans son cœur d'activité, le téléphone, au risque de rester à la marge. Le mentoring s'avère utile pour comprendre les clés de fonctionnement de l'entreprise, accéder à un réseau, entre autres. Il est essentiel dans une entreprise, *a fortiori* un grand groupe comme Orange, de savoir décrypter le fonctionnement de l'entreprise et où se situe le vrai pouvoir, surtout quand on y entre à un niveau de management. Pour être mentor, il faut donc avoir une bonne connaissance de la maison. J'ai commencé le mentoring en accompagnant trois hommes successivement, dans le cadre du programme des Jeunes Talents. Comme je suis entrée dans le groupe en tant que fonctionnaire, je n'ai jamais souffert d'être une femme chez France Telecom ni donc ressenti le besoin d'accompagner spécifiquement des femmes. Cependant, je me suis aperçue depuis de l'existence de certaines problématiques, notamment par rapport à la vie personnelle. J'essaie de faire profiter des jeunes femmes de mon expérience en la matière.

Comment s'est passée cette année de mentoring ?

Ma mentee a une petite quarantaine d'années et des enfants déjà adolescents. Je n'ai pas trouvé de réelle différence avec les problématiques des trois hommes que j'avais mentorés avant. Le vrai problème selon moi se pose pour les femmes ayant des enfants en bas âge, donc moins disponibles sur le plan professionnel pendant quelques années. Les femmes de ma génération peuvent expliquer aux plus jeunes qu'à un moment donné, les choses seront difficiles ; parfois, elles doivent attendre que leur progéniture soit un peu plus âgée pour avancer. J'ai déjà organisé des petits déjeuners pour leur expliquer mon point de vue, les convaincre que l'on peut y arriver et que les enfants seront bien dans leur peau, même si leur mère occupe des responsabilités. Je leur conseille notamment de privilégier la transparence avec leur hiérarchie et leur équipe, de toujours dire si elles ont un problème, par exemple de garde, plutôt que s'en cacher. Pour le reste, par exemple la confiance en soi, je trouve que les hommes partagent ces problèmes. Certes, les managers devraient faire attention au plafond de verre, mais les femmes ont aussi intérêt à convaincre ces derniers qu'elles peuvent prendre des responsabilités. Certains se mettent en effet à leur place, pensant qu'elles n'y arriveront pas en raison de leur situation familiale. Pour en revenir à ma mentee, cette dernière nécessitait un accompagnement, car elle se trouvait pour la première fois dans une situation de management, après environ dix ans passés chez Orange. C'est intéressant de bénéficier d'un mentoring quand on prend un poste en décalage par rapport à ce que l'on a fait jusque-là.

Quel était son besoin ?

Ma mentee se sentait un peu seule, avec des collaborateurs à gérer à des endroits différents. Il lui était difficile d'obtenir rapidement des résultats, or son manager lui demandait de lui proposer des solutions. Je lui ai expliqué comment aborder ses collaborateurs, comment leur parler, comment les manager à distance, etc. Je lui ai apporté une aide managériale en partageant avec elle mes retours d'expérience, lui conseillant de faire des tests. Et quand elle m'a demandé mon avis sur l'interprétation des réactions de certains membres de son équipe, je l'ai aidée à les décrypter. Nous nous voyons une fois par mois, à raison de deux heures à chaque fois, au bureau, parfois à déjeuner. Comme je suis à Saint-Denis et elle à Arcueil, ce n'est pas toujours évident, en raison du temps de transport à prévoir. Ma mentee sait qu'elle peut m'appeler quand elle en a besoin, tôt le matin, ou tard le soir. Même si le mentoring dure officiellement un an, il se poursuivra au-delà si nécessaire, le temps qu'il faudra. Par exemple, l'un des jeunes hommes que j'ai mentorés il y a quelques années hésitait entre deux postes et m'a appelée au printemps 2014 pour avoir mon avis. Maintenant que nous arrivons en fin de parcours, ma mentee m'appelle moins souvent. C'est sans doute le signe que sa situation s'améliore !

Quel bilan tirez-vous de cette expérience ?

Pour que le mentoring réussisse, les deux protagonistes doivent travailler dans des secteurs suffisamment éloignés, mais pas aux antipodes, afin que l'aide du mentor soit la plus efficace possible. En début de parcours, je préconiserais au moins deux ou trois rendez-vous physiques avant de passer éventuellement au contact téléphonique. J'ai pour ma part vécu une expérience toujours très enrichissante et intéressante, car j'ai vraiment eu l'impression d'aider ma mentee, de lui transmettre quelque chose sur le fond, en termes de comportement notamment. C'est différent de ce que j'apporte quotidiennement dans mon travail. Cela m'a aussi permis de découvrir les problématiques de collaborateurs plus jeunes, ce qui m'aide à comprendre certaines évolutions, notamment au niveau professionnel. J'aimerais vraiment poursuivre l'aventure !

« Le mentoring est un outil précieux pour aider les femmes à évoluer »

Martine Déry est directrice de la promotion de l'innovation chez Orange.

Vous avez mené une longue et belle carrière dans ce groupe de télécommunications. Quelles ont été les grandes étapes ?

J'ai en effet effectué la quasi-totalité de ma carrière chez Orange. Entrée comme fonctionnaire aux PTT, à un poste de responsable communication interne, j'ai fait un bref passage au service commercial lors du lancement du Minitel, avant de consacrer une dizaine d'années à une école d'ingénieur collaborant avec France Telecom pour y développer l'enseignement autour de la télématique. De retour en interne, j'ai repris des fonctions plus opérationnelles pour gérer une équipe de recouvrement d'impayés, avant d'arriver aux ressources humaines : d'abord gestionnaire de carrière pour des cadres supérieurs, je suis ensuite devenue DRH. Puis j'ai pris la direction de la Bourgogne, où j'ai été chargée des relations publiques. Dans ce cadre, je défendais les intérêts du groupe par rapport aux institutionnels locaux. Enfin, j'ai pris la direction de la communication dans le domaine de l'innovation au printemps 2013. Orange offre une grande liberté pour son parcours professionnel, car c'est une entreprise très vaste. À deux ans de la retraite, je sais qu'une carrière est le fruit de beaucoup de rencontres. J'ai côtoyé des personnes au cours de mon parcours qui m'ont donné de nouvelles perspectives et permis de prendre de nouveaux virages.

Pourquoi avez-vous accepté de devenir mentor ?

J'ai été ravie de saisir cette opportunité de retour aux sources vers les ressources humaines et souhaité participer dès le pilote de 2011. C'était l'occasion de faire émerger des talents féminins et d'éviter une préemption trop forte des hommes. Cela étant dit, je l'aurais fait même s'il ne s'était pas adressé aux seules femmes ; mais il est vrai que ce type d'accompagnement est vraiment précieux pour aider ces dernières à évoluer, notamment en termes de positionnement. Quand je travaillais aux RH, je me suis parfois heurtée à des *a priori* quant à la capacité des femmes à tenir un poste, ou été confrontée aux stéréotypes, au machisme sur la façon dont une femme pouvait comprendre un sujet technique. Quand c'était moi qui étais prise à parti, je le prenais comme une joute verbale, une sorte de jeu : je répondais du tac au tac. Il y a toujours un plaisir intellectuel à remettre à leur place des gens intelligents, car on le fait avec subtilité. J'ai par ailleurs été confrontée à des témoignages de femmes de mon portefeuille de cadres qui avaient subi des choses peu agréables. Heureusement, cela reste rare. J'ai donc été très agréablement surprise de voir que ce dispositif de mentoring au féminin se formalisait en interne.

Vous avez accompagné deux femmes. Comment cela s'est-il passé ?

La première venait de prendre un poste en communication, le premier du genre pour elle. Elle devait faire le deuil de son ancien poste, qu'elle avait quitté avec regret. Je l'ai aidée à se projeter vers ce qu'elle pourrait faire, à prendre confiance sur ses points d'appui, et à oublier le passé. Pendant les trois premiers mois, elle était encore empreinte de doutes, puis un jour, elle a eu un déclic, car le succès dans ses actions est rapidement venu. Elle avait trouvé le sens de sa nouvelle voie professionnelle ! En la questionnant, j'ai cherché à l'aider à élargir sa vision, à capitaliser sur ses acquis, de sorte qu'elle se sente plus à l'aise. Une fois le déclic passé, elle est devenue très demandeuse d'informations sur le groupe et sa stratégie, nous avons échangé sur son rôle stratégique dans l'organisation. Aujourd'hui, elle occupe très bien sa place, prend du plaisir à ce qu'elle fait et est reconnue. Quant à ma seconde mentee, son patron, ayant décelé son potentiel, lui avait proposé de bénéficier du programme. C'était donc un peu plus compliqué, car elle n'était pas volontaire au départ, du moins je le croyais. Elle avait vu ses responsabilités au sein d'un comité de direction s'élargir à des domaines très variés. Cela nécessitait qu'elle ait une bonne compréhension des enjeux et une bonne posture managériale. Elle devait en outre reconfigurer son équipe, y gérer des tensions, et se positionner au sein du comité de direction. Elle s'est montrée très enthousiaste et à l'écoute. Nous avons beaucoup échangé sur les aspects managériaux, car elle avait besoin d'être rassurée sur sa capacité à piloter des experts dans un domaine qu'elle découvrait. Je l'ai questionnée sur son positionnement de manager et non d'experte, lui expliquant qu'elle devait non pas tout savoir, mais plutôt piloter une activité, apprendre à faire faire. Nous avons aussi évoqué son rôle vis-à-vis de son patron, la façon dont elle pouvait l'aider à définir une vision, une stratégie, et à la mettre en œuvre. Il fallait qu'elle réalise qu'elle ne pouvait être experte en tout. Je lui ai demandé de s'interroger sur sa valeur ajoutée par rapport au comité de direction. C'est une personne qui a effectivement beaucoup de potentiel, mais qui n'ose pas encore se projeter plus haut. Elle ne souhaite pas aller jusqu'à sacrifier sa vie personnelle. Dans notre dialogue, nous avons beaucoup parlé de l'équilibre vie professionnelle et vie privée. J'ai puisé dans ma propre expérience pour l'aider. Nous avons discuté de la mise en place de priorités, d'organisation de vie : avoir une carrière n'est pas forcément synonyme de « *workaholic* » ! Parfois, on se crée ses propres freins, avec notamment le spectre du présentéisme. Comment se réajuster par rapport à ses envies de progression tout en gardant sa liberté de choix ? Le mentoring permet d'aborder ces points en toute liberté, la confidentialité étant l'un de ses atouts, sans oublier l'absence de hiérarchie.

Quel bilan tirez-vous de ces deux expériences ?

Le mentoring apporte un enrichissement sur le plan humain sans cesse renouvelé et permet de transmettre sans céder au travers de la compétition féminine. Quelle satisfaction de voir des mentees qui se sentent bien, qui ont le sourire aux lèvres, car les résultats sont indéniables ! C'est aussi l'occasion – et la chance – de connaître des personnes de façon plus globale que par le seul prisme du travail. Je constate que la nature humaine reste la même et que les problématiques personnelles ne changent pas par rapport à il y a vingt ans. On se pose les mêmes questions, mais aujourd'hui, l'environnement est plus favorable, c'est une chance ! J'ai en outre réalisé que j'avais pris en seniorité. Sans vouloir me mettre en avant, le mentoring m'a permis de reprendre mes propres réflexions. Je vais sans doute continuer à accompagner des jeunes femmes tant que je serai en poste, puis une fois à la retraite, pourquoi ne pas rejoindre des associations qui aident des femmes entrepreneures ? C'est le moment, car les start-up ont le vent en poupe et il faut encourager les femmes à en profiter, à oser se lancer.

« Le mentoring est un facteur d'accélération de carrière pour les femmes »

Jean-Paul Portron est directeur de la Région Normandie Centre chez Orange.

Vous avez mené chez Orange une carrière riche en opportunités que vous avez su saisir…

Effectivement, j'ai passé toute ma carrière dans cette entreprise, puisqu'à l'issue de ma licence, je suis entré dans la branche télécommunications des PTT, devenue ensuite France Telecom, puis Orange. Après avoir démarré dans le secteur technique, j'ai occupé au fur et à mesure des postes plus éclectiques, pour être aujourd'hui directeur de la Région Normandie Centre. Ceci englobe tous les métiers d'Orange : commercial, marketing, ressources humaines, gestion, etc. C'est un peu à l'échelle d'une grosse PME. Ma carrière a donc pris des tonalités techniques, puis managériales, puis de responsabilité multidomaine : j'ai en effet été expert technique dans un métier de cadre, manager, manager de manager, puis directeur d'entité. Je suis une véritable illustration de l'ascenseur social chez Orange. Je n'ai pas eu de mentor identifié, mais des personnes attentives à mon évolution professionnelle m'ont donné des conseils, ce qui a facilité le développement de ma carrière. Par exemple, j'ai reçu un coup de pouce quand, à vingt-neuf ans, après cinq ans d'entreprise, on m'a permis d'accéder à une troisième année d'école d'ingénieur pour décrocher un diplôme supplémentaire.

Pourquoi avez-vous souhaité devenir mentor ?

Comme je viens de le décrire, j'ai eu la chance d'avoir une carrière riche, avec beaucoup d'expériences professionnelles dans de nombreux domaines et sur des territoires géographiques variés. Si j'ai su saisir les opportunités, on m'a aussi donné ma chance. Certains ont pris du temps et parfois des risques pour m'aider à avancer. Je me suis donc promis d'aider à mon tour des collaborateurs à consolider leur projet professionnel, à rencontrer des personnes qui les aideront à y voir plus clair, à prendre des risques, etc. J'ai ainsi mentoré par le passé de très jeunes collaborateurs « Telecom Talents », recrutés dans les grandes écoles et accompagnés pendant leurs deux premières années de présence chez Orange. Dès que le programme de mentoring au féminin a démarré, fin 2011, je me suis porté volontaire. En tant qu'homme, je me rends compte que le parcours est plus facile que pour une femme. Dans l'équipe de Normandie Centre, nous avons pour le moment accompagné une vingtaine de personnes. Lors d'un point à mi-parcours, une rencontre entre tous les binômes a permis de montrer à quel point le mentoring était riche et facteur d'accélération de carrière pour les femmes. Nous sommes aussi engagés dans le mentoring des collaboratrices non cadres. Quelle que soit sa taille, l'entreprise doit encourager ce type d'initiative.

Vous avez eu deux mentees. Quels ont été les moments marquants de ces expériences ?

La première occupait un poste à responsabilité managériale dans le secteur technique et se posait des questions sur son projet professionnel : avait-elle le potentiel nécessaire pour accéder à des postes plus importants ? Devait-elle plutôt retourner dans son domaine précédent, la relation client, pour évoluer ? Cette expérience s'est avérée très riche. J'ai ressenti une véritable envie de nourrir cette relation mentor-mentee. Nous avons eu des contacts téléphoniques, par visioconférence, mais aussi dans le cadre plus figé du bureau ou plus convivial du restaurant. Petit à petit, les voies se sont dégagées pour l'accompagner : je lui ai fait rencontrer des interlocuteurs pour l'aider à se déterminer, et à préciser son projet. Cela l'a aidée à prendre un risque mesuré mais essentiel. Elle a depuis lors décroché un poste de directrice d'unité d'intervention dans le Sud-Est. Ma seconde mentee, elle, avait déjà travaillé dans plusieurs domaines (technique et commercial). Très enthousiaste, elle souhaitait évoluer à l'international, avec une préférence marquée pour un poste au Royaume-Uni. Elle se demandait comment procéder, qui contacter, quelles compétences développer, etc. Mon apport a consisté là aussi à lui faire rencontrer des personnes de différents réseaux qui ont pu l'accompagner. Au final, elle a atteint son but et pris un poste à responsabilité en Grande-Bretagne. C'est un véritable plaisir et un enrichissement mutuel important. Cela m'a permis de vivre de belles rencontres, très énergisantes. J'ai aussi enrichi mon carnet d'adresses. Le mentoring permet également d'apprendre sur soi-même du fait du recul que cela nécessite de prendre.

Quel bilan dressez-vous de ces deux expériences ?

Il me semble que les femmes s'expriment plus exclusivement que les hommes sur leur activité professionnelle. Au début en tout cas, elles se livrent peu sur leurs loisirs, les compétences développées en dehors du travail, leurs véritables aspirations. Je ne veux pas faire de généralités, mais il paraît moins naturel pour elles de parler de qui elles sont vraiment, de se confier sur leurs projets, de révéler leurs certitudes et leurs incertitudes. Mes deux mentees pensaient en outre que les postes à responsabilité nécessitaient de maîtriser tous les domaines. Par exemple, la première avait eu une expérience managériale, sans avoir piloté de budget ni expérimenté les relations sociales. Elle s'imaginait qu'elle allait devoir apprendre tout cela avant de pouvoir envisager un poste de directrice. Je lui ai expliqué qu'on attendait surtout de cette dernière qu'elle dégage une vision, mobilise les compétences, et ait des échanges construits avec ses collaborateurs. Quand on sait que l'on ne possède pas telle expérience ou telle compétence, on doit s'entourer de ceux qui les maîtrisent pour apprendre à leur contact. Il ne me semble pas risqué de mettre des personnes inexpérimentées à des postes de management, bien au contraire ! Chez Orange, où tout va très vite et où le développement du digital détermine les compétences et activités de demain, confier les manettes de l'entreprise aux plus jeunes à potentiel constitue une réelle opportunité. J'ai été conforté dans cette approche, car j'ai rencontré des gens aux profils nouveaux et donc différents et complémentaires, qui osent et ont envie de développer un autre modèle d'entreprise, adapté aux enjeux de demain.

Avec Capital Filles, Orange fait le pari de la diversité et de la mixité

Capital Filles se situe au confluent de toutes les actions que mène Orange pour promouvoir l'égalité professionnelle hommes-femmes et l'égalité des chances. Ce programme né en 2010 s'adresse aux lycéennes, principalement en terminale, issues des quartiers dits « Politique de la ville » ou de zones rurales éloignées. Son objectif ? Lutter contre tous les stéréotypes et les préjugés liés au genre et informer ces jeunes filles afin qu'elles puissent choisir leur orientation en connaissance de cause et en toute autonomie. Orange fait partie de ces entreprises souhaitant intégrer davantage de femmes dans les carrières techniques : Capital Filles est un moyen de leur présenter ces filières, où elles peuvent s'épanouir professionnellement. C'est aussi une porte d'entrée dans l'entreprise *via* l'apprentissage : chaque année, Orange accueille plusieurs milliers d'apprentis – six mille en 2014-2015 – dont des bachelières du programme Capital Filles.

Principes

Capital Filles est devenu une association en 2012 et compte aujourd'hui sept entreprises participantes, outre Orange : Airbus, Alcatel Lucent, GDF SUEZ, L'Oréal, Société générale, ST Microelectronics et Vinci.

Dès son lancement, Capital Filles a reçu l'aval des ministères de l'Éducation nationale, de l'Enseignement supérieur et de l'Apprentissage, une condition *sine qua non* pour pouvoir nouer des contacts avec les académies, puis entrer dans les lycées. Orange travaille depuis longtemps avec le corps enseignant pour présenter ses métiers ; à cette occasion, des points d'alerte se sont fait jour : souvent, les jeunes filles issues de milieux défavorisés retournent dans leur famille après le bac, alors qu'elles ont obtenu de meilleurs résultats que les garçons en général. Pour pallier ce problème, il faudrait sans doute démarrer la sensibilisation dès le collège, car c'est de cette prise de conscience que découle l'orientation choisie au lycée.

Les bénéficiaires du programme n'ont pas de réseau relationnel ni de connaissance de l'entreprise – un univers qui peut même les effrayer. Il est donc important d'effacer ces craintes et de leur montrer que travailler dans une société est non seulement positif, mais surtout possible. Ceci suppose qu'elles en connaissent les métiers, d'où l'intérêt de les leur présenter. Ces jeunes filles sont adaptables et créatives, deux qualités primordiales dans l'entreprise aujourd'hui. Leur présence permet d'assurer la diversité du recrutement et donc d'accroître les performances du groupe.

Organisation

Sur l'année scolaire 2013-2014, toutes régions confondues (soit quinze académies pour le moment), on comptait deux cent neuf marraines chez Orange, et cinq cent quatre-vingt-dix-sept en tout qui accompagnent les jeunes filles pendant leur année de terminale.

À la rentrée scolaire, entre septembre et novembre, un atelier est organisé dans chaque lycée partenaire pour présenter le programme aux jeunes filles des filières technologiques et scientifiques. Celles qui se portent volontaires pour participer et être accompagnées par une marraine remplissent une fiche, que les mineures font signer par leurs parents. Les binômes sont créés fin novembre et le programme débute en décembre. Le suivi est individuel.

D'autres ateliers sont proposés de janvier à avril aux élèves de seconde et de première, consacrés aux stéréotypes liés aux métiers et à la présentation des métiers des entreprises partenaires et des filières qui y conduisent. En tout, cinq mille jeunes filles ont assisté aux ateliers pour la saison 2013-2014.

Critères de sélection et déroulement

Les jeunes filles doivent faire partie des lycées partenaires, être scolarisées dans les séries accompagnées, et surtout être volontaires, ce qui n'est pas évident à cet âge-là, car la perspective d'être accompagnée par une femme que l'on ne connaît pas peut effrayer.

Les marraines, elles, sont choisies aussi sur la base du volontariat. Il s'agit plutôt de cadres ou de techniciennes, qui peuvent gérer plus facilement leur temps de travail. Deux ateliers sont organisés chaque année pour les recruter. Puis les marraines sont formées quelques heures par le Greta[1] pour faciliter l'accompagnement d'adolescentes de banlieue. Elles sont coachées, entendent les témoignages d'anciennes marraines, découvrent les pièges à éviter, apprennent à créer un lien avec leurs futures filleules, reçoivent des conseils, etc.

---

1. Groupement d'établissements publics locaux d'enseignement qui proposent des formations continues pour adultes.

L'accompagnement demande en général deux à trois heures par mois. Les rendez-vous peuvent avoir lieu au lycée, au travail, voire au domicile de l'une ou de l'autre, même si ce n'est pas conseillé. Certaines marraines emmènent même leurs filleules au spectacle ou au musée.

Bénéfices, bilan et projets

Les filleules quittent le programme avec un regain de confiance en soi, un sentiment de valorisation, et la connaissance de l'entreprise, qui n'est plus considérée comme un lieu hostile. Quant aux marraines, grâce au lien noué avec ces jeunes filles qui leur ont apporté de la fraîcheur avec leur franc-parler et leur sincérité, elles prennent de la hauteur sur le management, s'adressant à leurs équipes avec des mots plus ancrés dans la réalité.

Depuis 2011, un bilan qualitatif du programme se matérialise par l'envoi d'un questionnaire aux marraines, qui est aussi adressé aux filleules à compter de 2014. Les résultats s'avèrent très positifs, alors que le nombre d'académies partenaires augmente : une vingtaine à partir de septembre 2014. Toutes les grosses métropoles sont désormais couvertes par ce programme. Les marraines, qui éprouvent un grand plaisir et se sentent utiles en accompagnant les jeunes filles, renouvellent souvent l'expérience une année scolaire de plus.

Après la France, Capital Filles se déploie en Roumanie en 2014-2015. Comme dans l'Hexagone, le déploiement passe par des accords avec l'équivalent local de l'Éducation nationale : le ministère roumain a assuré au printemps 2014 qu'une convention serait signée avec Capital Filles. Le programme devra être adapté. Si le bilan à venir en juin 2015 est positif, Capital Filles s'étendra à l'Est de l'Europe.

« L'accompagnement me permet de mettre toutes les chances de mon côté »

Ana-Claudia Ferreira a bénéficié du programme d'accompagnement pour les lycéennes Capital Filles.

Vous venez d'entrer en IUT informatique en alternance. Qu'est-ce qui vous a menée vers cette formation ?

J'ai quitté le domicile familial l'année de mes dix-sept ans. Cela a été dur pendant quelque temps, car je ne dormais pas tous les soirs au même endroit : chez des camarades de classe, parfois chez ma mère ou chez mon père, là où je pouvais. Au bout de quelques semaines, j'ai emménagé en colocation avec mon ami. J'ai alors repris le lycée en première. Mon père est ouvrier et n'a été scolarisé que jusqu'en quatrième. Quant à ma mère, elle a été contrainte de quitter rapidement l'école, car elle devait travailler pour aider ses parents. Aujourd'hui, elle est technicienne de surface, mais seulement pas défaut, pas par choix. Avoir vu mes parents travailler jusqu'à treize heures par jour pour subvenir aux besoins de mon petit frère et moi m'a donné envie d'une autre vie. Depuis toute jeune, j'ai décidé de me donner les moyens d'atteindre cet objectif. Cela suppose de faire des études et d'avoir un métier. Pendant quelque temps, j'ai voulu travailler dans la balistique ; mais comme je n'aime pas être seule, je me suis petit à petit tournée vers l'informatique, jusqu'à identifier le métier qui me plairait : chef de projet informatique – voire pourquoi pas dans le Web ? –, car j'aime le contact humain. Je suis donc entrée en terminale STI2D [1] pour me spécialiser.

Pourquoi avez-vous souhaité bénéficier de l'accompagnement de Capital Filles ?

Quand j'ai quitté le domicile familial, je ne savais pas si mon projet professionnel était réaliste ou utopique. J'avais besoin d'en parler à quelqu'un qui soit dans le monde du travail et qui ne serait pas influencé parce qu'il ou elle me connaîtrait. Je savais déjà que je voulais faire des études en alternance, donc il me fallait aussi de l'aide pour rédiger mon CV et mes lettres de motivation. Je voulais mettre toutes les chances de mon côté

1. Sciences et technologies de l'industrie et du développement durable.

pour trouver une entreprise. Malheureusement, j'ai raté la première réunion de présentation des marraines et des filleules dans mon lycée. C'était donc un peu stressant. Avec Céline Godeux, nous nous sommes finalement rencontrées un matin dans un bistrot pour partager un café et des croissants. J'avais des appréhensions, craignant que ma marraine soit une vieille femme qui allait me donner des leçons et me dire qu'elle avait raison sur tout. Au contraire, j'ai été très agréablement surprise !

En quoi votre marraine vous a-t-elle aidée ?

Elle m'a notamment beaucoup accompagnée dans l'écriture de mes lettres de motivation, qui a été pour moi un calvaire. Elle a fait preuve d'une grande patience. Je ne comprenais pas tout et n'avais pas envie d'entrer dans le système, voulant garder mon individualité. J'ai cependant compris que c'était impossible : je devais me couler dans le moule et écrire de la même façon et la même chose que les autres. Avec Céline, nous communiquons beaucoup, par tous les moyens possibles. Je n'attends jamais longtemps qu'elle me réponde. Même quand elle se déplace pour son travail à l'étranger, elle me fait signe d'une manière ou d'une autre.

Que vous a apporté cette expérience ?

Cela m'a été très bénéfique, car je n'avais pas l'habitude dans mon entourage direct, c'est-à-dire au lycée, de côtoyer des personnes adultes. Je trouve que l'on y est traité comme des élèves de collège, et la mentalité est trop infantile à mon goût. Avec Céline, j'ai eu des conversations instructives. Ce n'est pas la même approche qu'avec des jeunes qui se focalisent sur eux-mêmes et ne prennent pas en compte leur environnement. Échanger avec des personnes plus âgées me pousse à écouter davantage les autres. Grâce à ce parrainage, je n'ai plus la même vision de l'entreprise non plus. Selon moi, le secret d'un accompagnement réussi réside dans la communication. Il est parfois difficile pour les marraines de connaître notre monde et ses règles. Et à l'inverse, il n'est pas aisé pour des jeunes comme nous de revêtir une peau d'adulte. Donc si l'on ne communique pas, cela ne marchera pas. Avec Céline, j'ai eu beaucoup d'échanges, elle m'expliquait autant de fois que nécessaire. J'ai vraiment eu une chance inouïe de trouver une aussi bonne marraine !

« Cette expérience a dépassé mes espérances »

Céline Godeux est International Marketing Manager chez Orange.

Vous êtes marraine de Capital Filles depuis 2013. Pourquoi vous êtes-vous portée volontaire ?

Une fois diplômée d'une école de commerce, j'ai étudié en Espagne avant d'y travailler dans des entreprises locales, puis d'intégrer Orange sur place. De retour en France en 2013, j'ai rejoint Orange France. Adolescente, j'ai fait de la gymnastique rythmique et même entraîné pendant plusieurs années jusqu'à trois équipes de jeunes, dont certaines ont fait des podiums régionaux. Cela m'a prouvé mon appétence pour l'animation de groupes et le partage d'un projet commun. Cette implication explique en partie ma motivation pour participer à Capital Filles. Aujourd'hui, mon enrichissement personnel au sein de mon entreprise passe aussi par ma participation à des activités liées à la diversité. J'ai donc choisi de m'investir dans Capital Filles et Énergie Jeunes, une association qui lutte contre le décrochage scolaire en intervenant dans des collèges de ZEP[1]. En outre, je viens d'une famille modeste où quasi personne n'avait fait d'études supérieures avant moi. Je n'avais donc pas beaucoup de référents en grandissant. Quand j'ai voulu savoir quelles études je pourrais suivre et quel métier choisir, j'ai dû chercher moi-même. Or à l'époque, il n'y avait pas Internet, seulement des centres d'informations. J'aurais pourtant sûrement apprécié d'être soutenue et informée.

Comment a démarré votre mission pour Capital Filles ?

La première réunion s'est déroulée au lycée, en janvier 2014. Toutes les marraines se sont retrouvées avec leurs filleules au réfectoire, où nous avons partagé un repas. Ce cadre formel rassure les jeunes filles et l'équipe de direction et pédagogique du lycée. Malheureusement, je me suis retrouvée toute seule, car ma filleule, Ana-Claudia Ferreira, était absente ce jour-là ! J'étais un peu déçue, craignant qu'elle ne se désiste. J'ai finalement réussi à la contacter, et nous nous sommes rencontrées un peu plus tard.

1. Zone d'éducation prioritaire.

Quels ont été les moments phares de cet accompagnement ?

Ana est une jeune fille très mûre, émancipée depuis ses seize ou dix-sept ans, quand elle a quitté le domicile familial. Nous parlions donc vraiment d'adulte à adulte. Comme elle vivait à l'époque en dehors de Paris et qu'elle travaillait le week-end, il était parfois difficile de se parler. Je ne l'ai vue qu'une seule fois, au tout début. Puis nous avons utilisé tous les moyens de communication possibles et imaginables : Skype, SMS, WhatsApp, appels téléphoniques, etc. En dépit de ces difficultés, notre communication a toujours été fluide. Un peu distante au début, elle m'a accordé sa confiance au fur et à mesure de nos échanges. En janvier et février 2014, nous avons eu des contacts soutenus, car elle devait choisir une filière post-bac pour l'échéance du 20 mars. Je l'ai beaucoup coachée, pour éviter qu'elle se limite aux métiers qu'elle connaissait : je lui ai proposé de sélectionner dix métiers qui lui plairaient. Elle s'est bien prise au jeu, écrivant une liste allant de développeur Web à libraire. Nous avons ensuite discuté de la façon de réorganiser ces métiers : par affinités ? par types de filière ? Au final, il n'est resté que trois à quatre métiers sur sa liste, tous autour de l'informatique. Ana a donc choisi de viser un IUT informatique. Comme j'ai fait de la PNL [1] et du coaching, je n'ai aucune difficulté à poser des questions qui peuvent guider. Cela étant dit, la maturité d'Ana a aussi facilité les choses ! À partir du moment où l'IUT l'a acceptée en alternance, elle a dû trouver une entreprise pour l'accueillir. Nous avons beaucoup travaillé sur les secteurs qui pourraient l'intéresser, car on en compte un grand nombre dans l'informatique.

Comment a-t-elle réagi ?

Elle éprouvait des difficultés à comprendre, car cela lui paraissait vague. Je lui ai par exemple conseillé de regarder sur Internet les profils métiers établis par des professionnels comme *L'Étudiant*, afin qu'elle découvre les débouchés et les salaires. Nous avons aussi travaillé sur l'élaboration de son CV et la rédaction de ses lettres de motivation. Je lui ai conseillé de consulter le site Internet des entreprises qu'elle visait pour étayer les raisons pour lesquelles elle souhaitait les rejoindre. Comme elle attendait des réponses immédiates des entreprises, pensant que l'envoi de son CV et de ses lettres de motivation suffisait pour susciter une réponse rapide, j'ai dû lui expliquer qu'elle devait faire preuve de patience. Ana dit facilement ce qu'elle pense et ne connaît pas forcément les protocoles ou codes utilisés dans l'univers de l'entreprise comme en société. C'est un défi pour moi de lui expliquer qu'il existe une passerelle entre le monde du travail et de l'entreprise d'un côté, et sa vie quotidienne, avec ses amis, de l'autre.

---

1. Programmation neuro-linguistique.

Que vous a apporté cet accompagnement ?

J'ai vécu une expérience très positive, qui a conforté mon évaluation de mes capacités de coaching et de guide. Cela a même dépassé mes espérances. Je m'attendais à une personne plus réservée, plus scolaire. Là, j'ai eu beaucoup plus de défis à relever ! Ana est très curieuse, veut aller de l'avant. Elle me surprend parfois en me posant des questions auxquelles je ne m'attends pas du tout. Je pense qu'elle aura encore besoin d'être accompagnée dans ce nouveau saut vers sa vie d'étudiante. En tout cas, mon numéro de téléphone sera toujours à sa disposition pour me joindre. Je souhaite vivement poursuivre cette mission de marraine pour Capital Filles !

« Il faut écouter son mentor pour s'enrichir de son expérience »

Charlotte Guillabert est International Account Manager, Sanofi, au sein de Publicis Conseil, une filiale de Publicis Groupe.

Comment êtes-vous arrivée dans le groupe ?

Je suis entrée chez Publicis en 2007 en tant que Knowledge Manager sur le compte Sanofi, cellule internationale. Ce poste venait de se créer dans le but de permettre un meilleur partage des connaissances sur un compte multipays (soixante-sept dans le cas du client Sanofi dont je m'occupe) et cela *via* des outils numériques d'*asset management*. En 2012, j'ai changé de position au sein de l'équipe pour devenir International Account Manager. Je gère désormais les clients régionaux et globaux chez Sanofi, plus particulièrement pour les divisions CHC (Consumer Healthcare) et Santé animale, et je travaille sur le développement de leurs campagnes publicitaires avec nos agences au sein du groupe.

Pourquoi avez-vous souhaité bénéficier de l'appui d'un mentor ?

Dans un grand groupe comme Publicis, les talents sont nombreux, mais il n'est pas toujours facile d'entrer en contact avec eux, car nous sommes tous très occupés par nos missions quotidiennes. Dès que j'ai su que VivaWomen!, le réseau interne de femmes dont je fais partie, lançait un programme de mentoring, je me suis dit que c'était l'occasion de rencontrer quelqu'un qui aurait l'expérience et l'envie de me conseiller dans mon parcours professionnel. Je n'ai donc pas hésité. Cela a été une réelle opportunité pour être conseillée sur mon parcours.

Quels étaient vos besoins ?

Tout d'abord, échanger sur mon parcours professionnel pour avoir des conseils afin de prendre les bonnes décisions pour ma carrière professionnelle ; ensuite écouter quelqu'un ayant beaucoup d'expérience me raconter son propre parcours. Je souhaitais bénéficier de l'accompagnement d'un mentor qui occupait un poste de manager sur un compte international. VivaWomen! s'est occupé d'identifier cette personne pour moi et ce fut Michele Gilbert. Avant le démarrage, j'ai préparé quelques questions pour notre premier rendez-vous. Je voulais que cela se fasse naturellement et que l'on décide ensemble des sujets à aborder lors de nos rencontres à venir.

Quels ont été les moments marquants de cette expérience ?

Nous nous sommes tout de suite bien entendues avec Michele ! Nous avons discuté chacune de nos expériences professionnelles, puis listé les points sur lesquels j'avais besoin de conseils. L'ensemble de l'expérience s'est avéré très enrichissant pour mon parcours professionnel, mais si je devais choisir un moment marquant, ce serait la participation de Michele à un *workshop* organisé pour mon client au cours duquel elle et moi avons animé un après-midi sur le thème du « débrief créatif ».

Quel bilan en tirez-vous ?

L'expérience a duré environ six mois, à raison d'un rendez-vous par mois. Je n'ai pas ressenti de difficultés, seulement du positif ! Au final, le bilan est très enrichissant. J'ai gagné en confiance et beaucoup appris sur moi-même, aussi bien sur le plan professionnel que sur le plan personnel. J'ai obtenu des réponses à des questions qui m'ont permis d'avancer à court et à long terme. Je conseillerais à toute femme intéressée par le mentoring de foncer et de saisir tout ce qu'il y a à prendre d'une expérience comme celle-ci. Il ne faut pas hésiter à s'ouvrir, à poser des questions, même si elles nous paraissent basiques, et surtout écouter pour s'enrichir de l'expérience que le mentor a acquise tout au long de sa carrière.

« Le mentoring permet de porter un regard neuf sur les choses »

Michele Gilbert est Global Lead P&G au sein de Leo Burnett Worldwide, une filiale de Publicis Groupe.

Vous avez mené une longue et belle carrière dans la publicité…

Effectivement ! J'ai débuté aux États-Unis chez Benton & Bowles New York, comme Media Director pour Procter & Gamble. Puis je suis arrivée à Paris, au début des années 1990, chez Saatchi & Saatchi Paris, comme commerciale, avant de passer par l'agence McCann Paris. Quand je suis arrivée chez D'Arcy Paris, j'ai occupé un poste d'*International management* avec tout l'intérêt et les challenges que cela représente. Mais cela me convenait très bien ! À la suite des fusions-acquisitions, je suis arrivée chez Publicis Groupe en 2002. Je suis devenue Managing Diector Global Head of P&G Surface Care Leo Burnett Paris, et membre du comité de direction de l'agence… avant d'être nommée Global Lead P&G Leo Burnett Worldwide, donc au sein de l'équipe de management du réseau à Chicago.

Pourquoi avez-vous accepté de devenir mentor ?

Dans le cadre de notre réseau interne VivaWomen!, qui est le seul réseau dont je fasse partie, je me suis portée volontaire, car je trouve important de partager nos expériences avec de plus jeunes femmes, afin qu'elles comprennent mieux comment évoluer dans nos métiers, pas toujours simples mais passionnants ! Étant Américaine, même si j'ai vécu vingt ans en France, je suis habituée à ce type d'échanges et c'est très bien que notre réseau de femmes le développe.

Avez-vous été formée ou préparée à cette mission avant de démarrer ?

Nous avons suivi une formation d'une demi-journée avec une professionnelle, ce qui a permis de cadrer ce qu'est et n'est pas le mentoring au sein de l'entreprise. Ce n'est pas de la thérapie ou le bureau des pleurs ! Et nous ne sommes pas les RH ! C'est vraiment un partage d'expériences où la plus expérimentée des deux (le mentor) peut apporter une perspective différente pour aider la mentee dans son évolution.

Comment a été identifiée et/ou choisie votre mentee ?

Le « *match* » entre Charlotte Gulliabert et moi a été fait par l'équipe en charge du programme, en fonction de la question posée par Charlotte, et des thèmes de prédilection que j'avais identifiés me concernant. Lors de notre premier rendez-vous, nous avons établi nos règles d'engagement pour que les choses soient claires, et ce de manière réciproque. Nous avons également posé les bonnes questions de différente nature : quels sont les objectifs ? quel sera notre rythme de rencontres ? où nous retrouverons-nous ? comment gérer notre relation entre deux rendez-vous ? quelle sera la durée de notre relation autour de ce projet (trois, six ou douze mois ?) ? Au final, le mentoring a duré six mois, ce qui nous a semblé suffisant.

Quels en ont été les moments phares ou marquants ?

Je pense que le fait d'échanger avec quelqu'un qui a du recul, de la distance par rapport à la situation permet de lever de l'anxiété et du stress, qui sont légitimes quand on se pose des questions. Et le partage d'expérience a constitué un bon moyen d'aider Charlotte à trouver des solutions pour faire face à des moments compliqués.

Quel bilan en tirez-vous ?

Ce fut une très belle expérience humaine et professionnelle. Mon seul regret est que nous n'ayons pas pu organiser une réunion de clôture formelle avec Charlotte, en raison de ma mutation rapide vers les États-Unis ! Or c'est un moment important pour faire le point, regarder le chemin parcouru et voir dans quelle direction poursuivre. Nous allons la prévoir quand même, décalée dans le temps, mais cela nous donnera du recul... Pour ma part, je compte bien continuer à mentorer, car c'est bénéfique pour la mentee comme pour le mentor ; cela nous pousse à voir les choses autrement et avec modestie.

« Le mentoring m'a donné un autre regard sur mon parcours professionnel »

Tabitha Coombe est responsable d'un service juridique dans le domaine des financements structurés au sein de CIB (Corporate Investment Bank), un pôle de BNP Paribas.

Depuis quand travaillez-vous en France ?

Après avoir passé trois ans en tant que collaboratrice de Slaughter and May, un cabinet d'avocats anglais à Londres, dans la City, j'ai rejoint en 1999 le bureau parisien de ce cabinet où je suis restée six ans. Puis en 2005, je suis entrée chez BNP Paribas en tant que juriste pour les opérations de financement international des énergies et matières premières et financement de projets. En 2009, j'ai été nommée directrice adjointe de l'équipe, puis j'en ai pris la direction en 2013. Entre-temps, l'équipe avait élargi son périmètre aux financements maritimes d'aéronefs, de navires et des exportations, passant par ailleurs de sept à seize juristes.

Avant de participer au programme WLI de mentoring, aviez-vous été accompagnée ?

De façon officielle, non. Il faut dire qu'en cabinet, on travaille surtout pour certains associés. Du mentoring naturel, informel, peut en découler. Lorsque j'ai su que l'on m'avait choisie pour participer au pilote de WLI, j'étais ravie de cette opportunité. J'espérais que le programme m'aiderait à élargir ma connaissance du groupe. Quand j'ai démarré chez BNP Paribas, je passais beaucoup de temps sur mes dossiers et n'entrais principalement en contact qu'avec mes clients internes. Or, BNP Paribas est un grand groupe. Certes, je m'étais créé un large cercle de contacts, mais il restait principalement limité aux métiers. Je savais qu'il me fallait étendre ce cercle pour savoir trouver les bons interlocuteurs et maîtriser le fonctionnement du groupe.

Comment s'est passée l'expérience ?

Nous étions un groupe de quatre femmes accompagnées par deux mentors : François Freyeisen et un responsable du métier marchés de capitaux. C'était une excellente combinaison. Partager ce mentoring avec trois autres femmes était intéressant : nous pouvions partager des préoccupations et des expériences similaires. Nos échanges ont profité aux deux parties, mentees et mentors. En effet, au fil de nos discussions, nous avons pu nous rendre compte que nos mentors rencontraient parfois les mêmes problèmes que nous. Au début, tous les participants au programme se sont retrouvés pendant une journée entière. Puis, pendant les neufs mois qu'a duré le programme, nous avons assisté à trois conférences en ligne abordant différents sujets. Nos mentors nous ont également organisé des rencontres avec des femmes haut placées au sein de BNP Paribas et nous ont conviées chacun à leur comité de direction. Grâce à WLI, ma vision du groupe, hors CIB, s'est considérablement élargie. Le programme s'est clôturé par une nouvelle journée de rencontre avec tous les participants. Notre groupe ayant trouvé l'expérience un peu courte, nous avons décidé de poursuivre nos échanges lors de déjeuners.

Quel bilan en dressez-vous ?

Il existe une différence entre la proportion de femmes dans les services et à des postes à responsabilité. Ce programme est l'une des réponses de la banque pour changer cette situation. Le programme m'a apporté plusieurs choses. Il m'a fait prendre conscience des possibilités de carrière dans des postes à responsabilité pour les femmes. Le mentoring a renforcé l'évidence que les femmes peuvent prétendre et sont légitimes à faire des carrières menant à des postes de management ou de direction, et que l'avenir de la banque passera aussi par les femmes. De plus, le mentoring a favorisé les regards croisés sur les parcours professionnels et des échanges sur les expériences des participants. Il a également créé des groupes de contact sur lesquels s'appuyer pour penser autrement nos carrières professionnelles. Sans oublier bien sûr les liens créés avec les autres femmes de mon groupe et nos mentors. Le mentoring m'a donné un autre regard sur mon parcours professionnel. Les comités de direction de demain refléteront l'équilibre hommes-femmes présent aujourd'hui au sein des équipes. Le programme WLI vise à préparer ces évolutions en créant un espace de dialogue et d'échange entre la direction et des femmes qui souhaitent construire des parcours professionnels au sein de la banque.

« Toutes mes mentees ont évolué ou été promues »

François Freyeisen est responsable de la conformité de CIB (Corporate & Investment Banking), une filiale de BNP Paribas.

En 2012, CIB a lancé un programme pilote de mentoring. Pourquoi y avez-vous participé ?

Je travaille chez BNP Paribas depuis 1979. Jusqu'au début des années 1990, j'étais banquier bancaire, puis au contrôle de gestion. Je suis ensuite passé sur les marchés, entre Paris, Londres et Tokyo, avant de rentrer en 2010 à Paris pour prendre mon poste actuel. Quand j'ai entendu parler du programme de mentoring pour les femmes, WLI, j'ai dit oui tout de suite. J'ai accompagné pendant plusieurs mois un groupe de quatre femmes que je connaissais déjà professionnellement. J'étais donc très intéressé par la perspective de les connaître aussi sur un plan plus personnel. Quelques mois avant le démarrage de l'expérience, j'avais organisé spontanément une relation de ce type entre une jeune femme de Bruxelles et une Parisienne qui menait une très belle carrière au sein de la banque. Pour ma part, je n'ai jamais eu de mentor officiel, mais j'ai bénéficié au cours de mon parcours professionnel du soutien de mentors informels, des personnes que je respectais plus que d'autres, et avec qui je suis resté en contact tout au long de mon parcours, et même après leur départ en retraite. Le mentoring est une question d'affinités.

Avez-vous été préparé à cette mission avant de démarrer ?

Nous avons assisté à une séance de travail entre mentors où l'on nous a expliqué ce que l'on attendait de nous. On nous a donné une feuille de route en quelque sorte. *A priori*, les mentees françaises de ce programme se sont montrées surprises par cette initiative, peut-être pour des raisons culturelles. Elles se demandaient en effet pourquoi elles auraient besoin d'être soutenues. C'est peut-être de l'orgueil ou du scepticisme, mais elles veulent croire que les mérites d'une personne doivent être reconnus naturellement, qu'il s'agisse d'un homme ou d'une femme. C'était une tendance très marquée dans mon groupe, où deux mentees se méfiaient un peu de cette approche. Elles y voyaient une sorte de condescendance, craignaient qu'on les prenne pour des arriérées, comme si on leur faisait la charité et qu'elles inspiraient la pitié. Cela n'a cependant eu aucun impact sur la relation de mentoring !

Comment s'est déroulé cet accompagnement ?

Mon groupe comprenait une Irlandaise basée en Irlande, une Française d'origine sino-cambodgienne, une Belgo-Canadienne vivant en France, et une Anglaise résidant depuis longtemps dans l'Hexagone, Tabitha Coombe. Il y a eu trois types d'occasions pour travailler ensemble : des réunions et des déjeuners individuels pour mieux se connaître ; trois séances globales avec tous les groupes de jeunes femmes, au démarrage, en cours, et à la fin du processus ; enfin des séances de conférence avec des experts. Un jour, une conférencière américaine a évoqué la réussite féminine dans un environnement masculin, donnant des conseils sur l'habillement et la coiffure, ce qui a provoqué une grande hilarité chez les Françaises ! Voilà une autre différence culturelle. Dans le cadre du mentoring, j'ai convié mes quatre mentees à participer individuellement à un comité exécutif pour en connaître le fonctionnement. Elles ont découvert la nature des sujets discutés, assisté aux interactions, et notamment vu comment, quand tout le monde n'est pas d'accord, on surmonte les difficultés pour atteindre un consensus pratique.

Parlez-nous un peu plus de Tabitha Coombe…

Tabitha souhaitait comprendre la politique intérieure de la banque. C'est une juriste remarquable, une véritable experte qui a longtemps gardé la tête dans les dossiers, lisant des contrats, recommandant des formulations. Ce travail en chambre était donc très technique. Elle était alors adjointe de son équipe et se demandait comment progresser dans une organisation en tant qu'experte, en combinant cela avec du management. Les aspects plus politiques du fonctionnement de la banque l'intéressaient aussi beaucoup. Tout comme les trois autres femmes de mon groupe : elles se demandaient notamment comment utiliser leurs qualités pour progresser et se frayer un chemin dans cette allée semée d'embûches. Comme j'appartiens aussi à une fonction d'expert, j'ai pu évoquer avec Tabitha mon expérience et lui expliquer qu'il fallait alterner des postes opérationnels et d'expert, ou bien faire des mobilités géographiques. L'intérêt est qu'ainsi on varie les plaisirs et surtout on ne se fixe pas une fois pour toutes à un poste. Il est important aussi de cultiver une vision pluriculturelle. Depuis la fin du programme, sans qu'il y ait bien entendu un lien de cause à effet, Tabitha a été promue, puisqu'elle a pris la responsabilité de son équipe !

Que vous a apporté cette expérience ?

En tant qu'homme, de surcroît français, j'étais un peu sceptique sur la démarche, pensant que j'allais passer pour celui qui fait la morale à de faibles femmes, qui pour certaines étaient pourtant plus diplômées que moi ! Je me suis trompé. J'ai réussi en outre à mieux les connaître sur le plan personnel. Même si le programme est désormais terminé, je suis toujours leur actualité et nous déjeunons ensemble tous les six mois. Mes quatre mentees ont toutes décroché une promotion ou une évolution de carrière ! Je n'ai pas la prétention de penser que c'est grâce au programme de mentoring, mais dirais plutôt qu'il s'agit là d'une coïncidence très heureuse !

« Mon mentor a été un formidable guide »

Siobhan Roche dirige à New York une équipe de ventes marchés émergents au sein du département Fixed Income de CIB, un pôle de BNP Paribas.

Vous êtes entrée chez BNP Paribas en 2011. Quel a été votre parcours professionnel ?

Effectivement, j'ai rejoint cette banque pour mettre en place puis diriger une équipe commerciale qui vend de la dette des marchés émergents à des clients institutionnels américains. Nous travaillons principalement avec l'Amérique latine, ainsi que l'Asie. Avant cela, j'étais employée par Crédit suisse, où j'ai été commerciale pendant cinq ans, là aussi du côté vendeur. Mais à l'origine, j'ai travaillé pendant de longues années pour un fonds spéculatif en tant qu'acheteuse, toujours à New York. Passer du côté vendeur a nécessité que je me réinvente. J'ai souhaité évoluer pour des raisons personnelles. Quand ma sœur est tombée gravement malade, j'ai pris un congé exceptionnel pour m'occuper d'elle. Malheureusement, elle est décédée très vite après. Cet électrochoc a été l'élément déclencheur de mon changement de carrière. Devenir commerciale a représenté pour moi un grand défi !

Vous avez été sélectionnée pour participer au pilote du programme de mentoring WLI. Comment cela s'est-il passé ?

La journée de lancement s'est déroulée à l'automne 2012, juste avant que l'ouragan Sandy ne frappe les États-Unis ! Je suis rentrée de Paris avec l'un des derniers avions autorisés à décoller vers cette destination. Avec ma mentor, Constance Chalchat, nous nous sommes revues en décembre à Londres, au cours d'un dîner avec de hauts dirigeants de la banque. Constance vient souvent à New York, au moins une fois tous les deux mois. Elle a énormément de responsabilités, un emploi du temps très chargé, mais à chacune de ses visites, elle fait en sorte de passer me voir, même dix minutes. C'est un investissement conséquent de sa part, qui me fait très plaisir. Nous restons aussi en contact par téléphone. Tout au long du programme et encore aujourd'hui, elle a vraiment fait beaucoup pour se rendre disponible.

Le mentoring a-t-il eu des répercussions positives sur votre carrière ?

Les évolutions de carrière n'ont pas, selon moi, un lien direct avec l'accompagnement, mais sont plutôt le fruit d'années d'implication professionnelle. Ce n'est pas parce que j'ai un mentor que j'aurai une promotion ! En outre, il y a un autre paramètre essentiel pour progresser dans la hiérarchie : apprendre à se marqueter en interne en tant que leader par exemple, ou quoi que ce soit d'autre que l'on veut mettre en avant. Comme dans toutes les entités, même si la BNP est particulièrement grande, on a tendance à passer ses journées en tout petits groupes. Il peut s'avérer difficile pour les collaborateurs de quitter cette zone de confort. C'est en cela que l'accompagnement de Constance a été phénoménal. Elle s'est montrée un formidable guide. Elle m'a parlé de certains collaborateurs qu'il faudrait que je rencontre, qui évoluaient dans des départements très éloignés du mien. Ce lien avec Constance m'a ouvert des portes et permis de rencontrer beaucoup de monde. Elle faisait l'intermédiaire par e-mail pour que j'entre en contact avec Untel ou Untel, puis je prenais la main. Je ne la remercierai jamais assez de m'avoir parlé des événements organisés à Paris pour promouvoir le leadership des femmes au sein de la banque. Je les ai évoqués avec les quatre autres mentees du programme travaillant aussi à New York : ce serait formidable si nous pouvions organiser quelque chose de similaire aux États-Unis ! Comment marquer les esprits pour montrer que la BNP favorise la diversité, les femmes et la réussite ? En 2013, nous avons décidé de lancer une conférence annuelle sur le leadership, ouverte aux femmes comme aux hommes, ainsi qu'à nos clients. Notre slogan : « BNP celebrates success ». Comme nous travaillons dans des entités différentes de CIB, chacune d'entre nous a sollicité l'un des responsables des quatre divisions pour lever 25 000 dollars en tout afin d'organiser l'événement. Quel honneur de recevoir Madeleine Albright, la première femme à être devenue Secrétaire d'État[1] ! Devant plus de deux cents personnes, elle s'est exprimée sur le leadership et la diversité. Pour l'édition 2014, nous avons reçu une autre grande dame, Carly Fiorina, la première femme présidente d'un grand groupe, Hewlett-Packard[2]. Là aussi, nous avons dû solliciter des fonds dans chaque division. Nos mentors nous ont beaucoup soutenues dans cette démarche peu conventionnelle et très éloignée de notre quotidien !

1. De 1997 à 2001.
2. De 1999 à 2005.

En somme, si le mentoring crée des opportunités éventuelles, il vous offre surtout une mise en avant précieuse.

Effectivement. Par exemple, avec les autres mentees, nous avons été conviées à une rencontre des 100 Top managers de CIB. J'ai eu la chance de converser avec Alain Papiasse, directeur général adjoint de BNP Paribas et responsable de CIB, et de nous découvrir des points communs ! Grâce au mentoring, j'ai plus confiance en moi, notamment pour me présenter à des professionnels de cet acabit. Les avoir rencontrés me donne suffisamment d'assurance pour leur parler de nouveau si l'occasion se présente. Cette mise en avant et ce mentoring font de moi une collaboratrice de valeur pour la BNP, qui se sent partie prenante de la réussite de la banque.

Que peuvent faire les femmes pour être davantage représentées en haut de la hiérarchie ?

Le secteur de la banque est particulièrement dominé par les hommes ; peu de femmes y occupent des postes à responsabilité. Il est intéressant de savoir comment elles sont considérées et trouvent leur équilibre. Quand on veut être respectée, si l'on se montre trop agressive, c'est mal perçu. Et inversement ! J'ai toujours demandé aux femmes de pouvoir comment elles avaient procédé pour faire tomber ces barrières. Mes jeunes collaboratrices, que je m'efforce de mentorer de façon informelle, me posent les mêmes questions. Parfois, je me dis que les femmes doivent travailler beaucoup plus dur que les hommes pour être respectées… Comme le démontrent certaines statistiques, ces derniers se proposent pour décrocher des postes même s'ils ne sont pas prêts. De leur côté, les femmes réfléchissent, remettent leur souhait à plus tard, arguant qu'elles seront prêtes pour cette promotion l'année suivante. Or pour moi, une femme doit aussi lever la main et se lancer. Je le dis à ma fille de 6 ans : si tu ne demandes rien, tu n'auras rien. Quand mes collaboratrices hésitent à prendre des responsabilités, je leur dis que cela révèle un manque de confiance en elles : « *Réfléchissez à ce que vous voulez et faites-en la demande, mais en montrant que vous avez une stratégie et que c'est votre souhait, afin d'insuffler de la confiance à votre interlocuteur.* »

« Les hommes doivent être confrontés à la problématique des femmes pour changer »

Constance Chalchat est responsable transformation People Development, marketing, communication et innovation dans le département Global Equities and Commodity Derivatives de BNP Paribas CIB.

Quelle est votre principale motivation au travail ?

L'efficacité. Et pour cela, il faut faire bouger les lignes ! J'ai toujours été mue par cela. Ainsi, après mon école de commerce, je suis partie aux États-Unis, car je voulais voir du pays et connaître d'autres méthodes que celles de mon établissement scolaire franco-français : pendant trois ans, j'ai travaillé au marketing stratégique de Danone à New York. De retour en Europe, comme je voulais connaître un domaine plus innovant, j'ai rejoint Nike, toujours au marketing stratégique, pendant trois ans. Je suis ensuite passée en cabinet de conseil en stratégie pendant trois ans, suivis d'un an dans la bulle Internet. J'ai alors cherché où je pourrais appliquer mes compétences en stratégie et marketing là où tout restait à faire. C'était selon moi le cas de l'assurance et de la finance. Le hasard faisant bien les choses, j'ai été chassée par BNP Paribas. Je suis entrée en salle des marchés en 2001 pour développer le marketing des produits dérivés sur actions, puis mes responsabilités ont évolué au fur et à mesure. J'ai, entre autres, repris la communication, suivi de l'événementiel, créé le service clients, puis appliqué le *lean* au *front office* avant de traiter la problématique des coûts et aujourd'hui celle de l'innovation. J'occupe actuellement sept à huit responsabilités et suis au comité exécutif de notre filiale. Dès qu'il peut y avoir de la valeur ajoutée, cela m'intéresse !

Pourquoi avez-vous accepté de participer au programme de mentoring WLI ?

Au cours de ma carrière, j'ai eu la chance que mes chefs me fassent confiance. Par exemple, mon responsable actuel m'écoute et me donne des conseils, mais il nous arrive d'avoir des différends. Il me semble difficile d'avoir pour mentor son propre responsable hiérarchique. De plus, encore trop peu de femmes occupent des postes à responsabilité dans la banque. Or j'aurais beaucoup apprécié de bénéficier des conseils et de l'expérience de l'une d'entre elles il y a quelques années. C'est pourquoi j'ai eu envie d'aider des jeunes femmes pour faire avancer les choses dans le bon sens. Quand on m'a proposé de devenir mentor pour WLI, je n'ai pas hésité une seconde. Comme j'ai coécrit un livre, *Mission Possible – The Women's Way*[1], pour aider les femmes à évoluer dans l'entreprise, les ressources humaines se sont naturellement tournées vers moi. Le sujet de la diversité me semble important, qu'il concerne les femmes, la multiculturalité d'entreprise, voire la parentalité.

Vous avez mentoré un groupe de quatre jeunes femmes travaillant dans un métier connexe au vôtre. Comment cela s'est-il passé ?

Mon groupe comprenait une Française, une Anglaise, une Australienne et une Américaine, Siobhan Roche. En outre, je mentorais en parallèle une jeune Française de mon activité, dans le cadre d'un programme d'accompagnement connexe. Je les ai toutes vues chacune séparément tous les mois, au moins une demi-heure, voire trois quarts d'heure, mais le premier rendez-vous a duré soixante minutes. Au départ, je les ai écoutées pour voir comment je pouvais les aider. Et si j'avais une expérience intéressante à partager avec elles, je le faisais. Par exemple, quand un responsable très senior de notre groupe a rencontré chaque membre du comité exécutif, comme j'étais la dernière personne qu'il devait voir, il ne lui restait plus que cinq minutes à m'accorder, tous mes collègues hommes ayant débordé sur le temps imparti. Un peu lasse de ce genre de situation, j'ai pris la demi-heure nécessaire pour lui dire que je comptais sur lui pour m'accorder autant de temps qu'à mes collègues ! Pour sa part, Siobhan s'interrogeait sur son positionnement et les différences qu'elle pouvait apporter au quotidien. Elle craignait en outre que ses paires en Europe ne prennent l'ascendant sur elle : comment pouvait-elle apporter de la valeur ajoutée ? Je lui ai proposé de rencontrer des personnes d'autres activités, et ainsi de s'imprégner de leur expérience pour sa propre activité. Je lui ai en outre parlé des événements que j'organisais à Paris pour promouvoir les femmes. En lançant quelque chose de similaire à New York, Siobhan a vraiment gagné en visibilité. Au final, je lui ai donné les clés tactiques et concrètes pour se valoriser davantage.

Souhaitez-vous continuer le mentoring ?

Même si le programme pilote de WLI est terminé, je continue à suivre et à rencontrer mes mentees. Je serais d'accord pour continuer avec d'autres personnes, j'accepte d'être un *role model* pour certaines femmes. Mais je souhaite laisser la priorité aux mentors hommes. Ceux-ci doivent être confrontés aux situations vécues par les femmes

1. Avec Céline Gallon et Joël Abrahams (http://missionpossibleatwork.org, 2012).

pour changer. Je suis la seule femme au comité exécutif : j'ai parlé du programme à mes collègues. Le mentoring doit être gagnant-gagnant. Les femmes ont beaucoup de blocages psychologiques qui les empêchent d'avancer. Selon moi, le fait qu'un homme leur dise que tout cela, c'est dans leur tête, aura sans doute plus de poids que si c'était moi. Les femmes ont besoin de l'entendre de la part d'un homme, et cela ouvre les yeux aux hommes également ! Ce qui compte est la valeur ajoutée, pas le temps passé au bureau ! Ce blocage des femmes est vraiment fascinant... Le mentoring me semble donc important, mais le vrai sujet en dépasse largement le cadre : les femmes doivent accepter de faire entendre leur voix et de créer leur propre voie en apportant de la valeur ajoutée et en se valorisant. Cela passe par un renforcement psychologique très important. Un mentor ne peut apporter tout cela. Le mentoring s'avère donc un outil très utile, mais il ne constitue pas une solution unique.

La Caisse des dépôts accompagne la progression des femmes : le programme FIDES

Afin de développer la coopération féminine et d'accompagner les femmes cadres de la Caisse des dépôts dans leur évolution professionnelle, le réseau de femmes du Groupe, Alter Égales, a mis en place en 2013 un programme pilote de mentoring, baptisé FIDES. Le but ? Créer des opportunités pour deux personnes appartenant au réseau d'apprendre l'une de l'autre, au travers d'interactions régulières. Le tout de manière bénévole, dans le même bassin d'emploi géographique et en dehors de toute ligne hiérarchique. Cette démarche doit contribuer à l'atteinte des objectifs du réseau :

- Développer la coopération féminine.
- Accompagner les femmes cadres dans leurs évolutions professionnelles.
- Contribuer à briser les plafonds de verre freinant la progression des femmes.

Quarante-deux personnes ont participé à cette première édition, soit vingt et un mentors (dont un homme), et vingt et une mentees.

La charte du programme

La charte définit tout d'abord des règles de conduite :

- La confiance (Fides) doit être au cœur de l'envie de la mentee de s'inspirer de son mentor, de son expérience et de ses conseils, pour développer ses propres champs de compétence.
- La confidentialité absolue des échanges, au cours de la démarche et au-delà, est une condition *sine qua non* pour créer la confiance entre les membres des binômes et donc assurer la qualité du programme.
- L'échange fonde la relation de mentoring : le mentor et la mentee sont également engagés et doivent, l'un et l'autre, pouvoir en tirer des bénéfices.
- L'écoute active doit permettre de guider et d'offrir des options dans le respect mutuel, même si c'est la mentee qui décide de l'option qu'elle souhaite retenir au final.
- La bienveillance, qui incline à la compréhension, à l'indulgence vis-à-vis d'autrui, doit inspirer la relation entre mentor et mentee.

La charte précise également quelques engagements :

- Des rendez-vous réguliers, sous la forme souhaitée par le binôme, au moins une fois par mois. Ceci suppose un engagement de disponibilité des deux parties prenantes. Le calendrier des rencontres doit être fixé dès le premier entretien.
- Une durée d'un an maximum, fixée d'un commun accord par le binôme.
- Des objectifs partagés : dès la première réunion, la mentee synthétise ses besoins ; le mentor s'assure de sa compréhension de ces objectifs.
- Confidentialité : tous les échanges doivent rester confidentiels.
- Pas de recrutement dans ce cadre.

Les mentees

Pour optimiser la valeur ajoutée pour les mentees, des situations clés dans la carrière professionnelle ont été privilégiées :

- Arrivée dans une nouvelle entité : comprendre les codes.
- Intérêt pour un autre métier : rencontrer un professionnel expérimenté.
- Premier mandat d'administratrice : comment se comporter.
- Se projeter dans sa vie professionnelle : comment réussir.
- Après une période difficile : comment rebondir.

Mentors et mentees ont été réunis séparément pour la première fois lors d'un après-midi de formation, leur permettant d'appréhender toutes les composantes du mentoring. À l'issue de ces doubles échanges, le comité de pilotage a annoncé la composition des binômes, qui ont fait connaissance.

Après s'être engagées à identifier précisément leurs besoins dès les premiers entretiens, les mentees ont bénéficié d'entretiens réguliers et individualisés avec leur mentor tout au long du processus. Elles ont dû en outre s'investir avec régularité, sérieux et confiance dans la relation avec leur mentor en n'hésitant pas à faire part de leurs doutes et questions en toute franchise.

Les mentees devaient être prêtes à entendre et à accepter de manière constructive toutes les remarques ou suggestions de leur mentor, sans oublier de respecter la valeur de l'investissement de ce dernier, notamment en le tenant informé des suites à l'issue de la période de mentoring.

Via la relation avec le mentor, les mentees ont reçu des conseils, des orientations qui les ont amenées à s'ouvrir à de nouvelles compétences, à prendre de la hauteur ou simplement à orienter leur carrière. Actives dans le processus, elles se sont montrées prêtes à essayer, à changer.

Les mentors

Tous les mentors sont bénévoles. Préalablement au démarrage de l'accompagnement, ils ont aidé les mentees à définir précisément leurs besoins, puis acté des objectifs visés par le mentoring. En toute objectivité, ils ont apporté leur expérience et/ou leur regard plus transversal par rapport au projet de chaque mentee. Ainsi, pour répondre aux besoins définis, ils ont apporté des conseils dans leurs domaines de compétences respectifs, l'accès à leurs réseaux, le partage d'expérience. Ils ont encouragé et stimulé leur mentee qu'ils ont aidée à prendre confiance.

S'engageant à apporter le temps et l'énergie nécessaire pour cette tâche, avec l'envie de transmettre et d'accompagner les mentees, le tout dans le respect d'une confidentialité totale, les mentors ont orienté ces dernières, *via* une approche d'écoute et de questionnement les amenant à trouver elles-mêmes la solution. À l'écoute, les mentors ne jugent ni ne se projettent. Ils ont accompagné sans délivrer de leçon, aidant à réfléchir, à prendre du recul et de la hauteur.

Leur valeur ajoutée :

- Aider celles qui en ont besoin.
- Enrichir leur propre leadership en inspirant des « talents ».
- Voir les choses d'un autre point de vue, en abordant les problèmes de personnes d'autres cultures, métiers, générations ou niveaux hiérarchiques.
- Remettre en perspective leur propre carrière en aidant les autres à voir plus clair dans leurs objectifs.
- Enrichir leur réseau en partageant leur expérience avec d'autres mentors du programme.

Le traitement des difficultés

Le comité de pilotage, en charge du fonctionnement du programme, a paré aux éventuelles difficultés pouvant naître lors du mentoring. Ses membres devaient adopter des positions de facilitateurs et rendre les situations exposées « apprenantes ». Chaque binôme avait un référent au sein du comité de pilotage, susceptible d'intervenir en cas de problème – ce qui ne s'est jamais produit. Les participants ont manifestement résolu eux-mêmes les difficultés éventuelles de fonctionnement de leur binôme.

Si aucune solution n'était trouvée, le comité de pilotage devait veiller à ce que la relation soit convenablement terminée, entretenant les deux parties afin de mettre en évidence les points positifs de la relation de mentoring telle qu'elle a été vécue, de réaliser le bilan et de rendre explicites les raisons de l'arrêt du programme.

Clôture et évaluation du programme

Tout mentoring se termine par un entretien spécifique entre le mentor et la mentee afin de dresser un bilan de l'expérience vécue et de répondre au questionnaire d'évaluation.

Ce programme pilote a fait l'objet d'une évaluation. Globalement, l'avis des répondants s'est avéré très positif quant au format, à la durée de la session, à la fréquence des entretiens préconisée, et au suivi par le réseau. Le programme a été jugé efficace et enrichissant et les échanges fructueux. Ainsi, 65 % des mentees ont estimé avoir trouvé des solutions grâce aux conseils recueillis. Le mentoring a produit un impact positif sur le comportement de certaines mentees, par exemple. Les mentors, qui se sont déclarés séduits par la démarche, ont estimé que celle-ci avait permis aux mentees de progresser. Selon les répondants, la réussite du programme dépend de l'investissement personnel de chacune, et de la confiance qui doit s'installer entre les deux participants.

Voilà des résultats très encourageants qui ont permis d'enclencher une nouvelle saison du programme pour 2014-2015.

« À chaque fin de rendez-vous, je débordais d'idées pour la suite ! »

Élodie Abiad est directrice développement et commercialisation d'Icade Promotion Tertiaire Île-de-France, une filiale de la Caisse des dépôts.

Comment êtes-vous arrivée dans le Groupe Caisse des dépôts ?

Après mon diplôme d'ingénieur, j'ai démarré ma carrière chez Bouygues Bâtiment, au bureau d'études structure, car je venais d'obtenir un master spécialisé en calcul de structure. Je m'orientais donc *a priori* vers une carrière technique. Mais j'ai évolué dans le groupe, car je souhaitais occuper des postes avec plus de relationnel, de négociation, de gestion de projet, etc. Je suis devenue ingénieure commerciale puis chargée d'affaires chez Sodearis, une entité de développement immobilier de Bouygues Bâtiment où je suis restée sept ans. J'ai quitté l'entreprise en 2007, quand on m'a proposé de rejoindre Icade Promotion Tertiaire Île-de-France, un promoteur immobilier qui réalise des immeubles de bureaux neufs ou restructurés, au sein de l'équipe développement et commercialisation. Depuis novembre 2013, je dirige cette entité, encadrant six personnes. Je gère l'amont (recherche des terrains, relationnel avec les politiques, conception des projets, etc.) et l'aval des opérations (recherche des sociétés pour occuper et des investisseurs pour acheter nos immeubles). Parmi mes homologues, chez les dix premiers promoteurs immobiliers de bureaux, on compte très peu de femmes. Je suis ravie que l'on m'ait fait confiance, même si cela ne s'est pas fait tout seul.

Pourquoi avez-vous souhaité bénéficier de l'appui d'un mentor ?

Jusqu'à ce que je participe au programme de mentoring, j'étais restée très près de l'opérationnel, faisant mon travail très consciencieusement, sans me préoccuper outre mesure de ma carrière et des réseaux. Dès que j'ai appris l'existence du mentoring, j'ai immédiatement envoyé ma candidature. J'y ai en effet vu une opportunité, car je traversais une période de grand questionnement sur mon avenir professionnel, à court et à moyen terme. J'espérais qu'en parler avec quelqu'un d'extérieur m'aiderait à y voir plus clair. Se confier me semble compliqué dans une entreprise, car on n'a pas forcément envie d'aborder tous les points avec son supérieur hiérarchique ou les responsables des ressources humaines. Je pouvais bien entendu en toucher un mot à mes homologues, me pencher sur leur parcours, mais cela ne m'aiderait pas à me projeter pour autant. Je ne savais pas vers qui me tourner. En m'inscrivant au programme, mon souhait était de parvenir à parler de mon évolution professionnelle à ma hiérarchie à court terme, avoir plus d'assurance, et développer mon réseau immobilier et au sein du groupe. J'ai été ravie d'être retenue !

En quoi le mentoring a-t-il influé sur votre parcours professionnel ?

Les résultats ont été assez fulgurants. Dès le premier rendez-vous avec Nelly Randriamalanto, il y a eu une incidence directe sur mon comportement et donc sur ma carrière. Je lui ai expliqué que j'étais perdue : je voulais une responsabilité globale du développement et de la commercialisation, mais cela était impossible dans la configuration actuelle de ma société. Et si jamais cela se faisait, nous étions trois à reporter directement à ma supérieure hiérarchique et je ne me voyais pas les manager. Pourquoi moi et pas eux ? J'avais le sentiment qu'il faudrait que je quitte l'entreprise pour atteindre mon objectif, alors que je m'y sentais bien et m'entendais bien avec ma hiérarchie. Nelly m'a fait voir les choses sous un autre angle. D'après elle, j'avais beaucoup trop d'états d'âme par rapport à mes collègues, qui n'avaient peut-être pas envie de ce poste. Elle m'a expliqué qu'il fallait provoquer les évolutions ; que si cela faisait sens par rapport à l'entreprise, je pouvais être force de proposition. J'y pensais depuis quelque temps, car ma supérieure hiérarchique me tendait des perches, mais je n'avais sans doute pas osé comprendre qu'elle attendait que je propose moi-même ma candidature. Nelly m'a aidée à dédramatiser. J'ai compris que je me censurais moi-même. Dès que je suis sortie de ce premier rendez-vous, j'ai appelé ma manager pour lui proposer de discuter seule avec elle de l'avenir de la direction. Elle a voulu me voir le soir même ! Je me suis dévoilée et ma suggestion a reçu un excellent accueil. Effectivement, elle attendait que je propose moi-même cette réorganisation. Elle m'a mise à l'aise par rapport à mes collègues : cela aurait été moi ou un recrutement extérieur. Dire que j'étais passée à deux doigts de me taire et de voir le poste attribué à une personne extérieure ! Toutes les autres séances de mentoring m'ont aidée à préparer ce changement, à poser mes conditions par rapport à ma hiérarchie, et à communiquer clairement et de façon dépassionnée avec mes deux collègues afin qu'ils trouvent leur place et moi aussi. Obtenir cette aide extérieure a été fabuleux !

Y a-t-il eu des difficultés ?

Aucune. Nous avons parlé très ouvertement. Nelly pouvait me comprendre. Occupant elle-même un poste à responsabilité, étant comme moi à la fois femme et mère, connaissant les problématiques de l'entreprise sans être directement liée à la mienne, elle m'a apporté un regard neutre et sans parti pris. Faisant preuve de beaucoup de franchise, elle m'a incitée à agir comme elle le sentait, sans toutefois m'imposer sa vision. À chaque fin de rendez-vous, je débordais d'idées pour la suite. Cela m'a permis de mûrir, de me positionner. Sans son aide, j'aurais sans doute commis des erreurs. Nos échanges ont été comme une préparation pour mon futur poste. Je me suis réservé des moments pour moi, et pris du recul. Quand on est coincé dans le rythme du quotidien, on s'occupe de soi en dernier. Là, le fait que Nelly se déplace pour moi m'a obligée à me prendre en main.

Quel bilan tirez-vous de cette expérience ?

Ce mentoring a vraiment été une grande chance pour moi. Je constate encore tous les jours que le machisme existe dans l'entreprise. Je connais d'autres femmes qui me ressemblent, mais ne partagent pas mon point de vue, disant que nous n'avons pas besoin de toutes ces mesures et surtout pas de quotas. Je ne suis pas d'accord. Je vois bien que dans ma société, il y a peu ou pas de femmes dans les comités de direction ou au comité exécutif. Surtout dans les fonctions opérationnelles. Je perçois encore dans le regard de certains responsables hiérarchiques qu'ils trouvent incongrus qu'une femme soit présente, occupe un poste stratégique, encore plus si elle est enceinte ! À mon sens, tout ce qui peut aider les femmes à oser s'exprimer, à saisir les opportunités, à intégrer des réseaux, est bon.

« Le mentoring m'a apporté une satisfaction personnelle énorme »

Nelly Randriamalanto est chef de service à la direction des services bancaires de la Caisse des dépôts, en charge de la conduite du changement et des processus.

Depuis votre arrivée dans le Groupe Caisse des dépôts, vous avez toujours occupé des fonctions transverses...

Effectivement ! Cela nécessite de fédérer les énergies autour d'un objectif commun. J'ai effectué tout mon parcours professionnel dans les systèmes d'information (SI). Après plusieurs années dans des sociétés de services, j'ai rejoint la filiale informatique de la Caisse des dépôts en 1991. Je suis restée dix-sept ans à la maîtrise d'œuvre, occupant diverses fonctions. J'ai gravi petit à petit les échelons de la hiérarchie, devenant responsable Qualité pendant cinq ans. En 2007, j'ai intégré la maison mère pour piloter le portefeuille de projets SI au secrétariat général. Depuis septembre 2012, je suis chef de service à la direction des services bancaires, en charge du service conduite du changement. Nous menons en effet un projet de refonte des SI de la direction. Dans ce cadre, j'accompagne le millier d'utilisateurs concernés. Au vu de mes expériences de management, j'ai réalisé que je réussissais à faire progresser les gens, car je m'efforce d'être à leur écoute, leur propose des points de vue différents. D'anciens collaborateurs me l'ont aussi confirmé. Quand le programme de mentoring pour les femmes a été lancé en 2013, je me suis dit : pourquoi ne pas participer ?

Quelles étaient vos motivations ?

Je voulais apporter mon aide, même si je n'ai malheureusement pas beaucoup de temps à consacrer aux autres dans l'absolu. Or là, c'était pratique, car ce dispositif se place dans le cadre de l'entreprise et revêt une vocation un peu sociale. En outre, mon ancienneté dans le groupe m'a permis de développer une très bonne connaissance de la Caisse des dépôts et de son écosystème. Enfin, j'ai quatre enfants, dont trois déjà bien installés dans la vie : au fil des ans, j'ai constaté que grâce en partie à mes conseils et à mon soutien, ils sont allés vers ce qui les intéressait.

Comment a démarré votre mission ?

J'ai assisté à une demi-journée de préparation avec les autres mentors de la « promotion ». Cela nous a permis de prendre du recul, de poser des questions, de savoir jusqu'où on pouvait aller, ce qui différencie un mentor d'un psychothérapeute, etc. Nous avons reçu des conseils et appris les limites à ne pas franchir. Par exemple, j'ai compris que nous n'étions pas là pour régler les problèmes personnels des mentees, mais pour les faire progresser. En juin 2013, j'ai rencontré pour la première fois ma mentee, Élodie Abiad. Il nous avait été conseillé de nous voir au moins une fois par mois et d'aller jusqu'à six séances. C'est ce que nous avons fait. À chaque fois, nous nous sommes retrouvées à l'heure du déjeuner dans un restaurant, à mi-chemin de nos lieux de travail respectifs. Le premier rendez-vous nous a permis de faire connaissance ; chacune a présenté son parcours, puis Élodie m'a expliqué ses motivations et énoncé les questions qu'elle se posait.

Quels ont été les moments phares de cette expérience ?

Ce mentoring a été une réussite à 100 % ! À chaque séance, nous avons abordé une thématique particulière. Élodie faisait face à une problématique professionnelle de positionnement, de projection dans l'avenir. Elle se savait capable de faire beaucoup plus, mais dressait elle-même des barrières, pensant que sa hiérarchie lui tiendrait rigueur de vouloir avancer ou que ses collègues penseraient qu'elle veut les écraser. Elle n'avait pas parlé à sa supérieure hiérarchique de son inscription au programme de mentoring. Élodie imaginait que cette dernière penserait qu'elle le prendrait mal ou qu'elle voulait lui prendre sa place. Quand je lui ai demandé ce qui lui permettait de nourrir de tels doutes, elle n'a pas su me donner d'arguments tangibles pour étayer ses croyances. À la séance suivante, elle m'a raconté qu'elle en avait parlé à sa chef, qui avait réagi positivement ! Elle lui avait même confié qu'en cas de réorganisation, elle se positionnerait bien à un poste plus important, avec davantage de responsabilités. Là aussi, sa supérieure hiérarchique a réagi favorablement. Et en novembre 2013, Élodie a été nommée à ce poste ! Pendant ce mentoring, tout s'est très bien passé, car Élodie s'est montrée très à l'écoute, prenant même parfois des notes, réfléchissant entre deux séances. Elle a totalement joué le jeu. Je ne suis pas l'artisan de cette réussite, Élodie a fait le travail toute seule. Je lui ai seulement dit qu'elle était capable d'aller plus loin. Elle avait simplement besoin de cet aiguillon.

Que vous a apporté cette expérience ?

Une satisfaction personnelle énorme, car c'est gratifiant d'aider quelqu'un, de se sentir utile. En plus, Élodie a l'âge de mon fils aîné, donc je me sentais un peu comme une mère qui pousse son enfant hors du nid. Surtout, le mentoring est gratuit, dénué de tout intérêt personnel, sans enjeu. La progression d'Élodie nous fait plaisir à toutes les deux. Mon seul enjeu était qu'elle arrive à quelque chose, que ces séances lui servent au final. Nos échanges étaient libres, sans contraintes, désintéressés, et placés sous le signe de la confidentialité, ce qui rend l'exercice encore plus agréable. Surtout, j'ai fait une belle rencontre : j'apprécie vraiment sa personne. Nous nous sommes d'ailleurs promis d'échanger régulièrement et de rester en contact. J'aimerais accompagner de nouveau une jeune femme dans quelque temps. Cela aide à faire le point sur soi, à voir où l'on en est, car on ne peut s'empêcher de se projeter sur la mentee. Et même si le binôme ne fonctionne pas, cela permet aussi de s'interroger sur les raisons de cet échec et de se remettre là aussi en question.

« Grâce au mentoring, j'ose davantage »

Asma Baccar est responsable budget et optimisation des coûts chez CNP Assurances, une filiale de la Caisse des dépôts.

Vous avez démarré votre carrière dans l'hôtellerie de luxe. Comment êtes-vous arrivée dans l'assurance ?

Après une école de commerce, j'ai obtenu un DESS de gestion touristique et hôtelière, me spécialisant dans le marketing hôtelier de luxe. Après une première expérience au Plaza Athénée, j'ai intégré la direction marketing du groupe Concorde. J'ai ouvert une parenthèse à la naissance de mon enfant, qui a malheureusement connu des problèmes de santé. J'ai dû rester auprès de lui pendant dix-huit mois. Je ne m'imaginais pas retourner dans l'hôtellerie, car les horaires n'étaient plus adaptés à ma nouvelle vie. Un jour, mon mari m'a parlé d'un recrutement au sein de CNP Assurances, qui cherchait un contrôleur de gestion. Je n'avais jamais envisagé travailler dans ce secteur-là, encore moins faire ce métier-là ! J'ai quand même passé les entretiens, qui ont été concluants. J'ai démarré par un CDD en 2007. Finalement, j'ai été très agréablement surprise par l'intérêt du métier, l'ambiance, la culture de l'entreprise, et l'accueil de mes collègues. Ma hiérarchie m'a donné ma chance et permis d'évoluer de poste en poste.

Pourquoi avez-vous souhaité bénéficier de l'appui d'un mentor ?

Au printemps 2013, j'ai eu une conversation avec mon manager qui se demandait quel serait son prochain poste. Quand il m'a demandé où je me verrais dans les cinq à dix ans à venir, j'ai eu un électrochoc, car je n'en savais rien. Jusque-là, je ne m'étais posé aucune question de ce type. J'avais avancé sans m'arrêter, saisissant les opportunités et construisant un parcours atypique, une sorte d'évolution naturelle, où j'avais fait mes preuves. À partir de ce moment, j'ai été assaillie par les questions que je me posais, entraînant des doutes et des incertitudes, car je n'arrivais pas à apporter de réponse claire. Quelque temps plus tard, j'ai reçu un e-mail du réseau de femmes de la Caisse des dépôts dont je fais partie, Alter Égales, à propos du programme de mentoring. Cinq minutes plus tard, j'avais envoyé ma candidature ! L'un des objectifs du dispositif m'intéressait particulièrement : comment se projeter dans sa vie professionnelle ? J'ai été appelée pour passer un entretien, puis retenue parmi la promotion de mentees.

Pendant six mois, vous avez été mentorée par Anne-Sophie Grave. Comment s'est passé votre premier rendez-vous ?

Je dois avouer que j'étais impressionnée par cette femme remarquable, très brillante. À mon grand étonnement, j'ai vu qu'elle savait mettre les gens immédiatement à l'aise. Je me suis sentie d'autant plus en confiance que nous nous sommes mises d'emblée d'accord sur les objectifs de la démarche. Cela s'est avéré assez structurant pour la suite de nos échanges, organisés à raison d'un rendez-vous par mois.

Quelle était votre demande ?

J'avais besoin de conseils, d'écoute, et d'échanger librement. J'étais face à quelqu'un qui pouvait me parler en toute neutralité et m'aider à prendre un certain recul. Elle s'est montrée d'une grande générosité à chaque fois, car elle me conseillait sur la base de son vécu, ce qui est très concret. Jamais elle ne m'a donné de solutions clés en mains. Au contraire, elle m'a poussée à réfléchir pour répondre moi-même à mes questions. À son contact, j'ai pu établir une grille de lecture qui m'a permis de trouver ces réponses. Je réfléchissais beaucoup entre deux rendez-vous et quand nous nous revoyions, j'avais trouvé la solution. Comme tout se clarifiait dans ma tête, cela me venait facilement. Je me suis ainsi mieux approprié la démarche et ai construit moi-même mon projet. Parallèlement au mentoring, dans le cadre de la réorganisation de CNP Assurances, une opportunité s'est présentée à moi : on m'a proposé de remplacer mon manager, avec un périmètre élargi, une équipe opérationnelle devant être transférée. Devais-je continuer dans ma fonction et envisager une progression verticale ? ou passer à de l'opérationnel, quitte à faire table rase des compétences acquises au fil des ans ? Anne-Sophie m'a accompagnée dans cette réflexion. J'ai pris le poste le 1er février 2014.

Que vous a apporté cette expérience ?

Les échanges avec ma mentor m'ont fait prendre conscience que j'étais capable d'oser davantage. Cela a développé ma confiance en moi. C'est précieux de voir quelqu'un comme elle me confier qu'elle a aussi eu des doutes et des peurs. On dit que 50 % de la réussite d'une prise de poste se passe dans la tête. J'ai énormément travaillé sur moi pour y arriver. Je me sens beaucoup plus à l'aise aujourd'hui. Je n'aurais jamais imaginé accepter autant de responsabilités il y a un an ! Je conseillerais à quiconque de vivre cette expérience, d'y aller les yeux fermés. Je parle donc beaucoup du mentoring autour de moi ! Bien sûr, les conditions de réussite sont aussi liées à l'entente entre les deux participants. Le mentoring me semble particulièrement indiqué pour les femmes, car nous sommes nombreuses à nous dire que nous n'y arriverons pas. Rares sont les hommes à avoir un tel déficit de confiance en soi de prime abord.

« La confiance et la bienveillance réciproques sont au cœur de la réussite du mentoring »

Anne-Sophie Grave est directrice des retraites et de la solidarité à la Caisse des dépôts.

Vous menez une carrière exemplaire au sein de la Caisse des dépôts (CDC)...

Après une formation d'ingénieur à l'École des mines de Paris, j'ai démarré ma carrière dans la banque, puis j'ai passé quelque temps dans un cabinet ministériel. Rapidement, j'ai rejoint le secteur du logement social : d'abord directrice de la maîtrise d'ouvrage, j'ai pris par la suite la direction générale de l'organisme où je travaillais. Puis j'ai changé d'entreprise, sans quitter le secteur d'activité, entrant dans le pôle immobilier du groupe CDC. Après avoir présidé le directoire de cette filiale, j'ai la responsabilité depuis 2011 de la direction des retraites et de la solidarité de la CDC, ce qui m'a fait entrer au comité de direction du groupe.

Pourquoi avez-vous accepté de devenir mentor ?

Je n'ai pour ma part jamais eu de mentor officiel, même si j'ai rencontré tout au long de mon parcours des personnes qui m'ont fait confiance et permis de saisir des opportunités. Puisque au cours de mes études, il y avait eu une réelle mixité, je me disais naïvement que l'évolution vers des entreprises avec davantage de femmes à des postes à responsabilité se ferait facilement. Après tout, il n'y avait pas de raison ! Pourtant, à partir du moment où j'ai commencé à occuper des fonctions de direction dans le logement social, j'ai constaté que la présence des femmes à des postes à responsabilité était rare, même si les choses commencent à changer. J'ai donc envie de contribuer à cette évolution, pour aider les femmes à oser, à avoir davantage confiance en elles. Tout au long de ma vie professionnelle, j'ai eu naturellement cette tendance à accompagner des personnes. Quand le programme de mentoring d'Alter Égales a été lancé, je me suis portée volontaire pour y participer.

Pendant six mois, vous avez accompagné Asma Baccar. Comment s'est déroulé ce mentoring ?

Nous nous sommes vues à raison d'un rendez-vous par mois, une heure environ à chaque fois. Asma venait à mon bureau, en début de journée quand nous avions les idées bien claires ! Conformément à ce que souhaitait le comité ayant formé les binômes, Asma et moi évoluons dans des univers professionnels différents, sans ligne hiérarchique entre nous. Dès le premier rendez-vous, nous avons mis les choses au clair quant au but de ce mentoring : ce ne serait pas du coaching. Nous avons aussi précisé les objectifs de la démarche et identifié les attentes d'Asma. Je lui ai expliqué que c'était elle qui avait les réponses et que mon rôle consistait avant tout à l'aider à se poser les bonnes questions. D'un rendez-vous à l'autre, nous avons travaillé sur les motivations et les attentes d'Asma par rapport à son futur poste. Son environnement professionnel lui avait fait remarquer qu'elle semblait ne pas avoir de vision de son parcours à venir. Je l'ai rassurée sur ce point : 90 % des gens sont dans ce cas ; ce n'est donc pas un problème. Il s'agissait plutôt de l'aider à cerner ce qu'elle souhaitait faire et ce que son prochain poste devait lui apporter ; ainsi qu'à savoir si elle devait saisir ou pas une opportunité qui se présenterait. C'est essentiel quand on doit déterminer son évolution : c'est comme si l'on était dans une gare de triage et qu'il fallait choisir l'aiguillage adéquat. Quel poste veut-elle pour la suite ? Correspondra-t-il à ce qu'elle souhaite faire ? Que peut-il lui apporter ? Et si elle le prend, il doit correspondre à ses envies, car il ne faut regretter aucune des autres options envisagées. Pour aider Asma, je me suis appuyée sur ma propre expérience de management – ma direction compte deux mille collaborateurs environ – mon évolution professionnelle et mon vécu. Si j'ai témoigné sur ce dernier point, c'était surtout pour dédramatiser la situation, car l'entourage peut parfois être un peu culpabilisant. Je le répète : il est normal de ne pas savoir de quoi son avenir professionnel sera fait ! J'ai aidé Asma à comprendre qu'il fallait juste qu'elle se prépare à saisir les opportunités.

Que vous a apporté cette expérience ?

Ce mentoring a été très efficace, car Asma s'est fortement investie. D'un rendez-vous à l'autre, elle réfléchissait aux questions posées, ce qui lui permettait d'avancer. Comme je l'ai dit plus haut, la règle du jeu était vraiment qu'elle trouve les réponses à ses questions. Au premier rendez-vous, on ne sait pas si l'on va pouvoir être vraiment utile, même si j'avais coché l'évolution professionnelle parmi les sujets de mentoring proposés par les organisateurs du programme et savais donc que cette question serait au cœur du processus. Au final, c'était surtout une question de confiance et de bienveillance réciproques. C'est la condition *sine qua non* pour avancer. On découvre alors une grande richesse humaine ! Ce qu'Asma vivait professionnellement a résonné en moi par rapport à ma propre expérience dans d'autres entreprises, notamment en ce qui concerne le contrôle de gestion. J'en ai tiré des enseignements pour les personnes que j'encadre. Asma et moi nous sommes aussi découvert des affinités et allons rester en contact.

Souhaitez-vous renouveler l'expérience ?

J'ai très envie de recommencer et me suis d'ores et déjà inscrite dans la prochaine promotion ! Dans un agenda en général très chargé, le mentoring offre un moment agréable, une parenthèse sans enjeu, une respiration où l'on se donne réciproquement du temps. Il faut que ce soit un plaisir et vraiment être en confiance pour pouvoir se livrer sur le plan personnel.

« Le mentoring constitue un formidable outil de ressources humaines »

Caroline Le Meaux est responsable de la gestion déléguée à la direction des retraites et de la solidarité de la Caisse des dépôts.

Comment avez-vous rejoint la Caisse des dépôts ?

À l'issue de mes études à l'université de Paris-Dauphine, j'ai démarré ma carrière en 1997 dans la finance, un secteur d'activité que je n'ai jamais quitté. Au sein de BNP Paribas, j'occupais un poste de gérante de portefeuilles, puis je suis passée chez le client pour sélectionner les *asset managers*. Quand j'ai voulu décrocher ce poste-là, j'avais sollicité l'accompagnement d'un coach, car je n'avais pas cherché de travail depuis longtemps et n'avais plus forcément les bons réflexes. En 2010, j'ai intégré le Groupe Caisse des dépôts (CDC) et été détachée au Fonds de Réserve pour les Retraites, un établissement public indépendant.

Pourquoi avez-vous souhaité bénéficier de l'appui d'un mentor ?

J'étais récente dans le groupe et de surcroît travaillais dans une branche extérieure. Il m'était donc très compliqué d'en comprendre l'organisation et de me projeter dans mon avenir professionnel. Rien ne pressait, certes, mais je savais que la question de mon évolution se poserait un jour. Je souhaitais par conséquent échanger avec quelqu'un qui m'apporterait un regard extérieur sur l'entreprise et son organisation, m'aiderait à décrypter l'organigramme, et au final à améliorer ma connaissance de l'entreprise. Avec mon mentor, Dominique-Esthel Kalifa, nous avons démarré le processus en juin 2013, à raison d'un rendez-vous mensuel d'une heure et demie environ, pendant six mois. Le plus souvent, je la retrouvais à son bureau, parfois nous nous voyions autour d'un déjeuner.

Qu'avez-vous appris à ses côtés ?

À chaque rendez-vous, nous avons abordé des sujets différents, en partant d'une feuille de route établie ensemble. Au démarrage, comme l'élaboration du plan stratégique battait son plein, nous avons multiplié les échanges à ce sujet. La mise en perspective de Dominique s'est avérée très intéressante. Elle m'a fait amplement profiter de sa connaissance des différents métiers de la CDC et de l'historique. En cours de route, deux sujets imprévus sont venus se greffer. D'une part, j'ai eu la possibilité de faire une mission transversale : devais-je l'accepter ou pas ? D'autre part, j'ai eu l'opportunité de changer de poste. Nous avons discuté des avantages et des inconvénients, de la façon d'aborder cette évolution. J'ai finalement accepté, et en 2014, j'ai rejoint le groupe en tant que responsable de la gestion déléguée à la direction des retraites et de la solidarité. La seule difficulté de ce mentoring a consisté à bloquer des dates pour les rendez-vous, nos deux agendas étant très serrés. Il me fallait en outre une bonne demi-heure pour me rendre au bureau de Dominique. Je m'efforçais donc de la voir en fin de journée, de sorte à ne pas avoir à retourner au bureau ensuite. La régularité des rendez-vous est importante pour assurer la réussite du processus.

Quel bilan dressez-vous de cette expérience ?

Depuis la fin du processus, nous nous sommes vues plusieurs fois, car nous restons en contact. En ce qui concerne la connaissance du groupe, le mentoring m'a vraiment permis de remplir mon objectif. Mon savoir en la matière est aujourd'hui sans commune mesure avec ce qu'il était avant. Les bénéfices secondaires, qui sont en quelque sorte de bonus, sont également intéressants : je ne connaissais pas du tout le métier de Dominique, par exemple. Sans parler des deux sujets supplémentaires ! En parler avec une personne connaissant le contexte général, disponible et éclairée, très transparente dans son discours, m'a beaucoup aidée. Dans mon réseau habituel, il y a forcément plus de retenue. Cette bienveillance et le cadre dans lequel se place le mentoring créent un environnement où l'on se sent dans le vrai. Si j'avais eu le choix de mon mentor, il est probable que j'aurais cherché quelqu'un de plus rapproché professionnellement. Or, le fait que nous soyons issues de deux métiers différents m'a beaucoup apporté. Cette rencontre s'est révélée une grande chance, car je me suis laissée surprendre. Nous n'avons pas les mêmes réflexes professionnels, ce qui est enrichissant.

Conseilleriez-vous à d'autres femmes d'être accompagnées à leur tour ?

Absolument, et je l'ai d'ailleurs déjà fait ! Je pense que le mentoring est utile aussi pour des binômes issus de la même direction, car la mentee connaîtra et comprendra mieux son entité. Plus globalement, pour tout ce qui relève des ressources humaines et de la carrière, bénéficier du soutien d'une personne externe apporte beaucoup. Les femmes à la CDC peuvent tirer beaucoup de bénéfices du mentoring, car contrairement à certains hommes occupant des postes à responsabilité, elles ne disposent pas toujours d'un réseau. C'est aussi le cas des populations plus jeunes, quel que soit leur sexe. Le mentoring apporte une vision plus transversale et permet une gestion RH positive pour tous. Selon moi, il ne devrait pas concerner que les cadres. C'est un formidable outil pour décloisonner les carrières et gommer une vision trop hiérarchique des postes.

« En devenant mentor, je peux transmettre ma connaissance de l'entreprise »

Dominique-Esthel Kalifa est directrice administrative et financière (DAF) du Département Développement Numérique des Territoires à la Caisse des dépôts.

Vous êtes entrée à la Caisse des dépôts en 1989. Quel a été votre parcours ?

Après un DUT de gestion, une maîtrise de sciences et techniques financières et comptables (MST-FC) à Dauphine et un certificat d'expertise comptable, j'ai commencé ma carrière au sein d'un cabinet d'audit anglo-saxon, puis dans un cabinet de commissariat aux comptes français, avant de rejoindre le groupe de la Caisse des dépôts en février 1989 comme chargée d'études à SCDC. Cette filiale assure la gestion comptable, fiscale, juridique et sociale de filiales du groupe : j'en ai pris la direction en 2000. En 1994, j'ai été nommée secrétaire générale de CDC Consultants, une filiale du groupe en charge de mener des études pour les collectivités, et ce jusqu'à sa cession à une autre filiale en 2000. Également en 1994, j'ai été nommée directrice de la gestion des interventions financières de l'association France Active. Cependant, trois « casquettes » étant un peu lourdes pour une seule tête, j'ai demandé à en être déchargée deux ans plus tard. En 2002, il m'a été proposé de rejoindre le département Développement Numérique des Territoires en tant que directrice financière pour les investissements, puis en 2004, lors de la création de la filiale CDC Numérique, d'assurer la direction administrative et financière du département et de la filiale. En conséquence, j'ai été nommée membre du comité de direction du département et membre du directoire de CDC Numérique. En 2010, l'État a confié à la CDC, la mise en œuvre de plusieurs actions du Programme d'Investissement d'Avenir (FSN)[1]. En 2010, il m'a été demandé de prendre en charge la direction financière du FSN. Durant ces années passées au sein du Groupe CDC, j'ai pratiquement toujours été multifonction, avec au moins deux « casquettes », voire trois !

1. DNT assure le pilotage et la mise en œuvre opérationnelle du Fonds pour la Société Numérique qui regroupe deux actions (l'action 1 : le développement des réseaux THD ; et l'action 2 : le développement des services et usages numériques) à hauteur de 4,25 milliards d'euros.

Quelles étaient vos motivations en acceptant de devenir mentor ?

Après vingt-quatre ans de carrière à la CDC, il me manquait une corde à mon arc : devenir mentor. Je souhaitais transmettre mon expérience et ma connaissance de la maison. Il pouvait être intéressant de le faire en accompagnant une jeune femme qui était depuis peu de temps à la CDC, n'en connaissant les codes que partiellement, ou qui souhaitait évoluer. Je tiens par ailleurs à souligner que dans le département Développement Numérique des Territoires et dans la filiale CDC Numérique, nous sommes un peu atypiques : sur les six membres du comité de direction, quatre sont des femmes, et parmi les cinq membres du directoire, il n'y a qu'un homme !

Comment avez-vous accompagné votre mentee ?

Caroline Le Meaux, étant salariée de la CDC mais employée dans une filiale, se trouvait un peu en dehors des circuits RH du groupe. Elle avait fait le tour de son poste au bout de trois ans, et se posait des questions sur son devenir au sein de la CDC. Au cours de nos différentes rencontres (une mensuelle durant une dizaine de mois), nous avons échangé sur ses objectifs, sur des pistes de réflexion. En cours de mentoring, Caroline a trouvé un poste, qu'elle hésitait, dans un premier temps, à accepter ; elle m'a confié ses réserves. Je lui ai expliqué qu'elle ferait du poste ce qu'elle avait envie d'en faire, qu'elle pourrait au fil du temps le faire évoluer. Après réflexion, elle a accepté le poste et m'a annoncé, par la suite, être très contente de sa décision.

Que vous a apporté cette expérience ?

Cela a été humainement enrichissant. Caroline m'a aussi beaucoup apporté. Elle a un véritable potentiel tant professionnel qu'humain, qui est une véritable chance pour le groupe. J'aimerais renouveler l'expérience lors de la prochaine session de mentoring. Pour ma part, je n'ai jamais bénéficié d'un accompagnement de ce type dans ma carrière. Pendant de nombreuses années, j'ai été la plupart du temps la seule femme au milieu d'hommes, notamment dans les conseils d'administration et de surveillance auxquels je participais en tant que secrétaire de séance dans le cadre de mes fonctions à SCDC, pour présenter les comptes et assurer le secrétariat juridique. J'ai expérimenté quelques déboires et subi des manifestations machistes les premières années. J'étais jeune et ne savais pas comment réagir. Mais avec le temps, on apprend à se faire respecter. Aujourd'hui, les mentalités ont évolué. Il fallait bien que certaines défrichent le terrain pour les suivantes !

CHAPITRE 2

L'accompagnement des femmes entrepreneures

Vous allez découvrir dans les pages suivantes trois exemples d'associations qui ont mis en place un programme d'accompagnement spécifique pour aider les femmes à se lancer dans l'aventure entrepreneuriale, puis à développer leur société : WBMI (Women Business Mentoring Initiative), Paris Initiative Entreprise (PIE) et Fédération Pionnières. Au menu : présentation du programme suivie d'interviews de binômes de mentees et de mentors.

Women Business Mentoring Initiative (WBMI) prône l'accompagnement sur mesure des femmes entrepreneures

WBMI est une association créée en septembre 2010 par Martine Liautaud et plusieurs anciens élèves de la Stanford Business School.

Les fondateurs de WBMI faisaient le constat qu'il manquait dans le dispositif d'accompagnement des entrepreneurs en France une structure dédiée aux femmes, et singulièrement à celles qui se trouvent confrontées aux défis de la croissance et aux passages de caps qu'elle implique.

Beaucoup d'entrepreneures renoncent en effet dans les trois premières années de la création de leur entreprise et celles qui vont persévérer ont besoin d'un accompagnement pour franchir l'étape suivante. Ce sont ces créatrices d'entreprises de plus de trois ans que WBMI entend accompagner bénévolement dans leur projet de développement, dans le cadre d'un programme sur mesure.

Un seul critère : être entrepreneure depuis plus de trois ans

WBMI s'adresse exclusivement à des femmes qui ont créé ou repris leur entreprise depuis plus de trois ans et leur propose un accompagnement bénévole (*mentoring*) pour une durée de neuf à douze mois.

L'association n'impose aucun autre critère pour sélectionner les candidates à son programme mais le *mentoring* n'a de sens et n'est efficace que lorsque l'entreprise représente un champ d'action suffisant pour bénéficier d'un accompagnement sur mesure. C'est pourquoi WBMI ne s'adresse pas aux auto-entrepreneurs ni aux commerces de détail.

Des mentors et des mentees

WBMI réunit des spécialistes de différents secteurs professionnels, qui apportent bénévolement leur expérience et/ou leur regard plus transversal par rapport au projet et aux besoins de l'entrepreneure. L'apport des mentors inclut la mise à disposition d'une plateforme unique de compétences qui sert à tous de « boîte à outils » conceptuelle, l'accès à leurs réseaux, le conseil dans leurs domaines respectifs, le partage d'expériences, la préparation psychologique et technique aux principales étapes de la création d'entreprise, etc. Les mentors de WBMI sont des hommes et des femmes qui ont réussi dans l'entreprise et qui souhaitent rendre un peu de ce qu'ils ont reçu.

WBMI accompagne en 2014 sa quatrième promotion de mentees.

Depuis sa création, WBMI a accompagné directement trente entrepreneures (les mentees) intervenant dans des secteurs extrêmement variés et pour des tailles d'entreprises allant de 1 million d'euros à 30 millions d'euros de chiffre d'affaires. Par l'intermédiaire du réseau mentors-mentees, WBMI touche également de nombreuses entrepreneures (plus de cinquante) qui bénéficient ponctuellement de ses conseils. Six mentees de WBMI ont par ailleurs été sélectionnées pour représenter les jeunes entrepreneurs français aux G20 YES (Young Entrepreneur Summit) à Mexico, Moscou et Sydney.

Au-delà de cette grande variété, ces entrepreneures ont toutes de vrais virages stratégiques à accomplir : un travail que les mentors s'efforcent d'accompagner et de favoriser. WBMI et ses mentors leur offrent souvent une meilleure exposition médiatique, leur ouvrent les portes de leurs réseaux (média, finance, droit, ressources humaines), les préparent et les accompagnent dans leurs démarches les plus essentielles pour la vie de l'entreprise.

Chacune d'entre elles, à son niveau de développement, a pu passer un (ou plusieurs) cap(s), quelle qu'en soit la nature : stratégique, opérationnel, financier... Les objectifs, les organisations, les perspectives se sont clarifiés. Les mentees se déclarent mieux armées pour se confronter aux exigences de leur développement.

Des partenariats pour démultiplier l'action

Afin de prolonger et de renforcer son action en faveur de l'entrepreneuriat féminin, WBMI a dès son origine signé des partenariats avec de grands acteurs de la vie économique et financière.

Avec BNP Paribas, WBMI anime le « Club des Entrepreneures » qui permet à une centaine de femmes chefs d'entreprises de participer à des rencontres thématiques et pratiques avec des professionnels reconnus, sur tous les aspects de la vie de l'entreprise.

Pour répondre au besoin des entrepreneures, BNP Paribas et WBMI ont également édité à leur attention un guide (*Entreprendre au féminin : mode d'emploi*) chez Eyrolles (2014).

Avec GDF SUEZ, WBMI développe de nombreuses actions en faveur de l'entrepreneuriat et de l'accompagnement des femmes dans l'entreprise.

WBMI est partenaire du Medef, de Fédération Pionnières (le premier incubateur français destiné aux femmes créatrices d'entreprises) et de Paris Initiative Entreprise (PIE), une association très active qui finance à Paris les créations et les transmissions d'entreprises.

Enfin, pour promouvoir l'entrepreneuriat féminin et élargir son audience, WBMI, en coopération avec GDF SUEZ, parraine une émission TV hebdomadaire sur BFM Business intitulée : « Ambitions d'entrepreneures » et une journée sur l'entrepreneuriat féminin avec BNP Paribas.

Le Cercle des Entrepreneures

WBMI envisage d'élargir le champ d'action et les compétences de l'association en développant des liens plus étroits avec les grands groupes (partenaires ou non) pour assurer la pérennité et la visibilité de sa marque.

Par sa culture, l'origine de ses mentors, l'importance de son réseau propre, WBMI pourrait être une interface entre ces grands groupes et les entrepreneures accompagnées (toutes générations confondues) voire plus généralement les TPE et PME.

Cela implique un modèle d'organisation et de communication utilisant certains réseaux sociaux (voir la page WBMI sur LinkedIn). Le nouveau modèle veut mettre en œuvre une animation permanente autour d'événements spécifiques (Journées de l'entrepreneuriat féminin par exemple, ou bien déjeuners avec des grands entrepreneurs dans l'esprit de Stanford), de publications, de forums et de blogs, d'émissions de télévision (voir *supra*), de journées de formation, etc., le tout sous la marque « Cercle des Entrepreneures ».

« Mes mentors sont mes dealers d'oxygène »

Sophie Bramly dirige SoFemmes, une société de production qu'elle a créée en 2011, qui propose des contenus audiovisuels pour la télévision et Internet.

De la photographie à la sexualité féminine, votre parcours professionnel semble guidé par vos coups de cœur…

C'est vrai que de temps en temps, je suis prise d'un coup de folie et me passionne pour un sujet. J'ai démarré en tant que photographe, spécialisée dans le domaine artistique, notamment la musique. Mes critères étaient si pointus que presque malgré moi, j'ai basculé dans le monde de la télévision, où j'ai mené des projets organisés autour des musiques dont j'étais experte. J'ai adoré ce secteur ! J'ai travaillé notamment pour TF1, France 2, puis TV6 avant de partir quatre ans pour Londres afin de participer à la création de MTV Europe. De retour en France, je suis entrée chez Universal Music où j'ai géré le développement international d'artistes. En 1994, la découverte d'Internet m'a passionnée. J'ai convaincu Universal de monter un laboratoire, donnant naissance à 350 sites Internet, des émissions interactives, des sites d'e-commerce, et une plateforme participative pour recruter des artistes. À partir de 2005-2006, ma fonction a perdu en créativité, à cause de la lutte contre le piratage qui prenait de plus en plus de place. C'est alors que je me suis prise de passion pour la cause des femmes autour de la sexualité. Tout est allé très vite : j'ai quitté Universal en mars 2007, puis créé mon entreprise dans la foulée, levant 1 million d'euros en juin. À partir d'octobre, je proposais un magazine en ligne, un site d'e-commerce et en janvier 2008 une plateforme de VOD, employant une dizaine de personnes. C'était sans compter sur la censure par les plateformes internationales du monde de l'érotisme ou de la pornographie : je ne pouvais pas vraiment faire de marketing en ligne de mes projets. J'ai développé d'autres activités pour financer l'entreprise, dont la production de films, que j'ai retrouvée avec joie. Mais j'en étais arrivée à porter un nombre de casquettes trop important, avec de tels horaires sept jours sur sept que je suis tombée malade… Je ne pouvais aller plus loin, et au moment où j'étais en train de mettre la clé sous la porte, j'ai été mise en contact avec WBMI…

Aviez-vous songé à vous faire accompagner ?

Non, mais j'en avais toujours rêvé ! Autour de moi, les entrepreneurs que je connais – est-ce dû à l'entraide masculine ? – ont tous reçu le soutien de personnes bienveillantes. Peut-être que je donne l'impression de savoir ce que je fais, d'être autoritaire – ce qui est sans doute vrai... Mais je fais aussi abstraction de tout ce qui me touche directement. Une fois que je suis devenue entrepreneure, le dialogue s'est raréfié et c'était encore plus rude dans les moments difficiles. C'est l'avocate qui m'accompagnait pour la fermeture de mon entreprise qui m'a conseillé de contacter WBMI. À partir de janvier 2011, j'ai eu la chance d'être accompagnée par deux mentors, Dominique Maire pour les questions de fonctionnement général, et Philippe Favre, qui s'est plus spécifiquement intéressé aux finances. Je me suis sentie libérée. Philippe a commencé par me demander combien il fallait que je me paie pour que la société fonctionne bien. Je ne m'étais jamais envisagée sous l'angle du coût jour-homme ! Aujourd'hui, quand je négocie avec un client, j'accorde une marge de négociation très faible ; en dessous d'un certain seuil, je refuse, car ce serait un risque non profitable pour moi comme pour ma société. C'est pour moi une évolution radicale ! Pendant cet accompagnement, j'ai vécu des moments lumineux. À la fois parce que aucun de mes mentors ne m'a lâchée, chacun me faisant profiter de son expertise, mais aussi parce que quelques-unes de leurs anecdotes m'ont changée en profondeur. Philippe m'a notamment raconté que quand il a démarré les cours à l'université de Stanford, le professeur a demandé à chaque élève de relater un échec. Cette méthode typiquement américaine met tout le monde sur un pied d'égalité, et pour les Américains, il faut d'abord avoir subi un échec pour pouvoir en tirer les leçons. Ensuite seulement on peut avancer. Finalement, les difficultés que j'ai rencontrées se sont retournées en ma faveur. Aujourd'hui, je me sens très équilibrée dans mes actions et ma façon de les mener.

Quels ont été les moments phares de cette expérience ?

J'avais beau me passionner pour la cause des femmes, j'avais commis une erreur typique de ces dernières : penser à tout le monde (mon équipe, mes investisseurs, mes clients, etc.), sauf à moi. Je ne me salariais même pas ! J'avais atteint des sommets dans la négation de soi. Mes mentors ont été si enthousiastes devant mes qualités (que je ne voyais plus dans cette période complexe) et convaincants dans la nécessité qu'il y avait à me mettre au centre de mon entreprise, que j'ai fini par admettre que de mon confort naîtrait celui de mes équipes. Cela ne m'avait jamais effleuré l'esprit jusque-là ! Avec eux, je suis passée de la culpabilité de l'échec à la dynamique du renouveau. C'était très inattendu.

Quel bilan en tirez-vous ?

J'ai fermé mon entreprise, SoFilles Productions, et en ai créé une autre, SoFemmes Productions, grâce au travail mené avec mes mentors. J'avais perdu beaucoup d'énergie d'avoir échoué. Quand ce n'était pas Philippe, c'était Dominique qui me branchait une intraveineuse d'air frais. Non seulement leurs conseils étaient très judicieux, mais en plus ils m'ont renvoyé une image très positive de moi. Quand on n'est pas au meilleur de sa forme, cela aide à reprendre le dessus. Même si l'expérience est officiellement terminée depuis la fin 2011, elle se poursuit de façon informelle. Je vois Dominique très régulièrement. Nous partageons les mêmes idées sur ce qu'il faut entreprendre pour les femmes, et avons un réseau professionnel commun. Philippe vivant en province, c'est plus compliqué, mais il ne se passe pas six mois sans que nous nous parlions longuement pour faire un point. Je sens leur présence au quotidien. Ils sont tombés au bon moment et j'ai absorbé 200 % de leurs paroles. Leur soutien a une valeur inestimable, encore aujourd'hui, même à distance, même sans les appeler. Mais dès qu'un doute ou un questionnement m'assaille, je les contacte sans hésiter. Savoir que l'on a deux « béquilles » permet d'avancer sans elles. Pour monter une entreprise, il faut une confiance en soi incroyable afin de remuer ciel et terre. Quand cette estime-là est défaillante, ils sont là pour la nourrir. Ce sont mes dealers d'oxygène !

Quels conseils donneriez-vous à une femme qui serait intéressée par cette aventure ?

Les femmes ont souvent encore trop de choses à prouver et peut-être aussi du mal à savoir vers qui se tourner. Les conseils d'un homme peuvent être vécus comme paternalistes et ceux d'une femme éveiller la méfiance. La solution du mentoring efface toutes ces problématiques des stéréotypes de genre, si tant est qu'ils soient encore d'actualité pour certaines. Se faire accompagner, dès le départ si possible, me paraît idéal. Cela étant dit, au bout de trois ans, on voit plus clairement ce que l'on doit éliminer et où aller. En ce qui me concerne, je m'étais obstinée sur certaines choses dès le début, alors que je savais pertinemment qu'elles ne pouvaient aboutir. Quand on est encadrée, on rationalise plus vite. Et quand on l'est par des gens bienveillants pour lesquels il n'y a aucun enjeu, on se sent portée. Il se trouve qu'en plus, l'équipe de WBMI, probablement à l'image de sa fondatrice, pousse un modèle rare où les gens ont des profils différents et des activités variées. Cela donne un foisonnement de gens et d'idées, côté mentor comme mentee, incroyablement riche. L'énergie qu'elle distribue est exceptionnelle.

« La mixité me semble essentielle dans l'entreprise »

Philippe Favre dirige Finandir, un *Family Office* qu'il a créé en 2003.

Vous menez depuis les années 1970 une carrière riche d'expérience dans la finance…

J'ai démarré en 1977 au ministère de l'Économie en tant qu'attaché commercial, d'abord aux Seychelles, puis en Arabie Saoudite, où j'étais en charge du secteur pétrolier. En 1982, j'ai rejoint la Banque Indosuez, où je me suis occupé des risques avant de prendre la direction risques de la filiale saoudienne. J'ai ensuite monté à partir de zéro le département de corporate finance, toujours en Arabie Saoudite. De retour à Paris, j'ai créé le même type de département sur la privatisation et les nouvelles émissions. Expatrié au Bahreïn comme directeur général pour l'*investment banking* au Moyen-Orient, j'ai vu cinquante et une banques *offshore* quitter le territoire au moment de la Guerre du Golfe, en août 1990. Nous étions le seul établissement à être resté, en dépit de la proposition du siège parisien de repli à Abu Dhabi. Cela a été une expérience passionnante, car nos concurrents étant absents, nous avons eu accès aux locaux, qui jusqu'alors ne nous sollicitaient pas. Au sortir du conflit, nous étions premiers devant Merrill Lynch ! En 1993, j'ai changé d'horizon, reprenant la direction de la filiale scandinave, puis en 1995 celle du Royaume-Uni. J'y ai notamment géré la fusion du Crédit agricole et de la Banque Indosuez pour la Grande-Bretagne. Fin 1998, j'ai senti les prémisses de la crise financière qui allait frapper en 2008 : les banques se livraient toutes à la course à la taille et les directions, en mal de stratégie, s'arrachaient le concours d'équipes de mercenaires dans les activités les plus dangereuses. J'avais alerté ma direction, mais nous n'avons pas pu nous entendre sur la marche à suivre. J'ai donc quitté la banque pour prendre la direction successive de deux sociétés de Bourse. Pour finir, en 2003, j'ai créé ma propre entreprise. Finandir conseille les dirigeants de grands groupes et les entrepreneurs dans la gestion de leur fortune. Ce *Family Office* s'est très bien développé, notamment avec la crise, car nous avons conseillé à nos clients de sortir des marchés au tout début de 2008.

Qu'est-ce qui vous a motivé pour devenir mentor au sein de WBMI ?

Tout au long de ma carrière, j'ai fait du mentoring informel et ponctuel pour aider des jeunes, pas forcément des femmes d'ailleurs, qui avaient besoin d'être aidés pour prendre une décision stratégique, démarrer à un poste, etc. Par ailleurs, j'ai beaucoup recruté, plusieurs centaines de personnes, car j'ai monté de zéro ou transformé de fond en comble toutes les activités que j'ai menées. J'ai toujours apprécié de m'entourer de collaborateurs issus de tous les horizons, y compris en termes de diplômes, et de les mélanger. La mixité me semble essentielle, notamment dans les conseils d'administration, qui en ont un besoin urgent. Sans vouloir généraliser, les femmes sont plus posées, n'aiment pas les conflits. Si les instances dirigeantes comptaient plus de femmes, les entreprises s'en sortiraient mieux, y compris celles de la nouvelle économie, dont les décisions manquent parfois de longueur de vue. Pour ma part, je n'ai jamais vu de différence professionnelle entre les hommes et les femmes. J'ai toujours voulu avoir les deux dans mes équipes, et je ne parle pas de la secrétaire ! Je cherche à trouver l'équilibre dans la formation de mes équipes, ce qui passe par le mélange de tous les niveaux de qualification. J'ai eu tous les niveaux de diplômes dans mes équipes, de Normale Supérieure à rien du tout. Les gens n'ont pas les mêmes réflexes, ne voient pas les choses de la même manière. Dans un environnement aussi rapide que la finance, constamment remis en question, il faut plusieurs regards. Cela permet de déstabiliser, de tuer la routine des équipes. Dix personnes sont plus intelligentes qu'une seule !

Vous avez été le mentor de Sophie Bramly en 2011 au sein de WBMI. Comment cela s'est-il passé ?

Avec Dominique Maire, son autre mentor, nous avons essayé de lui faire changer sa manière de voir les choses. Sophie Bramly est très attachante, créative, dans l'innovation permanente : c'est un geyser continu, qui a dix idées par jour ! Elle a même du génie pour certaines choses. En revanche, elle a les défauts de ses qualités : elle a tendance à oublier certaines données bassement matérielles et se retrouve à ne pas pouvoir toujours se rémunérer. Il lui est même arrivé de travailler gratuitement, mettant en danger son entreprise, qu'elle a d'ailleurs dû fermer. Quand elle s'engageait dans un contrat, elle ne vérifiait jamais les antécédents. Or il y a toujours des imprévus, et sa seule marge de manœuvre, c'était elle ! C'était donc très dangereux… Je lui ai notamment expliqué l'importance, avant de se lancer, d'établir un budget prévisionnel, de calculer les différents coûts, de faire varier ses hypothèses. Je lui ai par exemple conseillé d'analyser son budget *a posteriori* avec des contrats existants : elle s'est fait très peur ! Elle m'a aussi envoyé ses négociations commerciales, que nous avons débriefées. Avec Dominique, nous lui avons montré ce sur quoi elle pouvait négocier ou pas. Elle a compris que service ou produit bon marché ne signifiait pas forcément clients reconnaissants, qui l'associent plutôt à faible qualité.

Que vous a apporté cette expérience ?

Sur le plan humain, Sophie est si passionnante, que l'accompagner s'est avéré extrêmement enrichissant. Ce mentoring a en outre été très facile, car notre mentee a fait preuve d'une grande capacité d'écoute et effectué sérieusement ses « exercices ». Elle voulait vraiment jouer le jeu et mener ce travail de réflexion sur elle-même. Non seulement elle a appliqué les conseils prodigués, mais en plus elle nous a fait part de son *feed-back*, ce qui nous a permis de l'aider encore plus. Nous avons eu une merveilleuse coopération. Pour résumer, Sophie est descendue de vélo pour se regarder pédaler. Et là, elle a compris qu'elle devait agir autrement si elle voulait réussir et se ménager. Avec Dominique, notre démarche consistait à enfoncer le clou et à faire des piqûres de rappel. Sophie n'est pas vraiment une entrepreneure au sens de créatrice de grandes équipes. Grâce au mentoring, elle sélectionne désormais ce qui lui plaît vraiment, ce qui est très important pour une créative et la rend d'autant plus productive et innovante. Si elle avait un partenaire qui comprenait comment elle fonctionne et pouvait gérer sa logistique, tout en canalisant son énergie débordante, Sophie pourrait aller encore plus loin !

« Une mentee doit accepter de confier ses interrogations et ses faiblesses, car c'est sur ces points qu'un mentor peut l'aider »

Dominique Maire, directrice de la communication et membre du comité exécutif d'Air liquide jusqu'en 2008, est mentor depuis 2010 au sein de WBMI.

Du journalisme à la communication, comment avez-vous construit votre parcours professionnel ?

Il s'est forgé au fil des opportunités et des rencontres, car je n'ai jamais eu de plan de carrière ! Au contraire, mon parcours est plutôt atypique. Après une licence de lettres, j'ai intégré le Centre de Formation des Journalistes (CFJ), dont je suis sortie diplômée en 1971, à 23 ans. Je me destinais au journalisme, mais très vite, je me suis heurtée à la barrière de l'embauche, alors difficile pour les femmes dans ce secteur. Mon rêve aurait été d'entrer à l'Agence France Presse (AFP), car je voulais voyager. Cela n'a malheureusement pas pu se faire et j'ai donc pigé pendant quelque temps, notamment pour *Le Point* ou *Le Nouvel Observateur*. Une rencontre professionnelle avec Jacques Delors m'a permis de rejoindre ce dernier alors qu'il était conseiller au cabinet de Jacques Chaban-Delmas. J'ai ainsi fait mes débuts dans la communication. Comme je souhaitais toujours exercer en tant que journaliste, j'ai longtemps hésité avant d'accepter de sauter le pas et d'entrer dans un cabinet ministériel en 1975. À l'arrivée de la gauche en 1981, j'ai décidé de me consacrer pour de bon à la communication, qui n'était pas à cette époque un métier à part entière. Je suis alors entrée à la Banque Indosuez, où je suis restée sept ans. Puis j'ai été nommée directrice adjointe de la communication à la Compagnie de Suez. Au bout de sept ans, j'ai rejoint Eurotunnel comme directrice de la communication pendant cinq ans, avant de finalement m'établir chez Air liquide en 2000. J'y ai intégré le comité exécutif, devenant la première femme dans ce cas dans le groupe. Je fais partie d'une génération qui a eu beaucoup de chance, « bénie des dieux », comme dirait mon fils. Et loin d'être un handicap, ma condition de femme m'a plutôt servie, car comme les femmes étaient une denrée rare, cela se remarquait d'autant plus.

Comment vous est venue l'envie d'être mentor ?

J'ai toujours beaucoup travaillé, jusqu'à douze à treize heures par jour, y compris une partie du week-end, et surtout à Eurotunnel, où je suis devenue malgré moi une spécialiste de la communication de crise, puis à Air liquide, où mon poste intégrait tous les aspects de la communication, notamment financière, qui est très chronophage. Je n'avais donc pas beaucoup de temps à consacrer à autre chose que mon cœur de métier. Quand je suis entrée au comité exécutif, je me suis trouvée dans une position de mentor informel, comme sponsor du réseau de femmes d'Air liquide et également occasionnellement comme mentor de quelques collaboratrices à la recherche de conseils, mais là encore de façon informelle. Puis quand j'ai pris ma retraite, j'ai choisi d'être bénévole dans des réseaux de femmes. Martine Liautaud, une amie rencontrée à la Banque Indosuez, m'a ainsi proposé de rejoindre WBMI. Non seulement pour y être mentor, mais aussi pour gérer la communication de l'association. J'ai accepté, car l'action de WBMI, dédiée aux femmes, est cohérente avec mes choix de bénévolat. Je pense que les femmes ont plus de difficultés à réussir dans l'entreprise, y compris quand elles l'ont créée. De plus, je suis motivée, car j'ai envie de donner le coup de main que je n'ai pas toujours reçu. Toute ma carrière durant, j'ai dû me battre pour convaincre. Je me sentais toujours obligée d'atteindre la perfection pour pouvoir réussir comme un homme. Je me mettais au défi en permanence. En tant que femme, j'étais isolée, et ce n'est pas neutre : il fallait souvent oublier ma condition de femme, adopter des comportements masculins pour être reconnue. Aujourd'hui, les femmes ont une chance : elles peuvent vivre leurs différences.

Combien de mentees avez-vous accompagnées ?

Deux pour le moment, une troisième depuis juin 2014. J'ai eu un vrai *feeling* pour la première, Sophie Bramly. Je la trouvais même plus audacieuse et plus innovante que moi dans bien des domaines. Comme elle est fortement engagée dans la cause des femmes, une complicité naturelle s'est ainsi établie entre nous. Avec mon collègue Philippe Favre, son autre mentor, nous l'avons aidée à se repositionner, à mieux se vendre, et à se revaloriser. Sophie a une acuité si forte, une créativité exceptionnelle, et fait les choses si facilement, qu'elle a un peu trop tendance à oublier que son travail a une grande valeur ! Même si cette période de mentoring est officiellement achevée, dans les faits, elle ne cessera jamais complètement. Sophie n'a plus à ce jour autant besoin d'aide qu'à l'époque, où elle traversait une phase de transition et devait reprendre pied et réorganiser ses activités, mais est devenue bien plus : c'est une amie. L'expérience suivante de mentoring a été plus difficile, car ma mentee ne voulait pas écouter les conseils. Le processus a été engagé, s'est poursuivi cahin-caha, avant de s'arrêter d'un commun accord, sans aboutir. Le mentor est souvent là pour aider les mentees à lever leurs blocages. Mais cela suppose qu'elles nous accordent leur confiance. Or cette deuxième mentee avait du mal à déléguer et à laisser d'autres personnes mettre un pied dans son entreprise, y compris son mentor.

Quels ont été les moments marquants de votre première expérience ?

Je me souviens tout particulièrement des heures difficiles que Sophie a traversées : lors de certaines réunions, j'ai cru percevoir une grande fragilité. En dépit de son talent et de sa créativité, son manque de confiance en elle était énorme. J'avais parfois l'impression de lui prendre la main et de l'aider à marcher. Ce n'est bien sûr plus le cas aujourd'hui ! Sa remontée s'est faite par petites touches. Sophie a un tonus extraordinaire, qui l'a aidée à surmonter toutes ses difficultés. Il a pourtant fallu la convaincre notamment de ne pas hésiter à nous solliciter : elle n'osait pas le faire, par peur de nous déranger. Nous l'avons ainsi persuadée de rationaliser son approche, de regarder avec distance et froideur ce qu'elle faisait. C'est là une chose très difficile pour une artiste comme Sophie, qui vibre pour ce qu'elle fait ! Cependant, elle dispose d'une énorme qualité : elle a la volonté de réussir et elle nous a fait confiance.

Quel bilan en tirez-vous ?

Ces femmes fortes, qui ont du talent et de la volonté, doivent accepter de confier leurs interrogations, leurs faiblesses, car ce sont les points sur lesquels un mentor peut les aider. Nous les accompagnons sur la gestion de leur vie, de leur temps et de leur énergie, c'est-à-dire souvent autre chose que leur business lui-même, qu'elles connaissent souvent bien mieux que nous. Pour cela, elles doivent accepter de se livrer. Je suis ravie de ces expériences de mentoring, même si la deuxième n'a pas abouti. J'ai compris qu'il ne fallait pas vouloir transformer les mentees à tout prix à chaque fois. Je souhaite donc continuer l'accompagnement, à condition d'avoir toujours un « *feeling* » avec la mentee. Avec Sophie, je l'ai ressenti immédiatement… et j'ai vu que c'était une fille extraordinaire ! Le mentor doit admirer la mentee, être bluffé par elle. Cela lui donnera envie de se dépasser pour l'aider. Sinon, il est probable qu'il lui apportera moins d'aide… Qui dit réussite professionnelle, dit aussi qualités humaines. Et ici comme dans la vie en général, au final, que reste-t-il quand on arrête de travailler ? Les (vraies) rencontres. Les mentees en font partie aujourd'hui, dans cette autre phase de ma vie.

« Le mentoring aide à se poser les bonnes questions »

Émilie Creuzieux a créé monbento en 2009, société basée à Clermont-Ferrand spécialisée dans les arts de la table nomades.

Vous n'avez que trente et un ans et êtes déjà entrepreneure depuis plus de cinq ans !

Dès ma première expérience professionnelle, j'étais déjà à mon compte. J'ai en effet exercé pendant quatre ans le métier de masseuse kinésithérapeute. J'avais envie d'entreprendre et je suis tombée au bon moment sur le bon produit ! La création de monbento m'a permis de répondre à un besoin personnel : trouver une solution pratique pour emporter avec moi mon déjeuner. Un jour, j'ai découvert une boîte-repas japonaise appelée « bento », pratique et esthétique. Très vite, j'ai eu envie de commercialiser mes propres boîtes-repas en créant monbento, aux côtés de mon conjoint, designer produit, et d'un ami spécialiste du Web. La société s'est très vite développée. Nous avons en effet réussi à construire une identité de marque et à nous lancer sur le marché international : monbento est désormais présent dans plus de quarante pays, dont toute l'Europe, en Amérique du Nord, au Brésil et surtout en Asie. Le produit est adapté à chaque marché – la « *lunch box* » américaine, par exemple –, remis au goût du jour, avec une touche de design. Nous avons même une communauté qui nous suit sur Internet, où nous partageons aussi des recettes.

Avez-vous été accompagnée ?

Mon conjoint ayant lancé sa société de design avant moi, j'avais assisté aux différentes étapes de la création d'entreprise. Juste avant la naissance de monbento, je me suis rendue à l'espace Infos Jeunes de Clermont-Ferrand pour m'aider à mettre en place le business plan. Depuis, je n'ai pas trouvé le temps d'intégrer un réseau. Mais comme je travaille avec mon conjoint, je n'ai jamais eu l'impression d'être seule, car nous échangeons beaucoup. Sans oublier que j'étais très prise sur le plan opérationnel. Je ne me rendais finalement pas compte que j'aurais apprécié de pouvoir aborder différentes problématiques, la stratégie de monbento, etc., avec quelqu'un qui était déjà passé par là. Cela étant dit, à ce moment-là je n'avais pas rencontré de problème particulier et aucune démarche active n'avait donc été nécessaire. Mais avec le recul, je sais aujourd'hui que cela aurait pu être positif. C'est pourquoi début 2014, j'ai rejoint le réseau Femmes Chefs d'Entreprise (FCE), qui m'a contactée après m'avoir vue lors d'un salon à Paris.

Pourquoi avez-vous souhaité bénéficier de l'appui d'un mentor ?

Là encore, il s'agit d'une proposition que l'on m'a faite. J'ai participé à un concours – le Prix Jeunes Entrepreneurs d'avenir – pour être sélectionnée pour participer au G20 des jeunes entrepreneurs[1]. J'y ai rencontré l'un des mentors de WBMI (Women Business Mentoring Initiative), Annie Combelles, qui m'a encouragée à déposer un dossier. C'était la bonne période pour le faire, par rapport à la phase dans laquelle se trouvait la société et là où j'en étais dans mon rôle de chef d'entreprise.

Quels étaient vos besoins ?

monbento grandit très vite, notamment en termes de personnel. Nous traversons une phase de structuration du siège à Clermont-Ferrand et de création de deux filiales à l'étranger : l'une aux États-Unis et l'autre à Hong Kong. Je souhaitais absolument réussir cette étape, placer les bonnes personnes aux bons endroits et arriver à gérer toutes les problématiques liées à un petit groupe. Le choix de mon mentor s'est fait par rapport à ces besoins-là. L'équipe de WBMI a réfléchi aux mentors qui seraient les plus adaptés pour traiter notamment de la gestion de l'humain et des questions de développement à l'international. Un rendez-vous m'a été proposé pour rencontrer Jean-Jacques Bérard. L'expérience de mentoring a démarré début 2014 et se poursuit tout au long de l'année. Nous nous voyons une fois par mois, mais je sais qu'il reste aussi à mon écoute le cas échéant entre deux rendez-vous.

Comment s'est passé votre premier rendez-vous de travail ?

Simplement : nous avons commencé à échanger afin d'analyser où monbento et moi en étions. Nous avons identifié les différentes problématiques et défini les dossiers importants à traiter. Nous avons immédiatement eu un bon échange, chose essentielle, car la réussite du mentoring dépend de la qualité de la relation et des participants. J'ai eu rapidement confiance en Jean-Jacques et n'ai ressenti aucun frein, ce qui peut sembler étonnant !

1. Le G20 des Jeunes Entrepreneurs a été créé en 2010 dans le but de réunir chaque année en marge du G20 politique les délégations de jeunes entrepreneurs des pays membres pour partager et réfléchir conjointement à un ensemble de solutions à destination des gouvernements (http://www.citizen-entrepreneurs.com/g20-yea/).

Quels en ont été les moments marquants pour votre parcours professionnel ?

Le mentoring est utile, car il permet de « poser » ce que l'on a dans la tête. Le mentor ne donne pas de solution, ni ne dit ce qu'il faut faire, mais aide à se poser clairement des questions sur la structure de l'entreprise pour trouver les clés ou identifier les bonnes personnes. Sur certains sujets, j'ai déjà une vision plus claire, et cela a renforcé ma confiance en moi. Savoir que d'autres personnes sont passées par là me rassure aussi. Dans tous les cas, un entrepreneur a besoin d'être soutenu, de pouvoir discuter avec d'autres chefs d'entreprise, notamment quand il ne fait pas partie de réseaux ou que son entourage ne compte aucun pair. Mais selon moi, les jeunes entrepreneurs ne pensent pas spontanément au mentoring. Si l'on ne me l'avait pas proposé, je n'aurais sans doute pas initié la démarche, alors qu'elle est bénéfique aujourd'hui et le sera également demain.

Que conseilleriez-vous à une femme qui serait intéressée par cette aventure ?

Il est facile de s'adresser directement à des réseaux de proximité d'entrepreneurs, comme ceux que l'on peut trouver dans sa ville ou sa région. Et même s'ils ne proposent pas de mentoring, il est important de s'entourer de chefs d'entreprise qui en sont déjà à des phases plus avancées que vous, et surtout, de ne pas considérer cela comme une perte de temps potentielle – bien au contraire !

« Un mentoring réussi, c'est comme au rugby : une victoire collective »

Jean-Jacques Bérard, cofondateur et Senior Executive Advisor chez EIM, ainsi que fondateur et gérant de CSM Consult, est mentor chez WBMI depuis la création de l'association en 2010.

Votre parcours professionnel est riche d'expériences de direction...

Ingénieur de formation, j'ai démarré ma carrière chez Radiall, en Allemagne, avant de passer par Stanford, où j'ai décroché un MBA (*master of business administration*). J'ai enchaîné avec un poste à Paris chez McKinsey, grand cabinet américain de conseil aux dirigeants, puis j'ai rejoint la direction générale de Merlin Gérin à Grenoble, qui allait devenir Schneider Electric. J'y ai créé ma première société dans les années 1980, en développant une nouvelle activité, de petits onduleurs pour la micro-informatique. Aujourd'hui, elle vaut 1 milliard d'euros ! Au bout de huit ans, j'ai décidé de rejoindre le groupe Pinault. Pendant deux ans, j'y ai dirigé une filiale de l'industrie du bois en Vendée. Pinault ayant mis en vente ses sociétés industrielles en 1992, je suis resté quelques mois avec les racheteurs américains, avant d'arriver chez EIM (Executive Intérim Management), fin 1993. Avec quelques associés, nous l'avons rachetée en 1995 et renommée Excellence In Management pour développer un nouveau concept : le management de transition. Aujourd'hui EIM compte quinze bureaux dans le monde et est le leader du marché. Enfin en 2009, j'ai créé CSM Consult, une entité spécialisée dans le conseil personnalisé au dirigeant ou à l'actionnaire pendant les phases critiques de son entreprise.

Pourquoi avoir accepté de devenir mentor ?

Je fais du mentoring depuis toujours, car au sein d'EIM, j'ai accompagné de nombreux directeurs généraux pendant leur prise de poste. Être mentor chez WBMI s'inscrit donc dans ce prolongement. J'ai créé le Stanford Business Club en 1979, que j'ai présidé plusieurs fois. Puis j'ai demandé à Martine Liautaud d'en prendre la tête à son tour. Quand elle a eu l'idée de monter WBMI, j'ai accepté de faire partie des mentors. J'ai vraiment à cœur d'aider les jeunes ! Je suis entrepreneur depuis toujours : même quand j'ai monté ma première entreprise au sein de Merlin Gérin, cela me venait naturellement. Bien sûr, j'ai commis des erreurs. C'est au contact des autres que l'on apprend. Il est dommage qu'en France on ne valorise pas assez l'entrepreneuriat. Alors qu'aux États-Unis, et notamment pour tous ceux qui ont fait Stanford, l'envie de monter sa boîte est forte. J'ai reçu une « piqûre » là-bas, qui a entraîné une réaction. Depuis lors, je cherche à aider l'entrepreneuriat dans l'Hexagone, car cela peut faire avancer le pays pour les générations futures.

Avez-vous été formé à cette mission avant de démarrer ?

J'ai appris en marchant, au fil des réunions de travail. Nos valeurs se sont créées au fur et à mesure, par une sorte de cooptation naturelle. Notre but à présent est de développer le nombre de mentees. Chaque candidate est sélectionnée par un jury sur dossier. Les binômes se forment par affinités. Le mentor doit se sentir à l'aise avec l'environnement de cette personne, sans la connaître forcément. Puis un échange est organisé entre deux mentors et une candidate, pour échanger sur son projet et ses motivations. Nous décidons ensuite entre nous qui l'accompagnera. Bien sûr, la mentee peut demander à changer de personne. C'est là aussi de la cooptation naturelle. Nous avons donc une structure, mais qui reste informelle à l'intérieur.

Depuis 2010, vous avez déjà accompagné trois entrepreneures...

J'ai noué une relation forte avec elles sur le plan professionnel, voire une sorte d'amitié. À chaque expérience, j'ai l'impression que je leur fais passer une étape de plus. La première avait une société qui marchait moyennement. J'ai davantage orienté mon mentoring sur elle que sur son entreprise. Suite à ce travail, elle a réorienté sa carrière. Je l'ai aidée à prendre conscience qu'il n'était jamais trop tard. La deuxième mentee dirige sa société de formation à la vente, Booster Academy. Évelyne Platnic Cohen est un phénomène, une formule 1. C'est un peu particulier, car elle sait très bien où elle veut aller. Il s'avère délicat de mentorer cette hyperopérationnelle très réactive, qui a beaucoup de leadership ! Là aussi, je me suis adapté, en l'écoutant beaucoup, sans la forcer à rien, car il fallait que cela vienne d'elle. Je lui ai permis d'avoir une vision et une stratégie pour son entreprise, et d'en envisager l'organisation en prenant parfois plus de hauteur. Il y a deux raisons de créer une société : pour soi ou pour les autres. La seconde option suppose de l'ambition et le partage du pouvoir pour se développer. Entreprendre n'est pas un sport individuel, mais collectif. Évelyne est une femme de résultats qui a su m'exploiter dans le bon sens du terme. Enfin, j'accompagne actuellement Émilie Creuzieux. C'est aussi un leader très ambitieux, doté d'un moteur extraordinaire et d'un très fort potentiel. La mentorer n'est pas évident, car elle est très concrète et agit vite. Nous avons presque une relation filiale, fondée sur la confiance. Je l'entraîne sur le terrain de la stratégie, lui donne des bases conceptuelles du management et de la gestion d'entreprise, afin qu'elle ait des repères. Elle est avide d'apprendre, intuitive, et comprend très vite. Elle aime relever des défis, n'a peur de rien et va de l'avant. Je suis admiratif ! Je ne vois pas de limites à sa progression... Parfois, je voudrais presque être à sa place !

Quels ont été les moments marquants de ces expériences ?

Je suis fier d'avoir remis sur les rails ma première mentee en tant que personne, et d'avoir aidé la suivante à s'engager vers le collectif, en trouvant des relais d'organisation et en développant un réseau de franchises. Enfin, je suis fier que ma troisième mentee ait bien réagi à mes conseils. Une entreprise, c'est trois choses : le produit, les gens (*people*) et les process, ce que j'appelle « les 3 P » ; au-dessus se trouve la stratégie. Dans la société d'Émilie, il y a trop de produits, pas assez de gens et pas de process. Elle l'a très bien compris et corriger le tir est devenu sa priorité. Elle a pris un virage important vers une entreprise performante, avec un collectif plus solide, afin de dégager une croissance rentable.

Y a-t-il eu des difficultés ?

Il ne faut pas arriver avec une méthode, ni d'*a priori*. Le mentoring n'est pas fait pour les débutants. Il faut trouver la bonne méthode pour chaque personne et chaque société. En fonction de ses expériences, le mentor doit se demander ce qu'il peut apporter à chaque fois. On est dans le vrai sur-mesure.

Que vous ont apporté ces expériences ?

J'en tire un excellent bilan, car c'est un plaisir de voir réussir les autres et d'y être pour quelque chose. Au final, je pensais connaître les femmes, mais en réalité pas assez sur le plan professionnel. Celles que j'ai accompagnées ont un sens pratique et orienté résultats – à partir du moment où elles sont convaincues – très développé, sans doute plus que l'homme en moyenne. En revanche, elles éprouvent des difficultés à conceptualiser ou à avoir une vision à long terme. Cela m'encourage à réfléchir à la façon d'optimiser, dans la dimension managériale, le binôme homme-femme, qui pourrait devenir une nouvelle solution pour améliorer la performance de l'entreprise.

« Mon mentor m'insuffle l'énergie dont j'ai besoin pour poursuivre ma route »

Murièle Roos a fondé et dirige le bimestriel féminin *Femme Majuscule*, qui s'adresse aux femmes de 45 ans et plus.

Avant de démarrer dans la presse, vous avez mené une brillante carrière dans le marketing…

Après l'Essec, je suis entrée en 1987 chez Danone, en tant qu'assistante chef de produit pour Kronenbourg. Après une expatriation en Grèce pour une marque de bière rachetée par le groupe, je suis devenue chef de groupe chez Évian, où j'ai piloté le relancement de la marque. Puis en 1995, j'ai été nommée directrice d'enseigne Heudebert, où j'ai mené deux campagnes de négociation avec les centrales d'achat, avant de prendre la tête du marketing et du développement de Volvic, puis de l'ensemble formé avec Évian après leur fusion. J'ai quitté Danone pour Well en 1998. Je me posais de plus en plus de questions sur la place des femmes dans la société et j'avais envie d'agir pour elles. À l'aube de la quarantaine, alors que je venais d'avoir mon second enfant, j'ai décidé de me lancer. J'ai monté mon entreprise « 50 etc. ». Je voulais proposer un outil d'échantillonnage pour les femmes de plus de cinquante ans, sur le mode de la boîte rose de maternité, dans le cadre du dépistage organisé du cancer du sein. Le test régional a très bien marché, mais je n'ai pas réussi à convaincre les marques pour faire un lancement national. Cela m'a motivée pour m'adresser directement aux femmes en créant en 2011 *Femme Majuscule* destiné aux femmes actives de 45 à 50 ans et plus. Je partais du constat qu'à compter de fin 2014, une femme sur deux en France aurait 50 ans ou plus. Pour faire ce magazine, il faut aller à l'encontre des clichés et des stéréotypes, ce qui est passionnant mais s'avère ardu, un peu comme s'attaquer à la montagne avec une petite cuillère ! En feuilletant *Femme Majuscule*, les lectrices découvrent des femmes qui leur ressemblent – elles ont toutes au moins 40 ans, mannequins compris ! L'enjeu est de les motiver pour aller de l'avant et ne pas se laisser démoraliser par le jeunisme ambiant. Avec *Femme Majuscule*, j'ai le sentiment de participer à un changement de notre société. J'éprouve une grande satisfaction quand des lectrices nous écrivent qu'elles se sentent « femmes majuscules » et nous remercient pour ce que nous faisons pour elles !

Avant de recourir à un mentor, avez-vous été accompagnée ?

Pas à proprement parler, mis à part l'appui d'un coach quand j'étais au comité de direction de Well. Il m'a conseillée quand j'ai traversé une phase difficile. On éprouve des doutes profonds quand on est chef d'entreprise, or on ne peut en parler à l'équipe ni à ses amis : les uns comme les autres ne sont pas là pour cela. Je suis parfois submergée par des urgences et je peux perdre ma vision de l'entreprise. En 2011, une amie mentor au sein de WBMI, Dominique Maire, m'a parlé de l'association qui venait de naître. Mais je n'arrivais pas à sauter le pas. Puis un jour, c'est devenu une évidence. Pourquoi ai-je eu besoin de ce temps de maturation ? Peut-être la peur de déranger ? Ou de n'intéresser personne ? Aujourd'hui, je sais que Dominique a eu raison de m'en parler.

Quels étaient vos besoins ?

Mon mari, qui est chef d'entreprise, m'a aidée financièrement au début pour lancer le projet. Au bout de trois ans, il m'a demandé de trouver mon autonomie financière, ce qui est normal. Cela a été un électrochoc salutaire. Avais-je pris les bonnes options ? Mon modèle économique avait-il du sens ? Comment faire une levée de fonds ? J'avais besoin de prendre du recul, d'avoir une vision et d'être rassurée, surtout face aux mauvais conseillers… J'ai rejoint WBMI qui allait m'aider à trouver la juste ambition pour mon projet. Ève Magnant est devenue mon mentor en mai 2013.

Qu'avez-vous appris à ses côtés ?

C'est mon Jiminy Cricket ! C'est toujours un plaisir de la voir, un peu comme un bol d'air, qui me revigore. Ève porte sur moi un regard bienveillant, mais pas naïf. Elle m'insuffle l'énergie si précieuse dont j'ai besoin pour continuer. Parfois, quand je suis au bout du rouleau, je l'appelle et elle me secoue en me rappelant tout le chemin déjà parcouru, chose que je ne vois plus. Elle sait aussi me bousculer avec élégance, en me rappelant par exemple que je n'ai pas fait ce que j'avais annoncé. Elle m'oblige en outre à sortir de mon bocal, à porter mon message à l'extérieur. Aujourd'hui, je me sens très libre avec elle. Nous nous voyons tous les dix à quinze jours et je la contacte dès que j'en ai besoin. Ève m'aide à (re)prendre confiance en moi et me rappelle que ce que je fais a de la valeur et compte pour les femmes et les annonceurs, pas toujours faciles à convaincre ! Or les trois premières années intenses du démarrage m'ont fait un peu perdre la signification de la valeur – la mienne, comme celle du projet –, surtout dans un marché de la presse magazine en plein bouleversement. Or, plus qu'un magazine, *Femme Majuscule* est une marque partenaire des femmes. Il me faut des moyens conséquents pour passer une étape et lui donner toute l'envergure nécessaire. Mon mentor m'a ouvert des portes, fait rencontrer des gens. Une chaîne vertueuse s'est enclenchée. Grâce à cela, j'ai compris comment le numérique pourrait m'aider. Internet représente un vrai enjeu pour *Femme Majuscule* et sera un apporteur de services qui va dans le sens de mon projet initial. Au final, je me sens désormais beaucoup plus à l'aise pour poursuivre ma route !

Quels ont été les moments marquants pour votre parcours professionnel ?

Par exemple, sur le numéro anniversaire de mars 2014, j'ai obtenu pas mal de « retours » dans les médias (radio, presse, etc.). Ce succès est pour beaucoup lié au travail effectué avec Ève et WBMI. Leur bienveillance profonde et l'absence d'enjeu de l'association sont primordiales. Je sens chez mon mentor et toute l'équipe l'envie de mettre les entrepreneures en selle et en scène, pour qu'elles aient leur place. J'ai pris conscience qu'il fallait parfois y aller, avancer, même si l'on n'est pas complètement préparée, car mieux vaut se lancer que rater le coche.

Que vous a apporté cette expérience ?

J'espère que ce n'est pas fini ! Je vois désormais une partie du chemin parcouru. En 2013, je me disais que si je n'y arrivais pas, je mettrais la clé sous la porte. Cette idée m'a quittée, car je sais que je vais trouver une solution. Aujourd'hui, le magazine a acquis plus de visibilité et nos abonnées s'accroissent. Je suis rassurée, même si l'aventure reste complexe. Et j'ai des convictions que je n'hésite plus à exposer largement ; je me sens plus armée et moins ébranlable. Beaucoup de femmes ne peuvent s'exprimer, donc je me dis qu'avec *Femme Majuscule* je peux être une de leurs porte-parole. Si l'on veut vraiment faire bouger la société, il ne faut pas accepter 100 % des codes masculins ! La mixité apporte des choses positives à toutes et tous, dans la vie comme au travail. Et il faut surtout accepter que des générations cohabitent avec des codes, des envies, des projets différents... Le mentoring est précieux pour éviter les décalages, car il n'est pas soumis à l'influence d'intérêts personnels, contrairement au coaching, qui fonctionne sur une base contractuelle et financière, respectable par ailleurs. En tout cas, si j'arrive à aller jusqu'au bout de mon projet, je rêve de devenir un jour mentor à mon tour, pour passer ce que j'ai appris aux suivants, et même plutôt suivantes ! Je me sens la responsabilité d'aider les autres.

« Le mentor est loin d'être un spectateur passif ! »

Ève Magnant est vice-présidente et directrice de la RSE (responsabilité sociale de l'entreprise) de Publicis Groupe.

Quel a été votre parcours professionnel jusqu'à aujourd'hui ?

J'ai suivi des études universitaires de sociologie à Paris, puis j'ai eu deux maîtrises, l'une en sciences politiques, l'autre en Information Communication. Vers la quarantaine, j'ai fait un Executive MBA à HEC. Cela fait vingt-trois ans que je travaille chez Publicis, après trois premières années passées dans une petite agence de communication. Au sein de Publicis, j'ai exercé trois métiers. D'abord opérationnelle, j'ai été conseil en communication *corporate* et de crise auprès de grands groupes pendant douze ans, puis je suis devenue une fonctionnelle en tant que directrice de la communication corporate du groupe. Depuis 2007, je suis la directrice de la RSE du groupe.

Avez-vous eu envie d'être mentor ou vous l'a-t-on proposé ?

J'en ai éprouvé l'envie, car je « pratique » déjà le mentoring depuis dix ans environ dans des contextes différents : auprès de jeunes diplômés issus de la diversité, de femmes *via* le réseau EPWN (European Professional Women's Network), ainsi que de salariés de Publicis. Je suis également membre de plusieurs réseaux tels que EPWN, HEC, HEC/AFIP (association pour favoriser l'intégration professionnelle), WCD (WomenCorporateDirectors), entre autres ; enfin j'ai initié le réseau interne de femmes au sein de Publicis Groupe il y a quelques années.

Quelles étaient vos motivations pour devenir mentor ?

Au sein de WBMI, nous avons travaillé avec Martine Liautaud dès l'origine de sa démarche sur le fait précis que les femmes entrepreneures, déjà moins nombreuses que les hommes, ont encore plus besoin d'être accompagnées et de ne pas rester seules. Or il est difficile d'identifier un appui neutre, bénévole et bienveillant. En tant que dirigeant, il est important d'avoir un interlocuteur avec qui échanger librement, sans tabous, sur de nombreux sujets, et d'être parfois guidé. Notre seule motivation est de l'aider à atteindre ses propres objectifs. Avant de démarrer le mentoring chez WBMI, j'avais déjà été sensibilisée à mon rôle afin de clarifier ce qu'est – et n'est pas (!) – un mentor.

Comment a été choisie votre mentee ?

Le comité de sélection de WBMI a retenu *Femme Majuscule*, un bimestriel féminin, sur des critères objectifs : entreprise ayant plus de trois ans, fondée par une femme, avec des enjeux importants de développement. Nous avons aussi été sensibles à l'audace du projet : une femme créatrice d'un magazine destiné aux femmes actives de 45 à 50 ans, c'est non seulement très pertinent (démographie oblige...), mais aussi très « gonflé », car la presse traverse une passe difficile en France... Comme il s'agit d'un média, mon parcours professionnel me permettait d'accompagner Murièle Roos plus naturellement. Encore que... Il est important de noter que WBMI fonctionne en réseau interne : nous sommes douze mentors, avec des parcours et des spécialités très différents. L'un de nous est le mentor principal qui accompagne au plus près la mentee, et les autres mentors sont des ressources vers qui se tourner si des sujets spécifiques se font jour. Cette extension d'accompagnement est très importante et très différenciante.

Comment s'est passé le premier rendez-vous de travail avec Murièle ?

Nous avons démarré par une longue réunion à la rédaction de *Femme Majuscule* dans le 18e arrondissement à Paris, pour faire le tour de ses enjeux, de ses questions, de ses priorités... et nous avons appris à nous connaître. Le mentoring, c'est en effet avant tout une rencontre. Il faut que nos rendez-vous soient placés sous le signe de l'efficacité et du plaisir, pas de la contrainte ! Cette expérience, encore en cours, est censée durer un an, mais il faudra tenir compte de la nature des enjeux, parfois plus longs à traiter.

Quels ont été les moments phares ou marquants de cette expérience ?

Chaque nouveau numéro de *Femme Majuscule* est source de joie et c'est très communicatif ! Murièle traverse des moments de réelle satisfaction, à juste titre : quand elle rencontre ses lectrices lors d'un salon, quand elle les écoute et qu'elle a le sentiment que son magazine répond bien à une attente... ou quand *Femme Majuscule* propose un dossier audacieux, loin de tout ce qui se lit ailleurs, et que le courrier des lectrices afflue, plein de remerciements ! Et elle a fait une succession de (belles) rencontres qui l'aident, directement et indirectement...

Y a-t-il eu des difficultés ?

Il y a des moments de découragement, fort compréhensibles, car Murièle est seule face à toutes ses difficultés. Même si elle a constitué une petite équipe performante, elle reste la seule décisionnaire et responsable : elle doit prendre cent décisions dans la journée, des plus simples (penser à acheter deux ampoules...) aux plus difficiles : un annonceur décale sa campagne de publicité à la dernière minute ; résultat : plus de quatrième de couverture le jour du bouclage ! Heureusement, elle a trouvé une solution *in extremis*. Pour ma part, j'accompagne tous ces moments et mon enjeu est de comprendre chaque situation et l'état d'esprit de Murièle, de l'aider à trouver des leviers pour avancer, et de garder le cap par rapport à l'objectif fixé… Ce qui n'est pas toujours facile, car un entrepreneur passe sa vie à faire une course de haies. Le mentor est donc loin d'être un spectateur passif ! S'il aide l'entrepreneure à franchir ces obstacles, c'est elle qui les passe un à un…

Que vous apporte cette expérience ?

Il peut sembler banal de dire que c'est d'une grande richesse humaine, mais c'est vrai. Au-delà de la seule rencontre, cela me permet de cogiter sur des sujets nouveaux. En outre, il faut savoir se remettre en question sur sa propre utilité et son rôle. Enfin, rien n'est écrit à l'avance : il faut créer la route qui s'ouvre devant *Femme Majuscule*. Tout porte à croire qu'elle est large et longue… mais l'accès, lui, reste escarpé ! Pour ma part, je souhaite poursuivre cette expérience de mentoring, car chaque entreprise est unique et intéressante. Et en tant que salariée, je suis très admirative devant des entrepreneures comme Murièle, sa vision et sa ténacité, car son projet me semble très « juste ».

Paris Initiative Entreprise accompagne les créateurs pour leur financement

Paris Initiative Entreprise (PIE) est une association née en 2000 pour faciliter le financement des petites entreprises. Ses créateurs sont notamment partis du constat que l'obtention d'un crédit bancaire par les jeunes entrepreneurs devenait de plus en difficile. Or en l'absence de ce sésame se pose la question de la pérennité, voire de la survie des entreprises, lorsque l'on démarre avec peu d'apport personnel. PIE se mobilise donc pour persuader les banques d'intervenir financièrement dans des projets de création, même s'ils sont mus par des profils moins classiques ou orthodoxes : par exemple, des entrepreneurs totalement débutants, ou des personnes se trouvant dans une logique de reconversion. Ces profils, parfois synonymes d'une longue période de chômage ou de famille monoparentale, effraient parfois les investisseurs. PIE intervient dans un premier temps pour aider au financement d'un projet, puis dans un second temps pour accompagner si nécessaire l'entrepreneur et sa société dans le développement de celle-ci.

Une aide financière

L'accompagnement financier du projet part de l'hypothèse du business plan pour calibrer l'intervention de la banque et donc rassurer cette dernière. Même si le projet est bien monté, PIE s'engage financièrement de trois façons.

- Dans le cadre de son appartenance à Initiative France, un réseau d'associations de prêts d'honneur, PIE accorde ce type d'aide financière. Cela permet d'une part de renforcer l'apport personnel du créateur d'entreprise et d'augmenter ses fonds propres, et d'autre part de faire levier sur les crédits bancaires.
- PIE facilite l'octroi de crédit, évitant qu'il soit attribué à des conditions exigeant autant de garanties en montant par rapport à la valeur réelle de ce qui est prêté. L'organisme se porte garant du prêt bancaire, et notamment par le biais du FGIF (fonds de garantie à l'initiative des femmes), ce qui incite à se montrer vigilant sur les conditions posées par la banque et donne un pouvoir de négociation avec elle. Les femmes y sont naturellement très sensibles.

– PIE accorde un prêt participatif France Active aux projets d'entrepreneurs sociaux présentant une innovation sociale, c'est-à-dire avec une finalité précise, pour un public particulier, avec une façon spécifique de mettre en œuvre un service : éducation, environnement, insertion, avec une répartition plus équitable de la plus-value entre les parties prenantes, etc. Ce prêt peut atteindre 1 million d'euros, ce qui permet à l'entreprise d'asseoir sa solidité, qu'elle soit en phase d'amorçage, de démarrage ou de développement, et d'attirer d'autres partenaires.

Une organisation efficace

Sans impératif de rendement, PIE élabore pour chaque projet un diagnostic très neutre. L'association n'entre pas dans la gouvernance des entreprises qu'elle finance ou accompagne. Il s'agit avant tout d'une structure d'accompagnement avec des outils de financement pour le lancement et la consolidation de nouvelles entreprises.

Cette action ne serait pas envisageable sans l'implication de son personnel ni l'aide de ses bénévoles accompagnants. PIE compte quatorze membres permanents, dont la majorité est âgée de moins de quarante ans. Très qualifiés, diplômés de grandes écoles, ces collaborateurs sont particulièrement ouverts à l'économie sociale et solidaire (ESS). Ainsi, ils allient des bases techniques très fortes en termes d'expertise financière, avec des valeurs liées à l'ESS et à l'intérêt général. Ils sont chargés au quotidien d'expertiser les projets et d'accompagner les créateurs dans le financement de leur entreprise.

Une fois le financement assuré, l'accompagnement des entrepreneurs est mené par une partie des cent dix bénévoles de PIE. Appelés « parrains », ils apportent un appui à la gestion de l'entreprise et notamment au pilotage de la trésorerie, surtout au démarrage. Ce sont en général de jeunes retraités qui ont occupé des fonctions de direction ou ont été entrepreneurs. Ils soutiennent aussi moralement les jeunes créateurs, qui souffrent parfois d'isolement, et les mettent en réseau. Les parrains apportent en outre un soutien technique. Ils produisent une sorte d'effet miroir sur les entrepreneurs, les aidant à prendre du recul et les incitant à anticiper, à envisager des paramètres qu'ils ne veulent pas forcément traiter. L'accompagnement dure un à deux ans. On compte seulement 15 % de marraines, ce qui reflète sans doute le fossé en termes du nombre de retraitées ayant exercé des fonctions de direction ou été entrepreneures par rapport à leurs homologues masculins.

Une culture tournée vers les femmes

Pour bénéficier de l'aide de PIE, les entrepreneurs doivent avoir un besoin d'accompagnement, ce qui suppose qu'ils soient transparents et donc ouverts à leurs peurs par rapport à l'entrepreneuriat. Ils doivent être prêts à échanger et à accepter la critique. En outre, ils doivent nécessiter un prêt bancaire (apport personnel faible), tout en rencontrant des difficultés pour mobiliser les banques. Enfin, leur projet doit être d'une envergure suffisante pour pouvoir obtenir un financement. PIE intervient dans le financement de projets qui ont un besoin moyen de 200 000 euros (à partir de 10 000 euros minimum).

En 2013, PIE a accompagné cinq cent soixante-deux projets et financé trois cent dix personnes, dont 36 % de femmes. Ce chiffre est malheureusement en baisse de quatre points par rapport à 2012, et même de dix points par rapport à 2011. Comment expliquer ce phénomène ? La réticence à s'endetter en période de crise constitue un début de réponse. Quand on emprunte de l'argent, c'est qu'on se sent enthousiaste par rapport à l'avenir et que l'on ressent une ambition très forte. En attendant de meilleurs lendemains, les créatrices se tournent probablement plutôt vers le *love money* ou sollicitent l'aide de leur famille.

Si PIE ne mène pas d'actions spécifiques aux femmes, son comité d'engagement a cependant développé une culture spécifique : tous ses membres sont convaincus que l'on peut mener une activité professionnelle, certes très chronophage, tout en conservant une vie familiale. Ils ont en effet été témoins du démarrage puis de la croissance de projets menés par des femmes réussissant à travailler en permanence sans pour autant négliger leur vie de famille. Relever ce défi nécessite naturellement de mettre en place une organisation très complexe. Le comité d'engagement, y compris les banques qui en font partie, ne porte donc pas de préjugés sur ce type de dossier, car il sait que les femmes sauront toujours trouver une solution. Il ne considère pas cela comme un facteur de risque supplémentaire, ni une entrave au financement puis à l'accompagnement de leur entreprise, mais plutôt comme la preuve d'une compétence multitâche. Or une telle qualité s'avère essentielle pour réussir un projet entrepreneurial.

« Si mon aventure entrepreneuriale a marché, c'est grâce à l'accompagnement »

Karen Bras dirige depuis la fin 2012 2kids 1bag, une société de location de matériel pour enfants qu'elle a créée.

Comment êtes-vous arrivée à la création d'entreprise ?

Diplômée de Dauphine, j'ai passé dix ans en entreprise. J'ai notamment été responsable marketing dans les noms de domaine, puis responsable commerciale dans une entreprise familiale du secteur des télécoms, rachetée par un groupe américain, Premiere Global Services. Alors que j'en étais la directrice commerciale France, j'ai décidé en 2011 de quitter le salariat, un monde qui pourtant me convenait bien, pour créer ma propre société. Ma vocation n'était pas évidente : jamais je ne m'étais dit au cours de mes études que je serais un jour créatrice d'entreprise. Cependant, je parlais volontiers de « ma petite entreprise » avec mon équipe de commerciaux quand j'étais encore salariée. J'avais donc probablement la fibre et le caractère nécessaires pour me lancer...

Quelle était votre idée ?

Un jour, à la faveur d'un voyage avec mes deux jeunes enfants, j'ai détecté le besoin de nombreux parents comme moi de pouvoir louer sur place du matériel spécifique, comme des poussettes, des lits, etc., au lieu de devoir tout emporter avec eux. Se déplacer, notamment en avion ou en train, avec des tout-petits peut se transformer en parcours du combattant ! Mieux vaut faciliter la tâche aux familles afin qu'elles puissent voyager léger. J'ai parlé autour de moi de mon idée, y compris à des professionnels de la création d'entreprise, et les avis se sont avérés positifs. J'ai donc entrepris une étude de marché, puis décidé de me lancer. J'ai négocié mon départ pour pouvoir me consacrer à 100 % à mon projet. Quand il a fallu monter un business plan, j'ai vu que mes compétences en marketing et commercial et ce que j'avais appris au cours de mes études ne me suffiraient pas pour y arriver. J'avais besoin d'un accompagnement.

Vers qui vous êtes-vous tournée ?

J'ai d'abord fait appel à l'IRFED Europe, une association qui accompagne les créatrices franciliennes. Dans ce cadre, j'ai suivi cinq semaines de formation à temps plein pour apprendre à monter un business plan. Mission accomplie ! À l'issue du stage, je savais répondre à la question concernant mon chiffre d'affaires à trois ou à cinq ans, construire mon business plan et le faire évoluer le cas échéant. Je suis passée devant un jury composé d'experts de la création d'entreprise qui m'ont conseillé de tester mon idée sur le marché avant d'immatriculer la société. J'ai donc intégré Astrolabe Conseil, une couveuse d'entreprises, c'est-à-dire une structure dont on dépend administrativement et juridiquement, qui permet de facturer sans immatriculer. Cela m'a permis de mettre en place des actions en amont : communication, site Internet, prospection commerciale, logistique. J'ai enfin pu me demander si mon projet pouvait se transformer en entreprise. L'immatriculation a eu lieu le 4 décembre 2012.

Parallèlement, vous avez aussi été accompagnée par Paris Initiative Entreprise (PIE)...

Effectivement. J'avais besoin de financer notamment l'achat du matériel, ou encore le site Internet. Je pouvais en prendre en charge une partie, grâce à des fonds propres, mais ce n'était pas suffisant. J'ai donc sollicité PIE. Pendant environ quatre mois à l'automne 2012, Casimir Tronel m'a aidée à constituer le dossier que je devais présenter au comité des engagements de l'association, dont l'avis est déterminant pour obtenir un financement. Ses nombreuses questions, très pertinentes, m'ont permis d'affiner mon business plan, d'en reprendre certains aspects, d'identifier des faiblesses, de voir si j'avais bien tout prévu en termes de communication, etc. Une fois l'accord du comité des engagements obtenu, Casimir a poursuivi son accompagnement. Nous continuons à faire des points par téléphone et par e-mail. Sans ces différents organismes d'accompagnement, 2kids 1bag n'existerait pas ! Ils ont été là pour moi à un moment crucial pour l'entreprise, me permettant de passer les différentes étapes de la création. Il est donc normal que je les fasse participer à la vie de la société : dès que j'ai une bonne nouvelle, je ne manque pas de la partager avec eux ! C'est grâce à PIE que j'ai pu participer au concours Mercure HEC Booster. Avec quatre autres entreprises sélectionnées, j'ai bénéficié de six mois de coaching de juillet à décembre 2013. Au final, j'ai été désignée lauréate du jury, dont PIE fait d'ailleurs partie, en janvier 2014. J'ai intégré ainsi la famille HEC, je participe aux réunions sur l'entrepreneuriat, les levées de fonds, les ressources humaines, etc.

Que vous a apporté cette expérience d'accompagnement ?

Si l'aventure 2kids 1bag a marché, c'est grâce à l'accompagnement. Je n'aurais pas pu développer l'entreprise sans cela. Aujourd'hui, j'en suis à la levée de fonds, qui devrait me permettre de passer à une vraie étape de croissance, avec un projet d'industrialisation autour de la location de poussettes. Nous sommes déjà installés à Roissy Charles-de-Gaulle. L'entrepreneuriat est un défi de chaque instant. Quelle que soit l'étape, un œil extérieur est nécessaire, voire indispensable, pour réussir.

« La personnalité du créateur est un facteur de réussite essentiel d'un projet d'entreprise »

Casimir Tronel est consultant entreprise à Paris Initiative Entreprise (PIE).

Pourquoi avez-vous eu envie de rejoindre PIE ?

Je ne souhaitais pas particulièrement accompagner des créateurs d'entreprise ; c'est plutôt une opportunité qui s'est présentée à moi, et qui au final me correspond parfaitement. Après une école de commerce, j'ai effectué mon stage de fin d'études et mon premier poste dans le microcrédit, pour le compte du gouvernement indien. De retour en France en 2007, je cherchais un emploi qui me permette de mettre à contribution ce que j'avais appris en école de commerce tout en répondant à mes attentes sociales. J'ai rejoint les réseaux France Active et Initiative France au sein d'une association du Val-de-Marne, Seine Amont Initiative (SAI). Puis à la fin 2009, j'ai intégré Paris Initiative Entreprise. C'est humainement très enrichissant de rencontrer des créateurs, qui ont besoin d'aide et de soutien, surtout au démarrage. Et si un jour je crée moi aussi une entreprise, tout ce que j'apprends ici me sera très utile. Au sein de PIE, j'accompagne en moyenne 55 % d'hommes et 45 % de femmes.

Avez-vous été formé ou préparé à cette mission ?

Tout ce que j'ai appris pendant mes études m'a beaucoup servi. Une fois en poste chez SAI puis PIE, j'ai suivi des formations sur des sujets techniques. Cependant, rien ne remplace le terrain. Il y a tant de connaissances théoriques à avoir qu'on ne peut pas toutes les apprendre en cours ou lors de formations : beaucoup s'acquièrent au fil du temps, avec l'expérience. Les automatismes se mettent petit à petit en place. Un élément compte beaucoup, et ce dès le départ : le ressenti de l'accompagnant face au créateur d'entreprise. La personnalité est un facteur de réussite du projet incontournable ; or on a tendance à se focaliser plutôt sur les détails techniques ou business. Pourtant, ce qui prime, c'est l'aspect humain. Aujourd'hui encore, je trouve difficile d'évaluer les créateurs et cette composante humaine. Cela vient avec le temps.

Combien de femmes avez-vous accompagnées ?

Environ deux cents depuis que j'ai commencé l'accompagnement. Le processus s'étale en moyenne sur trois à quatre mois, depuis la « rencontre » du projet, c'est-à-dire l'idée bien déterminée, avec le business plan, etc., jusqu'à la création de l'entreprise proprement dite, avec le volet financement. Je reste ensuite en contact avec certains créateurs. Nous nous appelons de temps en temps pour prendre des nouvelles. Je les conseille le cas échéant et les oriente vers des personnes qui pourront les aider.

Vous avez accompagné Karen Bras en 2012 et 2013. Comment cela s'est-il passé ?

Le financement est le cœur de notre métier : nous validons les éléments financiers du dossier et le finançons en partie, et orientons le créateur vers d'autres financeurs, comme les banques. C'est pour répondre à ce besoin-là que Karen nous a sollicités. Son idée d'entreprise, 2kids 1bag, consiste à proposer la location de matériel pour enfants à des touristes. Ce concept existait déjà, mais à petite échelle. Karen souhaitait lui donne une plus grande envergure et le moderniser. Son idée était très claire dans sa tête et elle l'a toujours très bien défendue. Ensemble, nous avons notamment étudié le *business model* du projet : les particuliers allaient-ils payer ? Si oui, comment ? Une fois le dossier monté, 2kids 1bag est passé devant notre comité des engagements, composé de six ou sept experts de la création d'entreprise, venus d'horizons divers : anciens créateurs d'entreprise, experts-comptables, avocats et banquiers. Leur mission consiste à identifier les points faibles d'un dossier et à mettre en garde les créateurs. Karen s'en est très bien sortie et a obtenu un accord, sachant que 40 % des dossiers sont refusés. Elle n'a eu aucun problème à communiquer ni à vendre son concept, ce qui constitue une autre part essentielle de la réussite d'un projet. Ensuite, elle a fait les démarches pour trouver une banque, et nous l'avons là aussi accompagnée, même si elle avait déjà fait des recherches en amont. Quand son entreprise a traversé quelques difficultés, Karen a dû revoir son *business model* plusieurs fois. Pendant cette période, elle m'a souvent contacté pour me demander conseil, me faire part de ses doutes. Elle cherchait un soutien et une oreille pour pouvoir confronter ses idées.

Que vous a apporté cette expérience ?

Dès le départ, j'ai trouvé ce projet très sympathique. Accompagner Karen m'a beaucoup apporté, car c'était pour moi un secteur d'activité tout nouveau. J'ai dû me renseigner, faire des recherches pour avancer avec elle sur ce projet. Nous avons développé une relation très constructive.

« L'accompagnement est l'une des conditions incontournables de la réussite d'une entreprise »

Natalie Hautecouverture a créé en juin 2013 Les Bobines, le premier restaurant-cinéma de Paris.

Avant de vous lancer dans la création d'entreprise, vous avez effectué une belle carrière dans le marketing…

À dix-huit ans, j'avais pour ambition de faire une école hôtelière. Je m'étais même inscrite à celle de Lausanne. Finalement, j'ai renoncé pour suivre plutôt un cursus en école de commerce. Après l'obtention de mon diplôme, je suis entrée chez Bic, où j'ai travaillé pendant dix ans à des postes en vente et surtout au marketing. Je suis finalement devenue responsable marketing de la filiale Bic France. En dépit de cette réussite, j'étais un peu lasse du salariat et avais envie, à 35 ans, d'un peu plus d'autonomie. Je voulais trouver quelque chose qui me motive vraiment pour la suite de ma carrière. L'envie de créer une entreprise me taraudant depuis longtemps, je suis allée au Salon des micro-entreprises, alors que j'étais près de donner naissance à mon second enfant. Avec une amie salariée, qui partageait mes motivations, nous nous sommes décidées à nous lancer dans la création d'entreprise. J'ai négocié une rupture conventionnelle et quitté Bic en octobre 2010, six mois après mon accouchement.

Quel était votre projet ?

Le projet entrepreneurial doit être suffisamment motivant pour avoir envie chaque jour de le tenir. Avec mon associée, nous avons donc fait le tour de nos aspirations. Je suis rapidement revenue à mes premières amours : nous avons donc eu l'idée d'ouvrir un restaurant. Cependant, en raison de nos situations personnelles (enfants, crédit, etc.) et comme aucune de nous n'était chef, il fallait lui adjoindre une particularité pour que l'on parle de nous rapidement. Nous avons opté pour la diffusion de films. C'est l'expérience du marketing qui nous a guidées : partir d'une frustration pour créer un produit. En tant que jeunes mamans, nous n'avions plus le temps d'aller au cinéma, que nous avions délaissé à contrecœur. Notre projet de restaurant-cinéma, devenu Les Bobines, était en route.

À partir de quand avez-vous été accompagnées ?

Pendant longtemps, nous avons travaillé seules sur le business plan, que nous avons bien détaillé. Nous avons appris sur le tas, découvrant par exemple qu'il fallait acheter un fonds de commerce ! À force, nous nous sommes constitué un réseau sur lequel nous appuyer. Grâce à ces différentes personnes, nous avons fini par trouver un local. C'est aussi ce réseau qui nous a aidées à trouver un financement, en nous mettant en relation avec un courtier. Ce dernier a défendu notre projet bec et ongles, allant démarcher les banques et nous accompagnant ensuite en rendez-vous. C'est alors que nous avons sollicité Paris Initiative Entreprise (PIE), car nous nécessitions des moyens complémentaires. Cependant, le projet a mis beaucoup de temps à se lancer, et je n'ai finalement recontacté PIE qu'en octobre 2013, quelques mois après l'ouverture du restaurant.

Que s'est-il passé entre-temps ?

Nous avons obtenu le bail du local en mars 2012, puis il a fallu solliciter un prêt. J'ai obtenu une franchise de loyer de six mois et décroché le prêt bancaire cautionné par Oseo en juin. Malheureusement, l'entrepreneur retenu pour réaliser les travaux dans le local a finalement décliné le chantier, le jour du démarrage, le 1er octobre ! J'ai réussi à obtenir une nouvelle franchise de loyer de deux mois. Les travaux ont enfin démarré fin décembre 2012 avec un nouvel artisan. J'ai commencé à payer un loyer à vide en février 2013. Entre-temps, mon associée a été obligée de retrouver une activité salariée. Je me suis retrouvée seule aux commandes ! Or il fallait ouvrir au plus vite, car les charges commençaient à tomber. L'ouverture était prévue en avril 2013, mais les retards de chantier ont fait qu'elle n'a eu lieu qu'en juin. Or j'avais déjà recruté un chef, payé depuis avril. Ma trésorerie a fondu ! Pour couronner le tout, j'ai rencontré de sérieuses difficultés avec des employés dont j'ai dû me séparer.

C'est à ce moment-là que vous avez été recontactée par PIE. Comment vous ont-ils aidée ?

La visite de Pierre Collette, mon parrain, est tombée à pic. Il m'a vraiment remonté le moral. La compassion dans ses yeux m'a fait un bien fou ! Dès le premier rendez-vous, il m'a donné deux ou trois conseils tout simples. Étant donné mon parcours, le fait que je suis assez carrée, que je sais où je vais et pourquoi, Pierre Collette a rapidement vu qu'il n'avait pas besoin de m'aider sur le plan de la gestion. En revanche, voir tous les mois une personne qui s'intéresse à vous fait vraiment plaisir. On se sent souvent seul en tant que chef d'entreprise. Il me donne des conseils avisés qui sont à ma portée. C'est comme une protection. On peut lâcher tout ce qui ne va pas et obtenir des conseils, chose impossible par exemple avec un banquier ! Sa présence est importante, car il a du recul, est posé, très intelligent et humain.

Quel bilan tirez-vous de cette expérience ?

La création d'entreprise n'est pas un long fleuve tranquille. Ce qui me sauve est que je suis extrêmement bien entourée. Parfois, je repense à mon salariat, quand j'avais un super salaire et que je gagnais plus d'argent que mon mari. Je me dis alors : « Tout ça pour ça ! » Et puis il suffit d'une bonne nuit de sommeil pour me rendre compte qu'au final, je suis très contente. J'apprends énormément de choses. J'ai passé la phase de panique du démarrage. À présent, je sais parler de ma société, j'ai plus de prise sur mes employés. Je me sens moins coupable vis-à-vis de ma famille, que j'ai beaucoup sollicitée pour m'épauler. À partir de maintenant, je vais avoir besoin du soutien d'un professionnel de mon secteur, pour porter un regard pragmatique sur mon modèle économique, ou d'un chef d'entreprise. L'accompagnement me paraît incontournable pour réussir.

« L'accompagnement est source d'un enrichissement humain énorme »

Pierre Collette, à la retraite depuis 2005, est parrain chez Paris Initiative Entreprise (PIE).

Pourquoi avez-vous souhaité accompagner des créateurs d'entreprise ?

Ingénieur électronicien de formation, j'ai travaillé dans la téléphonie puis l'aéronautique. Quand j'ai pris ma retraite, j'ai cherché des associations venant en aide aux personnes en difficulté. Je souhaitais en effet tenter de renvoyer l'ascenseur, car j'estime avoir eu beaucoup de chance dans ma vie, sur le plan professionnel comme personnel. C'est alors que j'ai identifié AGIRabcd. Cette association compte environ trois mille bénévoles en France, dont huit cents à Paris et en Île-de-France. La vocation de cette association est l'insertion au sens large, à la fois en France et à l'étranger : missions d'enseignement qui durent parfois plusieurs mois, transfert de savoir-faire, conception et appui de projets locaux (dispensaires, puits, etc.), aide à des associations locales pour monter des dossiers en vue d'un financement, etc. En France, il s'agit notamment d'enseigner en prison, de faire de l'alphabétisation et de l'apprentissage, et d'aider à la création d'entreprise. C'est cette activité qui m'intéresse le plus. Je ne souhaitais pas rejoindre les instances administratives de l'association, car j'avais déjà assez fait de management au cours de ma carrière, mais plutôt aller sur le terrain.

D'où viennent les candidats créateurs ?

De tous les horizons ! Certains contactent directement l'association, d'autres sont envoyés par Créapass, la branche création d'entreprise de Pôle emploi, ou par d'autres entités (par exemple La Sorbonne, avec qui nous avons travaillé). Nous recevons deux fois par semaine les candidats créateurs afin de les aider à concrétiser leur projet. AGIRabcd n'a pas de fonds à prêter, mais coopère avec d'autres associations comme l'ADIE[1] ou Paris Initiative Entreprise, qui sont susceptibles d'accorder des prêts aux créateurs. Lors de la création de l'entreprise, PIE met en place un parrainage, lorsqu'elle le juge utile ou si le créateur le

1. Association pour le droit à l'initiative économique.

demande. Tous les parrains sont formés par PIE quand ils démarrent, puis tout au long de l'année, environ une fois par mois, nous avons la possibilité d'assister à des forums traitant de problématiques professionnelles variées comme la vente sur Internet, le droit des sociétés, les boutiques de mode, etc. Pour le moment, les créateurs que j'ai accompagnés pour PIE avaient surtout besoin d'un soutien moral et de conseils de bon sens, car ils savaient déjà gérer une structure, faire un compte d'exploitation, établir un bilan financier, etc.

Vous accompagnez actuellement Natalie Hautecouverture.

Nous avons signé la convention de parrainage de PIE en octobre 2013. Cette convention, qui définit les règles d'accompagnement pour une durée d'un an, est renouvelable deux fois pour six mois, soit deux ans au maximum. Avec Natalie, nous nous voyons une fois par mois. C'est une créatrice qui a la tête sur les épaules et les capacités nécessaires pour gérer une entreprise. Elle a surtout besoin d'un soutien moral, car elle a déjà pris les bonnes décisions. Elle connaît en effet des difficultés financières depuis le démarrage, qui ne sont pas de son fait : pour installer Les Bobines, elle a entrepris des travaux d'aménagement dans le local neuf que la SIEMP, une société d'économie mixte, lui a loué. Malheureusement, l'artisan a renoncé au moment du démarrage du chantier ! Il lui a fallu plusieurs mois pour identifier un autre entrepreneur et réaliser les travaux. Or pendant la période, ses frais ont couru, elle devait payer un loyer, etc. Aujourd'hui, son affaire marche relativement bien, ce qui est rassurant pour une jeune entreprise, mais les arriérés financiers pèsent lourd dans la balance. Je m'efforce donc de l'aider à augmenter son chiffre d'affaires, ce qui suppose de diversifier son offre et de multiplier les actions de communication. Anciennement chef du marketing France chez Bic, Natalie est au fait de ces techniques. Très dynamique, elle contacte les journaux et participe à des concours. Elle a par exemple été sélectionnée par la mairie de Paris parmi les cent entreprises qui peuvent bénéficier d'un site en « .paris », aux côtés de noms prestigieux comme la tour Eiffel ou les Bateaux-Mouches. J'essaie de l'aider dans cette voie, car comme je le soulignais plus haut, sur les aspects plus classiques de gestion, elle n'a pas besoin de moi. Tous les mois, nous faisons le point, analysons son chiffre d'affaires, les actions envisagées la fois précédente, et essayons de trouver de nouvelles idées. Je lui apporte aussi le soutien moral nécessaire, car sa situation reste difficile. Les débuts d'une société ne sont jamais aisés !

Que vous apporte l'accompagnement ?

J'ai l'impression d'être encore un peu utile ! C'est aussi un enrichissement humain énorme, car je côtoie des personnes de tous les milieux et de tous les âges, des chômeurs en fin de droit, des jeunes diplômés, etc. Cela répond donc aux objectifs que je m'étais fixés quand je suis parti à la retraite.

Fédération Pionnières, première incubatrice pour les créatrices d'entreprises innovantes

À l'origine, c'est à l'initiative de Frédérique Clavel qu'est parti le projet, puis la conjonction des facteurs. Un premier incubateur, baptisé Paris Pionnières, est né le 8 mars 2005 à la faveur de trois facteurs : la volonté de quelques femmes qui voulaient changer la vision communément admise de l'entrepreneuriat féminin, en y insufflant plus d'ambition et d'innovation ; le constat d'un manque de femmes dans les incubateurs, qui en comptaient moins de 5 % ; enfin l'écoute active de son premier sponsor, l'adjoint au maire de Paris en charge du développement économique.

Très vite, le premier local de la rue d'Uzès ayant fait vibrer la presse et s'étant rempli d'histoires à succès (Trois Temps, Envie de fraises, Artupox, etc.), les Pionnières ont été repérées par l'OCDE, le ministère des PME, la Caisse des dépôts (CDC), et un certain nombre de Régions comme une excellente initiative à élargir. À Paris, les Pionnières sont passées de 170 m^2 rue d'Uzès à 900 m^2 rue du Chemin-Vert, ce qui leur a permis d'accompagner et d'héberger simultanément une quarantaine d'entrepreneures en incubation. C'est ainsi qu'en 2008 est née Fédération Pionnières pour étendre le concept sur le territoire français et créer un « réseau » d'incubatrices Pionnières.

Développement et critères de sélection

Depuis lors, Fédération Pionnières s'est fortement développée sur le territoire national, dont les DOM, et même à l'étranger (Maroc, Luxembourg et Belgique). L'association comporte en 2014 onze structures dans l'Hexagone et cinq en dehors de nos frontières. Fédération Pionnières accompagne ainsi les femmes dans la création d'entreprise de services innovants. Les start-up incubées répondent à trois critères de sélection :

- Le dirigeant est une femme.
- Le secteur d'activité est celui des services innovants.
- Le projet doit à terme être créateur de plusieurs emplois.

L'accompagnement

Les incubateurs et les pépinières du réseau proposent aux porteuses de projets des services d'accompagnement, d'hébergement, de mise en réseau avec les acteurs de la création d'entreprise. Les incubateurs apportent aux créatrices un soutien en trois temps :

- Un accompagnement dans les démarches de création d'entreprise, c'est-à-dire la « pré-incubation », allant de trois à six mois. Cette phase vise à consolider et à structurer le projet de création, sans oublier la validation de la capacité entrepreneuriale de la créatrice.
- Une fois l'entreprise créée, vient l'incubation, qui dure un an. Cette phase consiste en un suivi par la responsable d'accompagnement d'une créatrice pour toutes les problématiques qu'elle peut rencontrer durant la première année d'activité de son entreprise.
- Enfin, les créatrices se voient offrir la possibilité d'intégrer la pépinière d'entreprises dans certaines implantations Pionnières, pour les sociétés ayant entre un et trois ans d'existence et un potentiel de croissance.

Au-delà de l'expertise en matière de création d'entreprise, Fédération Pionnières met également à disposition un accès à divers services pour faciliter la vie professionnelle et privée des créatrices.

Une action consolidée

En 2013, sous l'impulsion forte de Najat Vallaud-Belkacem, une ministre des Droits des femmes particulièrement volontaire et active, le sujet de l'entrepreneuriat féminin est monté au plus haut niveau de l'État. À l'occasion des assises de l'entrepreneuriat, le 29 avril 2013, Frédérique Clavel, présidente et fondatrice de Fédération Pionnières, a remis personnellement au président de la République le recueil des quarante-quatre mesures en faveur de l'entrepreneuriat en France. Ce travail a par la suite été approfondi. Un comité de pilotage a été créé, suivi d'un plan annoncé par trois ministres, Najat Vallaud-Belkacem, Fleur Pellerin et Geneviève Fioraso fin août 2013. Ce plan inclut les Régions, BPI France, la CDC et les grands organismes d'accompagnement qui se sont tous engagés sur des objectifs chiffrés.

C'est dans ce contexte que les Pionnières ont pu consolider et capitaliser sur leur action. Ainsi, depuis 2005, elles ont fortement contribué à créer quatre cents entreprises ambitieuses dans le secteur des services innovants (à la personne et aux entreprises), toutes dirigées par des femmes. Ici, l'innovation s'entend à la fois au sens technologique et sociétal. Pour les Pionnières, les services innovants permettent :

- De répondre à de nouveaux besoins liés à de nouveaux comportements et à de nouvelles prises de conscience.
- D'améliorer la vie des personnes à tous les âges de la vie.
- Et donc de créer de nouveaux emplois pour répondre à tous ces besoins.

Cette action participe concrètement du développement économique de notre pays et d'une meilleure équité sociale.

Un combat d'enjeu national

Outre les aspects chiffrés et économiques qui sont au cœur de leur ADN, les Pionnières ont contribué à impulser une nouvelle image de l'entrepreneuriat féminin : innovant, ambitieux, tonique et décoiffant ! Elles ont également aidé à infléchir largement la définition de l'innovation, davantage centrée sur les usages et les services, et le regard de la société afin de guider certains financements spécifiques vers ces formes d'innovation.

Il reste cependant du chemin à parcourir, car seules 30 % des entreprises créées chaque année sont portées par des femmes. Pour renverser la donne, Frédérique Clavel prône le calcul des « Pionnières pour l'emploi » : si autant de femmes que d'hommes créaient chaque année des entreprises, on en compterait cent mille nouvelles de plus par an. Au bout de cinq ans, leur nombre croîtrait de 10 %. Donc dans dix ans, la France compterait un million d'entreprises de plus ! À cinq salariés par entreprise, soit environ la moyenne nationale, cinq millions d'emplois seraient ainsi créés. Et le problème du chômage résolu… Même si l'on devait diviser ce chiffre par deux pour satisfaire au principe de prudence et tenir compte des facteurs non pris en compte, avec deux millions et demi d'emplois créés, la mesure de l'enjeu reste impressionnante.

Des projets d'avenir

En 2014, les Pionnières se sont inscrites dans la ligne du plan gouvernemental en faveur de l'entrepreneuriat féminin, « Entreprendre au Féminin », en travaillant plus étroitement encore avec leurs partenaires de l'accompagnement pour diffuser partout « l'envie de développer l'entrepreneuriat féminin » et les faire profiter de leur « avance » sur le sujet ! C'est en travaillant ensemble que des résultats visibles et pérennes seront atteints.

Fédération Pionnières ambitionne de :

- Trouver de nouveaux partenaires locaux pour développer le réseau et être présente partout en France.
- Innover dans ses pratiques et sa démarche d'accompagnement, car les besoins des créatrices ont évolué depuis le premier incubateur des Pionnières et changent en permanence.
- Faire vivre l'« esprit pionnières » au-delà des lieux d'accueil physiques, incubateur ou pépinières, pour sensibiliser, informer et accompagner toujours plus d'entrepreneures en lien avec les réseaux mixtes de financement et d'accompagnement de la création d'entreprise, les réseaux bancaires ou encore les grands groupes.
- Améliorer la connaissance de l'entrepreneuriat féminin, notamment en animant le comité scientifique de l'Observatoire de l'entrepreneuriat féminin.
- Mobiliser l'immense potentiel économique de l'entrepreneuriat féminin pour créer de la valeur, des emplois et de la croissance.

« Grâce à l'accompagnement, on apprend à puiser des forces au fond de soi »

Delphine Parlier a créé et dirige Timbuktoo Groupe, une société de conseil et de création de noms de marques.

Avant de tomber dans la marmite de l'entrepreneuriat, que faisiez-vous ?

Je fais partie de cette catégorie d'entrepreneurs qui ont d'abord été longtemps salariés. J'ai en effet passé la première partie de mon parcours professionnel dans de grands groupes, dans la communication chez BBDO où je m'occupais de la communication d'Apple pour la France et l'Europe, puis à Los Angeles. Après un nouveau passage en agence à Portland (Oregon), j'ai rejoint Publicis, qui m'a notamment conduite en Russie. Je savais cependant que j'avais la fibre entrepreneuriale et que je me lancerais un jour. J'avais même eu ma première idée à vingt-cinq ans, mais les moyens technologiques pour la développer manquaient ; nous étions au début des années 1990 et Internet n'existait pas encore. Quand j'ai eu quarante ans, je me suis dit que c'était le moment de me lancer. Je ne me sentais plus à ma place dans les grands groupes et savais que l'on y vieillissait mal, notamment dans le secteur de la publicité. Je voulais éviter que ma vie professionnelle ne m'échappe et soit sanctionnée par un licenciement une fois la cinquantaine arrivée. Il était temps de prendre mon indépendance, même si je n'avais pas encore d'idée précise d'entreprise.

Avant de recourir à Paris Pionnières, avez-vous été accompagnée ?

J'ai connu le développement d'une entreprise sans être accompagnée, et je mesure aujourd'hui le fossé qui sépare les deux expériences ! Quand j'ai quitté Publicis, j'ai décidé de créer une société qui accompagne des boîtes d'études marketing françaises à l'international. Par l'intermédiaire d'un ami, j'ai rencontré une sorte de professeur Nimbus, farfelu et brillant, linguiste et mathématicien, qui avait inventé un outil d'ingénierie linguistique permettant de créer des noms et d'en vérifier la disponibilité. Ma vie a basculé ce jour-là : j'allais créer une agence de création de nom et de vérification en temps réel. J'ai donc laissé tomber ma première idée pour me consacrer à ce projet. Mon associé ayant passé un accord d'exclusivité pour la France avec une agence de *branding* française, il nous restait l'international. J'ai créé l'entreprise dans des conditions difficiles, sans accompagnement, dans un métier que je ne connaissais pas. De plus, l'international est plus coûteux et difficile à atteindre que le marché français au démarrage. Je travaillais sept jours sur sept pour créer de toutes pièces une prestation un peu compliquée et peu connue de ses cibles potentielles. C'était sans doute mon côté tête brûlée ! L'entreprise a démarré et j'ai réussi à décrocher de beaux contrats avec de grandes agences de *branding* américaines. L'agence a commencé à bien se développer… Nous avons embauché quatre salariés et nous nous sommes engagés dans un bail 3-6-9 quand… patatras ! La crise financière de 2008 est arrivée et a tout détruit. Deux ans d'efforts ont été balayés en trois mois.

Comment avez-vous réagi ?

J'ai dû changer de *business model*, car on ne pouvait plus vendre aux Américains. Là encore, j'ai travaillé d'arrache-pied pour relancer l'entreprise en France, auprès d'entreprises et de start-up notamment. Mon associé a commencé à avoir des problèmes personnels et s'est petit à petit désintéressé de l'entreprise. J'ai passé une année très difficile, trop seule pour faire face à la tempête et à une relation d'associés qui s'est dégradée. J'ai dû prendre la décision de partir. Mais au lieu de me projeter dans un nouveau projet entrepreneurial, j'ai dû rester six mois de plus pour fermer le bureau et licencier le personnel. Je suis sortie de cette expérience traumatisante totalement exsangue. Pendant cette année-là, j'ai été accompagnée par une mentor de EPWN (European Professional Women's Network), réseau dont j'étais membre. J'ai fait la rencontre d'une personne exceptionnelle, qui est devenue une amie. Sans elle, je ne pense pas que j'aurais pu passer le cap… Début 2011, j'ai pris un nouveau départ. Mais cette fois, j'ai décidé d'être accompagnée. J'ai donc contacté Paris Pionnières alors que mon projet n'était pas encore formalisé : je voulais développer un logiciel d'aide à la création de nom, qui en vérifie en temps réel la disponibilité dans les bases de données de noms de marques et de noms de domaine. Mon projet a séduit l'incubateur.

Comment se passe cet accompagnement ?

J'ai commencé par la pré-incubation, c'est-à-dire en amont du lancement de l'offre et du logiciel. Paris Pionnières m'a aidée à structurer le projet, à le définir sous différents aspects (marketing, technique, juridique, etc.) et à monter un business plan. Ce processus m'a donné les clés pour développer mon idée de manière structurée et cohérente. J'ai compris les différents aspects constitutifs du projet, les ai définis et cadrés. C'est notamment essentiel pour la production technologique, qui comporte nombre d'aspects que l'on ne maîtrise pas toujours, par exemple l'élaboration du cahier des charges, la création d'une maquette du logiciel, l'apport d'un ergonome, etc. Au bout de neuf mois environ, j'étais prête pour passer devant le comité de validation. Mon projet a été validé et je suis passée en incubation. Ma responsable d'accompagnement, Élisabeth Kimmerlin, m'a aidée notamment avec les tableaux financiers. L'incubateur vous met également en relation avec des experts en marketing, comptabilité, juridique, finances. On se sent ainsi beaucoup mieux armé, on comprend les différentes dimensions de l'entreprise qui se crée, ainsi que l'ordre à suivre. Paris Pionnières m'a apporté une aide extraordinaire en la matière. J'ai pu financer le développement du logiciel. L'appui des Pionnières, tout comme celui de France Initiative, qui m'a octroyé un prêt d'honneur ainsi que le FGIF [1], a tout changé face aux banques. Après le lancement du logiciel, je suis entrée en pépinière pour un an, où je suis actuellement. J'ai depuis développé un autre logiciel sur le mode collaboratif, commercialisé en mars 2014, pour permettre à d'autres entreprises de créer des noms en interne en faisant participer tous leurs collaborateurs *via* une plateforme dédiée.

Que vous a apporté cette expérience ?

Sans Élisabeth et les Pionnières, je n'aurais pas réussi à faire tout cela ! Quand on a un projet à dimension industrielle, l'accompagnement me semble essentiel, car l'enchevêtrement entre le marketing, le financier, la gestion de la trésorerie, la technique, etc., est trop difficile à démêler sans aide, lorsque l'on démarre dans la création d'entreprise. Tout sujet entraîne des centaines de nouvelles questions : on risque la noyade sans accompagnement. Le mentoring dont j'ai bénéficié pendant la grosse période de crise que j'ai traversée m'a aidée à gérer mes émotions, à prendre du recul, à analyser la situation, etc. L'accompagnement d'Élisabeth, lui, est plus technique, même s'il comporte aussi une dimension plus personnelle. Dès que je suis prise de doutes, elle répond présente. Grâce à l'accompagnement, on évolue et se sent plus fort. Surtout, on prend confiance en soi. Je n'aurais jamais pensé pouvoir faire tout ce que j'ai accompli ! On apprend à puiser de la force au fond de soi. Désormais, je passe mon temps à conseiller aux créatrices de se faire accompagner !

1. Fonds de garantie à l'initiative des femmes.

« Les responsables d'accompagnement sont un peu un fil d'Ariane : des liens forts se créent avec les créatrices »

Élisabeth Kimmerlin a créé en 2008 sa société de conseil en accompagnement de créateurs d'entreprise, e + k Conseil.

Avant de créer votre structure, vous avez eu un long parcours en entreprise...

Effectivement, j'ai passé plus de vingt ans chez IBM. Mon dernier poste a été celui de directrice de la stratégie Internet et de son développement en Europe de l'Ouest. J'ai contribué à la fondation en 1999 du réseau Elles chez IBM, puis d'Inter'Elles en 2002. J'ai quitté IBM en 2002 et pris la direction générale de Laser-Symag, un éditeur de logiciels, pour cinq ans. Début 2008, j'ai décidé de voler de mes propres ailes, en créant ma société. Je collabore dans ce cadre avec Paris Pionnières et l'incubateur de la Toulouse Business School, où j'enseigne aussi sur le thème de la création d'entreprise et de l'innovation. J'interviens également à Hetic, une école qui forme des experts du numérique. J'appartiens en outre au réseau Femmes Business Angels.

Pourquoi avez-vous eu envie d'accompagner des créatrices d'entreprise ?

J'avais la volonté de transmettre, d'où mon souhait aussi d'enseigner en école. De plus, ma rencontre avec deux créatrices d'entreprises au sein de Paris Pionnières m'a permis de réaliser que mon expérience de la grande entreprise et ma connaissance des PME notamment me permettaient de porter un regard analytique sur un projet et donc de pratiquer une autre forme de transmission. Quand j'interviens pour Paris Pionnières, je me coule dans le moule du processus habituel, même si le contenu de l'accompagnement se construit selon les créateurs et leur projet. Ce que l'on apporte est autant individuel que collectif. Une fois par semaine, nous sélectionnons les dossiers à accompagner et chaque projet est attribué à un responsable d'accompagnement, qui le suit dans la durée. Des rendez-vous sont régulièrement organisés avec les créatrices pour, entre autres, identifier les zones délicates sur lesquelles apporter notre expertise, être le fil rouge, donner un éclairage, apporter une impulsion, un cadre ou des idées de planning, etc. Depuis 2008, j'ai accompagné une quarantaine de femmes.

Comment s'est passé l'accompagnement de Delphine Parlier ?

Il a démarré au printemps 2011 et se poursuit toujours. L'une des particularités de l'accompagnement chez les Pionnières est qu'il s'inscrit dans la durée. Après l'accélération du début, vient le moment où l'entreprise commence vraiment à vivre, c'est-à-dire entre dans une phase opérationnelle, où elle connaît ses premières difficultés, décroche ses premiers clients, etc. J'ai commencé à accompagner Delphine quand son projet était encore à l'état de page blanche, où tout restait à construire. Son idée est née de sa connaissance du marché visé. C'est une spécialiste du « *naming* », qui consiste à trouver des noms pour des entreprises, des marques, etc., qui doivent être disponibles partout dans le monde et tous les secteurs (nom de domaine, société, etc.) pour être utilisables. Cela peut sembler simple, mais c'est en réalité très complexe, car les bases de données ne sont pas toutes disponibles à la consultation. Delphine a eu l'idée de créer une plateforme en temps réel qui permet de jouer avec les lettres pour trouver un nom, puis de vérifier en temps réel si cette trouvaille est disponible. Et pour que la recherche du nom soit le fruit d'un travail de groupe et fédère, la plateforme est collaborative, avec un système de votes.

Comment l'avez-vous aidée ?

C'est un accompagnement à la fois technique et à dimension personnelle, car l'entreprise est intimement liée à celui qui la porte. Tout projet présente un risque : Delphine ne savait pas comment mettre en œuvre son idée, car cela nécessitait un développement technologique, ce sur quoi je pouvais l'aider. Cette mise en œuvre s'inscrivait en outre dans une problématique réglementaire, supposant une évolution législative. Cela a rendu son projet plus atypique que les autres, car il s'agit de lutter pour faire bouger les lignes autour de la réglementation. Nous avons dû avoir une démarche proche du lobbying, en tout cas de la veille sur le marché et persuader ceux qui peuvent avoir un impact positif sur le projet. Tout au long de l'accompagnement, j'ai aussi aidé Delphine à structurer son projet, à élaborer le planning, à identifier les intervenants, à faire un business plan, et à monter les dossiers pour obtenir le financement. Je l'ai même accompagnée à certaines réunions extérieures pour lui apporter un soutien, car il n'est pas toujours évident pour une porteuse de projet de se retrouver seule face à des décideurs. Je fais aussi office de *hotline* : Delphine peut m'appeler quand elle le souhaite. Les responsables d'accompagnement sont un peu un fil d'Ariane, des liens forts se nouent avec les créatrices.

Que vous apporte cette expérience ?

Nous ne sommes pas encore arrivées au bout. Comme je le soulignais plus haut, le projet de Delphine s'inscrit dans un environnement complexe. Nous avons toujours des échanges très riches. Le fait que je passe régulièrement en revue les points de son projet, que je sois à son écoute, que je lui expose comment je vois les choses, l'aide sans doute à avancer. Mais c'est elle au final qui traite ce que je lui dis comme elle l'entend. En tant que responsable d'accompagnement, on apprend beaucoup, chaque projet d'entreprise permet de découvrir un nouveau secteur. Toutes les créatrices sont différentes et mènent leur projet différemment. Je ne pourrais en dresser de portrait-robot, car même si elles proposaient une offre identique au départ, le résultat ne serait jamais le même ! Le responsable d'accompagnement doit s'adapter à la personne qu'il accompagne, car il n'est pas son manager, ni un coach sportif. Il faut l'aider à franchir les obstacles, mais c'est une relation d'égal à égal. Les créatrices ont des connaissances que nous n'avons pas et inversement. Chacun apporte sa pierre à l'édifice. Moi qui ai une longue expérience d'encadrement, je fais particulièrement attention à ne pas me mettre en position de management vis-à-vis des créatrices, car ce sont toujours elles qui décident.

« L'accompagnement fait office de miroir qui aide à réagir immédiatement »

Céline Patrier a créé et dirige OriginBy, une marque de mode qui fabrique des vêtements et des accessoires uniques avec des étoffes précieuses et des matières premières récupérées.

Comment êtes-vous devenue créatrice d'entreprise ?

Je suis fille et petite-fille d'entrepreneur et porte donc sans doute la fibre entrepreneuriale en moi ! Après une école de commerce à Paris, dont la moitié du cursus s'est passée au Canada puis à Rome, pour avoir une vision managériale à la fois nord-américaine et européenne, j'ai travaillé huit mois à Toronto. De retour en France, j'ai intégré la grande distribution, passant par la communication, puis les achats, en tant que chef de produit. Quand mon entreprise a déménagé, j'ai ressenti le besoin de changer, de me remettre en question. J'ai alors fait un week-end de coaching, de prise de recul sur moi et pour moi, pour identifier mes valeurs, déterminer mes qualités et voir où je pouvais aller. Il en est ressorti que je souhaitais travailler dans un cadre humain, respectueux des autres et de l'environnement, le tout porté par l'audace. Après avoir démissionné, j'ai travaillé au département luxe du Printemps à Paris, dans le marketing relationnel pour les clients VIP. L'envie de créer mon entreprise montait en moi. Je m'étais toujours dit qu'au bout de dix ans de salariat, j'aurais les clés pour pouvoir devenir chef d'entreprise. Il s'agissait d'avoir les bons réflexes et de savoir bien m'entourer, car je n'avais et n'ai toujours pas toutes les compétences.

Comment vous est venue l'idée de votre entreprise ?

Elle est née de mon goût des belles choses, de mon amour de la couture, transmis par mes grands-mères, qui m'en ont appris les rudiments. Je voulais créer des pièces uniques, faire du qualitatif en partant de l'ancien pour fabriquer du neuf. J'ai créé OriginBy en mai 2013, avec deux salariés, dont une couturière expérimentée. J'ai bien tenté la sous-traitance, mais cela ne m'a pas convenu. J'ai donc préféré embaucher tout de suite, même si c'est plus risqué, car cela me permet d'assurer la qualité des produits. Je souhaite créer une dizaine d'emplois d'ici à 2019. Dans ce cadre, j'ai sollicité l'aide de Bordeaux Aquitaine Pionnières en décembre 2012.

Comment s'est passé cet accompagnement ?

Une première personne a validé mon projet, puis j'ai travaillé sur les tests produits, les conditions générales de vente, le site Internet, etc. J'ai bénéficié d'un accompagnement complet, matérialisé par des ateliers et le suivi de bénévoles de l'association. J'ai commencé à travailler avec Nathalie Tastet, ma responsable d'accompagnement, quand je suis entrée dans mes locaux, en mai 2013. Nous avons surtout peaufiné les aspects financiers : où devais-je chercher un financement ? Quels accompagnements complémentaires fallait-il envisager ? À chaque étape, nous nous sommes consacrées à un sujet différent. Nous validions un point, puis avancions sur la suite. C'est par son biais que je me suis inscrite à des concours : je suis d'ailleurs lauréate de trois d'entre eux, dont celui du réseau Entreprendre[1]. À l'issue de l'accompagnement d'un an par Bordeaux Aquitaine Pionnières, j'ai rejoint le Campement, la pépinière de développement durable et innovation d'usage de Bordeaux, située dans l'écosystème Darwin, qui compte soixante-dix entreprises et jusqu'à quatre cents personnes. On y trouve des entrepreneurs sociaux, des associations, une dynamique de développement durable. Cela insuffle une énergie très positive. Pour sa part, Nathalie continue à suivre mon parcours, actuellement pour l'approche distribution en boutique. C'est très concret à chaque fois que je la vois. C'est une accompagnatrice extraordinaire, sa disponibilité est précieuse. J'avance plus vite grâce à cet accompagnement, car je suis régulièrement « challengée », ce qui nécessite que je réagisse très vite. Par exemple, si Nathalie me dit que dans un an, je vais devoir solliciter des fonds, je sais qu'il faudra monter le dossier très en amont.

Que vous a apporté cette expérience ?

L'accompagnement est un soutien indispensable pour les créateurs. Cela permet de mettre toutes les chances de son côté pour réussir. Non seulement cela sensibilise au métier de chef d'entreprise, mais en plus on monte en compétences : on approfondit certains points, les retravaille, prend du recul, etc. Quel que soit son niveau, l'accompagnement agit comme un miroir qui aide à faire attention à certains points et, en cas de danger, à réagir immédiatement. J'apprends à chaque atelier et à chaque rendez-vous. Tous les points abordés sont intéressants, même si l'on a déjà un peu d'expérience pour certains d'entre eux. L'accompagnement me semble primordial pour avoir une chance de dépasser le cap des cinq ans. En outre, c'est confortable, car on ne se sent pas toute

1. Association composée de chefs d'entreprise qui accompagnement bénévolement des créateurs novices.

seule. L'avantage de Fédération Pionnières est que l'on est accompagnée entre femmes. Par conséquent, le processus est pensé pour nous, notamment en termes de rapport avec les banques, de négociation, etc. La présence de toutes ces créatrices est aussi source d'émulation. Cela permet de partager les bonnes nouvelles, de s'entraider, et de se féliciter. Cette humilité et cette bienveillance créent une dynamique et une solidarité, car outre l'entrepreneuriat, beaucoup d'autres points nous rassemblent. Être physiquement proches, partager un espace, permet de gagner du temps.

« Quel que soit le projet, accompagnant et accompagnée doivent bien s'entendre »

Nathalie Tastet a créé et dirige Adeclis, une entreprise qui propose de la direction financière à la demande.

Vous avez créé votre propre structure en 2011, après un parcours en entreprise...

Effectivement, suite à des études universitaires, j'ai débuté chez PriceWaterhouseCoopers, en tant qu'auditrice. Durant sept ans, je suis intervenue principalement sur des commissariats aux comptes et la *due diligence* (financement et croissance externe). J'ai continué ma carrière chez Suez Environnement, où j'ai intégré la direction financière du Sud-Ouest, durant neuf ans. Depuis 2011, je propose des prestations de directions financières externalisées aux PME dans la région de Bordeaux *via* mon entreprise, Adeclis.

Dans ce cadre, vous êtes responsable d'accompagnement Bordeaux Aquitaine Pionnières depuis 2012. Pourquoi avez-vous eu envie d'accompagner des créatrices d'entreprise ?

Je préside l'antenne bordelaise de l'association Business Professional Women (BPW), que j'ai créée avec une amie en quittant Suez Environnement, pour répondre aux problématiques professionnelles des femmes, comme le plafond de verre ou l'égalité des salaires. Quand j'ai rencontré la responsable de Bordeaux Aquitaine Pionnières, j'ai réalisé que j'avais mes connaissances sur l'entreprise à apporter aux créatrices, mais surtout que je pouvais aider des femmes à créer des entreprises et pas seulement leur propre emploi. J'aide les entrepreneures à étoffer leur confiance en elles, à faire sauter les freins et les croyances limitantes socio-éducatives (stéréotypes). Cela suppose qu'elles échangent entre elles à travers des réunions, qu'elles se construisent une image de chef d'entreprise, et que nous écoutions leurs doutes dans certaines phases de la création. Le mentoring me semble vraiment utile quand les femmes entrepreneures n'ont pas eu de modèle à suivre ou de référent. Avec l'équipe Pionnières Bordeaux et la communauté Pionnières Bordeaux, nous essayons de répondre à cette problématique.

Avez-vous été formée à cette mission avant de démarrer ?

J'ai suivi quelques séances de coaching et je me suis fondée sur mon expérience professionnelle de manager ayant traité des projets transverses. Accompagner une personne à la création fait appel à l'écoute, à l'empathie, à la bienveillance et repose sur une méthode d'accompagnement. Au sein de Bordeaux Aquitaine Pionnières, avec l'équipe, nous avons adapté le processus d'accompagnement du réseau de Fédération Pionnières au profil des femmes que nous avons à Bordeaux. Nous avons créé nos outils de suivi. C'est cette démarche collective, nos réunions d'équipe hebdomadaires, les échanges avec les coachs qui ont complété mon expérience pour m'outiller et accompagner les créatrices. Depuis 2012, j'ai accompagné une douzaine de créatrices.

Comment se passe l'accompagnement de Céline Patrier ?

Son projet est assez original : élaborer des pièces uniques de créateurs avec des vêtements recyclés. Pour cela, elle a créé un atelier et embauché une couturière. L'accompagnement, c'est aussi une histoire de personnes. Selon la phase de maturité du projet, on se rencontre six à neuf fois. Donc au-delà du projet, accompagnante et accompagnée doivent bien s'entendre. Avec Céline, j'ai vécu une rencontre riche. La phase d'immatriculation a été une étape importante du lancement, tout comme ses deux embauches. Puis il y a eu les étapes de communication : lancement du site Internet, première vente, premier concours, premier prix, etc. Toutes ces étapes jalonnent la création d'entreprise et le suivi que nous faisons. Après les phases de pré-incubation et d'incubation, Céline a intégré la pépinière d'entreprises. Nous nous voyons en moyenne une fois par mois, en fonction de ses besoins, pour faire du sur-mesure. Je l'aide à effectuer des réajustements permanents, à prendre du recul sur son quotidien. Par exemple, lors de notre dernier rendez-vous, nous avons recalculé le prix de revient et la marge et réfléchi à la mise en place de tableaux de suivi.

Que vous a apporté cette expérience ?

En premier lieu, une rencontre ! La capacité de Céline à réajuster son projet, à écouter les conseils bienveillants m'étonne, même si je pense que c'est un gage de succès. Cela a été pour moi un réel enrichissement humain. Quel bonheur de voir quelqu'un qui prend plaisir à entreprendre ! Elle partage avec moi ses joies, ses coups durs, et je la « rebooste » si nécessaire. Céline est toujours dans l'interactivité, en mouvement, et se remet constamment en question. Je suis là pour l'aider à monter en compétences sur certains sujets et je me sens utile. Voir une entreprise qui se crée sous mes yeux est très gratifiant.

Conclusion

L'accompagnement, l'avenir de la femme ?

Si l'on en croit l'adage, « la femme est l'avenir de l'homme ». Au XXIe siècle, elle devrait surtout être son égale ! Or on ne compte aujourd'hui en France que 24 % de femmes dans les conseils d'administration et 30 % de créatrices d'entreprise. Si la législation prévoit de faire croître ces chiffres, ce moyen-là ne sera pas suffisant pour faire évoluer les choses vers une égalité professionnelle entre les hommes et les femmes devenue naturelle et non contrainte. Comme vous l'avez sans doute compris en lisant cet ouvrage, et notamment les témoignages de femmes accompagnées et de leurs accompagnateurs, des solutions constructives et efficaces existent. L'accompagnement, et plus précisément le mentoring, véhicule des vertus incontournables pour favoriser l'émergence d'une mixité et d'une diversité décomplexées.

Oui, ce type de démarche constitue une chance pour l'entreprise et l'économie en général, et bien sûr pour les femmes en particulier. Vecteur du « bien vivre ensemble », il permet en outre d'améliorer la compréhension entre hommes et femmes. Souvent, c'est par ce biais que les mentors (ou parrains) hommes prennent conscience des difficultés auxquelles les femmes sont confrontées dans le monde du travail, ainsi que des barrières et des freins psychologiques qu'elles érigent la plupart du temps toutes seules. Gagnés par leur « cause », ils deviennent les meilleurs ambassadeurs qu'il soit pour prêcher la bonne parole et convaincre leurs semblables qu'il faut mettre en marche un changement.

Attention : l'accompagnement des femmes n'est pas un processus gravé dans le marbre, appliqué de façon industrielle, presqu'à la chaîne. Comme il est souligné à plusieurs reprises dans cet ouvrage, le mentoring nécessite non seulement des règles de base pour bien fonctionner – régularité des rendez-vous, confiance, confidentialité, absence de ligne hiérarchique –, mais doit surtout s'adapter au cas par cas dans sa pratique. Comme pour la haute couture, il s'agit ici de faire du sur-mesure et de chasser toute tentation de céder aux facilités du prêt-à-porter.

C'est en restant artisanal et de qualité supérieure que l'accompagnement produira tous ses fruits, propulsant davantage de femmes sur le devant de la scène. En ces temps de disette économique et d'inquiétude pour l'avenir, l'avènement d'un monde plus égalitaire, où les postes décisionnaires et à responsabilité seraient détenus par davantage de femmes, ne peut qu'être une chance pour les entreprises en France. Et donc, dans un univers globalisé, en Europe et même dans le monde. L'accompagnement serait-il l'avenir de la femme ? Espérons-le !

Remerciements

L'auteure remercie chaleureusement Marguerite Cardoso et Jean-Louis Duquesnoy pour leurs conseils et leurs aides avisés tout au long de la rédaction de cet ouvrage.

Coordination éditoriale : Géraldine Couget

Composé par STDI
N° d'éditeur : 5000
Impression & brochage SEPEC
N° d'imprimeur : 02672150308
Dépôt légal : mars 2015
Imprimé en France

PEFC 10-31-1470 / **Certifié PEFC** / Ce produit est issu de forêts gérées durablement et de sources contrôlées. / pefc-france.org